Rastersysteme : Gesetzmässigkeit und Intuition
Grid Systems : Laws and Intuition

Objektivierte Gestaltung : Den Raster überlisten
Making Design Objective : Getting Around the Grid

Papierformate : Proportion und Ästhetik
Paper Sizes : Proportions and Aesthetics

Typografische Konzepte : Aber keine Rezepte
Typographic Concepts : But no Easy Answers

Hans Rudolf Bosshard

Der typografische Raster
The Typographic Grid

Niggli

Typografische Gestaltung, Texterfassung, Zeichnungen und Umbruch
Typographic design, text recording, drawings and make-up   Hans Rudolf Bosshard
Englische Übersetzung   English Translation   Andrew Bluhm
Herstellung und Druck   Production and Printing   Heer Druck AG, Sulgen
Schriften   Types   Akzidenzgrotesk, Meta Plus
Papier   Paper   HannoArt, Uni matt 170 g/m²
Buchbinder   Binding   Buchbinderei Burkhardt AG, Mönchaltorf-Zürich

© 2000 by Verlag Niggli AG, Sulgen | Zürich
Printed in Switzerland
ISBN 3-7212-0340-2

Inhaltsverzeichnis   Contents

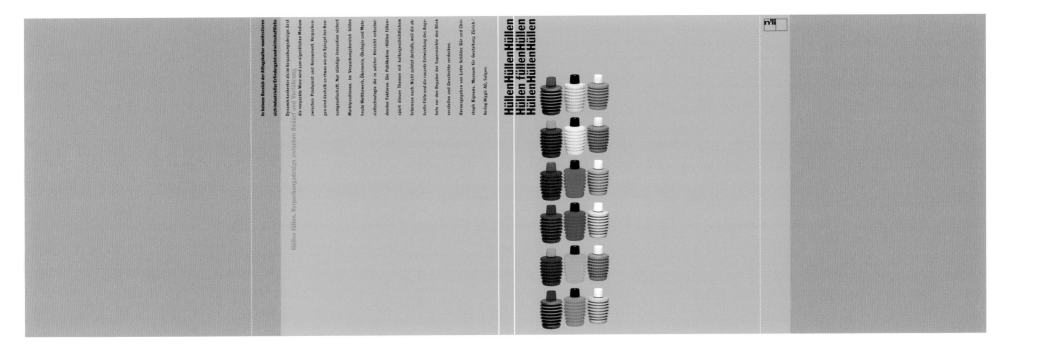

In keinem Bereich der Alltagskultur manifestieren

sich industrieller Erfindergeist und wirtschaftliche

Dynamik konkreter als im Verpackungsdesign. Erst

Hüllen füllen. Verpackungsdesign zwischen Bedarf und Verführung

die verpackte Ware wird zum eigentlichen Medium
zwischen Produzent und Konsument. Verpackungen sind deshalb so etwas wie ein Spiegel der Konsumgesellschaft. Nur ständige Innovation sichert Marktpositionen. Im Verpackungsbereich bilden heute Wettbewerb, Ökonomie, Ökologie und Materialtechnologie die in solcher Hinsicht entscheidenden Faktoren. Die Publikation «Hüllen füllen» spürt diesen Themen mit kulturgeschichtlichem Interesse nach. Nicht zuletzt deshalb, weil die aktuelle Fülle und die rasante Entwicklung des Angebots vor den Regalen der Supermärkte den Blick verstellen und Geschichte verdecken.

Herausgegeben von Lotte Schilder Bär und Christoph Bignens. Museum für Gestaltung Zürich /
Verlag Niggli AG, Sulgen.

HüllenHüllenHüllen
Hüllen füllenHüllen
HüllenHüllenHüllen

Die auf den Seiten 27 bis 158 gezeigten typografischen Arbeiten folgen sich chronologisch, ausgenommen das Plakat und die Einladungskarten auf den Seiten 78 bis 81. Das bedeutet, dass keine didaktische Gruppierung gleicher oder ähnlicher gestalterischer Lösungen beabsichtigt war. Die meisten Abbildungen, schematischen Darstellungen und Konstruktionen sind im Massstab 1:2 oder 1:4 wiedergegeben, um das Nachmessen zu erleichtern. Abweichungen sind dort, wo es nötig schien, vermerkt. Bei den älteren, noch im Bleisatz ausgeführten Arbeiten wurden Cicero und Punkt in Millimeter umgerechnet, oder die Grössen sind in beiden Masssystemen aufgeführt. Bei den Massen geht immer Breite vor Höhe. Bei den Proportionen hingegen hat, von wenigen Ausnahmen abgesehen, die kürzere Strecke die Grösse 1.

Die typografische Gestaltung sämtlicher in diesem Buch reproduzierten Arbeiten stammt vom Verfasser.

The typographical specimens shown on pages 27 to 158 are given in chronological order, apart from the poster and the invitation cards on pages 78 to 81. There was no plan to serve any educational purpose by grouping identical or similar design solutions together. Most of the figures, diagrams and constructions are reproduced to a scale of 1:2 or 1:4 in order to make it easier to check their measurements. Where any variations to this rule have been made there are notes if needed. With the older specimens set in metal, sizes are either given in the two systems of measurement, points and Cicero, or converted into millimetres. Size indications are always of width × height. With the proportions, on the other hand, the shorter side is with few exceptions marked 1.

The typographical arrangement of all specimens reproduced in this book is the responsibility of the author.

Einleitung

Objekte, die sich innerhalb unseres Gesichtsfeldes befinden, werden als zusammengehörig betrachtet und aufeinander bezogen, ausser man grenzt Teile davon bewusst aus.[1] Diese wahrnehmungspsychologische Tatsache ist durch kulturelle Traditionen sowie durch Sehgewohnheiten – oder besser Sehnotwendigkeiten – bedingt. Der Renaissancearchitekt und Theoretiker Leon Battista Alberti schrieb um 1450: «Der Kürze halber möchte ich die Definition geben, dass die Schönheit eine bestimmte gesetzmässige Übereinstimmung aller Teile, was immer für einer Sache, sei, die darin besteht, dass man weder etwas hinzufügen noch hinwegnehmen oder verändern könnte, ohne sie weniger gefällig zu machen.»[2] Alberti spricht von verwundbarer Schönheit und setzt voraus, dass Werke der Architektur – das gilt ohne Einschränkung auch für die Typografie – nicht nur funktional, sondern auch schön sein müssen. Dies meinte wohl, in unserer Zeit, auch Max Bill, wenn er in einem Vortrag mit dem Thema ‹Schönheit aus Funktion und als Funktion› sagt: «... für uns ist es selbstverständlich geworden, dass es sich nicht mehr darum handeln kann, die Schönheit allein aus der Funktion heraus zu entwickeln, sondern wir fordern die Schönheit als ebenbürtig der Funktion, dass sie gleichermassen eine Funktion sei. Wenn wir besonderen Wert darauf legen, dass etwas schön sein soll, so deshalb, weil uns auf die Dauer mit der reinen Zweckmässigkeit im eingeschränkten Sinn nicht gedient ist, denn Zweckmässigkeit sollte nicht mehr gefordert werden müssen, sollte selbstverständlich sein.»[3] Ist ‹das Schöne› auch schwer zu erlangen, zumal sich die Idee, was Schönheit sei, ständig wandelt, ist sie doch eine stete Herausforderung.

Mit dem typografischen Raster haben sich die Gestalter ein ‹modernes› Werkzeug zum Ordnen der grafischen Elemente – Texte und Bilder – geschaffen, das vielleicht, so paradox dies auch erscheinen mag, in einem klassischen Sinn Schönheit evoziert. Der Raster[4] ist ein legitimes Kind der konstruktiven Kunst, entstanden aus vergleichbaren Intuitionen wie die konstruktive Kunst in Holland und Russland in den zehner Jahren und die konkret-geometrische Kunst der Zürcher Schule seit den dreissiger Jahren.[5] Vor allem die Zürcher Konkreten Max Bill, Richard Paul Lohse und Carlo L. Vivarelli, die Wesentliches zur neuen Typografie beitrugen, gaben mit der systematischen Gliederung der Ebene in ihren künstlerischen Werken auch der Typografie eine neue formale Basis. Jedes typografische Werk bedarf, zusammen mit der Strukturierung des Inhalts, der Strukturierung seiner Grundfläche, auch wenn dies heute oft anders erscheinen sollte.

Form wird emotional und nicht über noch so ausgeklügelte Konstruktionen oder gar über Verhältniszahlen erfahren. Deshalb spricht man über Ästhetik meist etwas ungenau. Versuchsweise erklärbar ist das Ästhetische, das Schöne

Preface

Objects which are within our range of vision are seen as belonging together and related to one another, unless parts of them are deliberately separated.[1] This fact of the psychology of perception is determined by cultural traditions and the customs – or rather the necessities – of seeing. The Renaissance architect and theoretician Leon Battista Alberti wrote (ca. 1450): "For the sake of brevity I would like to give the definition that beauty consists in a certain inherent agreement of all the parts of an object, such that nothing can be added, taken away or altered without making it less pleasing."[2] Alberti speaks of vulnerable beauty and takes it for granted that works of architecture – and this also applies unreservedly to typography – must be not only functional but also beautiful. In our own time, Max Bill was expressing the same view when he gave a lecture on the subject of 'Beauty from function and as function', saying: "For us it has become axiomatic that it can no longer be a matter of simply developing beauty from function, since we require beauty to be of the same importance as function, in fact itself to be a function. If we attach special importance to something being beautiful, because in the long term pure practicality in the limited sense is not enough for us, then practicality should no longer be demanded but taken for granted."[3] If 'the beautiful' is also hard to attain, all the more so since the concept of what is beautiful is subject to constant change, it is still always in demand.

With the typographic grid, the forms of a 'modern' instrument have been created for the ordering of the graphic elements of text and pictures: an instrument which, however paradoxical this may seem, evokes beauty in a classical sense. The grid[4] is a legitimate child of Constructivist art and it came into existence through intuitions comparable to those which gave rise to that style of art in Holland and Russia in the first decade of the 20th century, and to the Concrete-Geometrical art of the Zurich school since the 1930s.[5] It was above all the Zurich Concrete artists Max Bill, Richard Paul Lohse and Carlo L. Vivarelli who made important contributions to the new typography and, with the systematic division of plane surfaces in their fine art, also gave typography a new formal basis. In addition to the structuring of its content, every typographic work needs the structuring of its surface area, however unfamiliar this idea may seem today.

Form is experienced emotionally, not by means of any construction, however cleverly it may have been tricked out, or even through proportional numbers. That is why any discussion of aesthetics is usually rather imprecise. The aesthetic, even the beautiful, can be experimentally described but hardly proven. The 24 proportions of paper size given in this book as 'regular' (to start from the simplest formal components of a work of typography) lay claim to aesthetic

allenfalls noch, zu beweisen ist es kaum. Die vierundzwanzig in diesem Buch als gesetzmässig bezeichneten Proportionen für Papierformate (um von der einfachsten formalen Komponente einer typografischen Arbeit auszugehen) beanspruchen neben der praktischen Anwendbarkeit auch ästhetische Qualität und wollen nicht nur ein mehr oder weniger genutztes Repertoire sein. Proportion beruht (nach Alberti) auf der Beziehung der einzelnen Teile untereinander sowie dieser Einzelteile zum Ganzen. Ihr Wesen ist Konsonanz, Harmonie, wobei auch Dissonanz, Disharmonie, als eine (erweiterte) Form der Konsonanz oder des Wohlklangs zu begreifen ist. Das Papierformat beziehungsweise dessen Proportion gibt allein noch keinen Anlass zu ästhetischer Betrachtung. Erst der Zusammenklang aller optischen Parameter – in der Typografie: der Schrifttypus, Linien und andere grafische Elemente, Abbildungen, Druckfarbe, Papierfarbe und -struktur, schliesslich das Verhältnis von unbedruckten zu bedruckten Flächen sowie das Format und seine Proportion – kann Gegenstand ästhetischer Würdigung sein.

Die Papierformate werden nach ihrer Grösse oder Dimension und nach ihren Seitenverhältnissen, der Proportion, definiert. Die Formate mit rationalen, ganzzahligen Seitenverhältnissen, wie 1:2, 2:3, 3:4, und die Formate mit irrationalen Seitenverhältnissen, die auf Zirkelkonstruktionen beruhen, wie der Goldene Schnitt, 1:1,618, oder die DIN- oder Normalformate, 1:1,414[6], ergänzen sich zu einem fein differenzierten Repertoire von Proportionen.[7] Die Reihe der gesetzmässigen Formate, die vom Quadrat bis zum Dreifachquadrat reicht, bietet eine

quality as well as practical utility and are not intended to make up a repertoire which may be used to a greater or lesser extent. According to Alberti, proportion is based on the relationship of the parts to each other and to the whole. Their essence is concord, harmony, but this is also understood to include dissonance and discord as an extended form of consonance and harmony. The paper size and its proportions alone give no occasion for aesthetic consideration. Only with the combined effect of all optical parameters can anything be the object of aesthetic appreciation. In the case of typography this means the choice of typeface, rules and other graphic elements, illustrations, print colour, paper colour and structure, and finally the relationship between printed and unprinted areas, together with the page size and its proportions.

Sheet sizes are defined by their dimensions and by the relationship or proportion between their sides. Sizes with rational, whole-number proportions such as 1:2, 2:3, 3:4, and those with irrational proportions based on the construction of circles, such as the Golden Section, 1:1.618, or the standard DIN sizes, 1:1.414[6], extend to a finely differentiated repertoire of proportions.[7] The range of regular sizes, going from the square to the 1:3 triple square, provides a sufficient choice for all kinds of graphic design. While a limitation to the A-size proportions of 1:1.414 offers indisputable technical and economic advantages for a certain range of printed matter, further possibilities provide a definite enrichment (Fig. 1a–f).

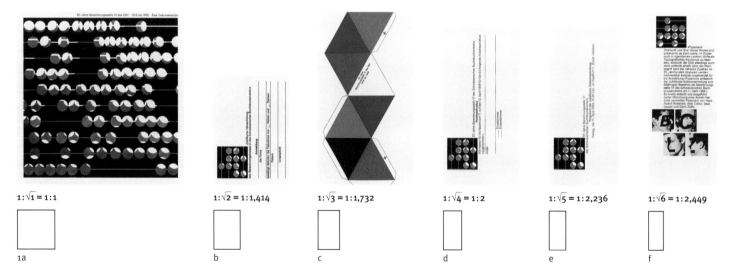

$1:\sqrt{1} = 1:1$ $\qquad$ 1a

$1:\sqrt{2} = 1:1{,}414$ $\qquad$ b

$1:\sqrt{3} = 1:1{,}732$ $\qquad$ c

$1:\sqrt{4} = 1:2$ $\qquad$ d

$1:\sqrt{5} = 1:2{,}236$ $\qquad$ e

$1:\sqrt{6} = 1:2{,}449$ $\qquad$ f

Abb. 1 (a–f) Eine Serie von Drucksachen (1969), die durch aufeinanderfolgende Proportionen der Wurzelformate zusammengefasst sind.

Fig. 1 (a–f) A series of print products (1969), assembled by means of successive proportions of the root formats.

hinreichende Auswahl für alle gestalterischen Bereiche. Die Beschränkung auf die Proportion 1:1,414 bietet für ein bestimmtes Spektrum von Drucksachen unbestreitbar technische und ökonomische Vorteile, umfassendere Auswahlmöglichkeiten sind jedoch zweifellos eine Bereicherung (Abb. 1a–f).

Mittels eines wissenschaftlich fundierten Tests mit gestalterisch nicht vorbelasteten Personen sollte schon im 19. Jahrhundert auf die Frage nach der schönsten Proportion eine objektive Antwort gefunden werden.[8] Der Versuch hat anscheinend die schon immer behauptete Schönheit der Proportion 1:1,618, des Goldenen Schnitts also, bestätigt. Erstaunlich ist deshalb die seltene Anwendung dieses proportionalen Kanons in der Typografie. Dafür wird die Proportion 3:5 = 1:1,667, die jedoch eine selbständige Proportion ist und nicht nur eine ganzzahlige Näherung zum Goldenen Schnitt, oft für kleinformatige, handliche Bücher verwendet.[9] Die abstrakte, unverbindliche Schönheit eines Papierformats bedeutet aber wenig, wenn die typografische Gestaltung anspruchslos ist. Für verschiedene Aufgaben können durchaus jedesmal wieder andere Proportionen optimale Voraussetzungen bieten, ‹schön› oder ‹richtig› sein. Durch die Anordnung von Texten und Bildern soll auch Disharmonie, Unruhe, Spannung oder Reibung erzeugt werden. Harmonie und Disharmonie sind ästhetische Kategorien, die sich gegenseitig bedingen und, in gutdosierten Verhältnissen, zusammen ein ästhetisches Ganzes ergeben. Proportion und Dimension von Drucksachen folgen aber auch praktischen Bedingungen. Die Schönheit typografischer Arbeiten ist das Ergebnis der Gesamtheit der technischen und ästhetischen Überlegungen, der «Übereinstimmung aller Teile» (Alberti).

Alle Rechtecke sind konstruktiv aus dem Quadrat ableitbar und definieren sich als Abweichung von dieser einen Grundfigur. Durch Zirkelschläge mit der Quadratdiagonale = 1,414, der Diagonale des Halbquadrats = 1,118 und der Diagonale des Doppelquadrats = 2,236 (die Verhältniszahlen beziehen sich auf die Quadratseite = 1) entstehen Rechtecke mit irrationalen Proportionen; weitere Rechtecke basieren auf komplizierteren geometrischen Konstruktionen. Die einfachen proportionalen Verhältnisse der rationalen Rechtecke mit den Proportionen 1:2, 1:3, 2:3, 2:5, 3:4, 3:5, 4:5 (und, sofern man die Reihe unnötigerweise erweitern möchte, noch andere) sind durch die lückenlose Quadrierung ihrer Fläche charakterisiert. (Abb. 2a–d)

Das Festlegen des Papierformats steht normalerweise am Anfang jeder typografischen Gestaltung. Die beträchtliche Anzahl der gesetzmässigen Proportionen enthebt uns der Beschränkung auf die ‹schöne› Proportion des Goldenen Schnitts oder auf die ‹ökonomische› der DIN- oder Normalformate. Die Formate der DIN-Reihe sollen dort angewendet werden, wo ihre Handhabung und ihr weiterer Gebrauch maschinelle Abläufe und normierte Einrichtungen erfordern, wie bei Geschäftspapieren oder bei Werbe- und Informationsdrucksachen aller Art. Bei Büchern, Ausstellungskatalogen, Privatdrucksachen, Kleinplakaten und ähn-

A scientifically based test in the 19th century, carried out with individuals with no artistic prejudices, was said to have found an objective answer to the question of the most beautiful proportions.[8] It seems that the experiment confirmed the much-vaunted beauty of the proportions of the Golden Section, 1:1.618. It is therefore surprising that this proportional canon is so seldom used in typography. On the other hand, the proportion 3:5 (= 1:1.667), which has an independent value and is not just a whole-number approximation to the Golden Section, is often used for small, handy books.[9] The abstract, non-binding beauty of a page size, however, has little meaning if the typographic design is too modest. For a variety of jobs, other proportions can provide perfectly good conditions and be seen as thoroughly 'beautiful' or 'right'. In return, discord, uneasiness, tension or friction can also be caused by the arrangement of text and pictures. Harmony and discord are aesthetic categories which reciprocally determine one another and, in well-measured relationships, together form an aesthetic whole. The proportions and dimensions of printed matter are also subject to practical considerations. The beauty of typographical work is a result of the totality of aesthetic and technical considerations, the "agreement of all the parts" (Alberti).

All rectangles are constructively derived from the square and are defined as variations on this basic theme. Rectangles with irrational proportions are obtained from compass drawings with the diagonal of the square (= 1.414), of the half-square (= 1.118) and of the double square (= 2.236), all figures being in relation to the side of the square = 1. Further rectangles may be based on complex geometrical constructions. The simple proportional relationships of rational rectangles with the proportions 1:2, 1:3, 2:3, 2:5, 3:4, 3:5, 4:5 and so on are characterized by the complete squaring of their areas (Fig. 2a–d).

Establishment of the page size normally comes at the beginning of the typographical exercise. The considerable number of 'regular' proportions excuses us from being limited to the 'beautiful' Golden Section or the 'economical' DIN sizes. The sizes of the DIN series should be used where mechanical workflows and standardized equipment demand them, as in business stationery or publicity and information printing of all kinds. With books, exhibition catalogues, personal printing, small posters and similar jobbing work, on the other hand, individual proportions and dimensions may be used, subject only to the limitations imposed by machine size – and therefore not entirely independent.

With books, the size data refer to the individual page of the book-block, not to the larger area which includes the binding. On the other hand, the double page or 'opening' is viewed as a design entity. The back margin provides a natural symmetrical axis. It is obvious (or was for centuries) that the type area must be arranged symmetrically on either side of this axis. No less logical, however, is the need to place the axis asymmetrically within the opening; for the activity of

lichen Akzidenzdrucken können jedoch individuelle Proportionen und Dimensionen, die nur durch die Druckformate der Maschinen begrenzt (und somit auch nicht ganz unabhängig) sind, eingesetzt werden.

Die Grössenangaben bei Büchern beziehen sich auf die einzelne Seite, gemessen am Buchblock, nicht am etwas grösseren Einband. Dagegen gilt die Doppelseite, das aufgeschlagene Buch, wie es sich dem Gesichtsfeld darstellt, als gestalterische Einheit. Der Bund bildet eine natürliche Symmetrieachse. Es ist (oder war zumindest während Jahrhunderten) naheliegend, die Satzspiegel der linken und rechten Seiten symmetrisch auf diese Achse auszurichten. Nicht weniger logisch ist es aber, diese asymmetrisch in die Doppelseite zu stellen. Denn ebenso wie die ruhige Betrachtung der Doppelseite ist die Aktivität des Lesens (vielleicht auch das unruhige Blättern) charakteristisch für den Gebrauch des Buches. Das Lesen hat sich in der abendländischen Kultur nach anfänglich linksläufiger und später bustrophedonaler Leserichtung zur Rechtsläufigkeit entwickelt. Die der Kunst und der Architektur entlehnte Spiegelsymmetrie mit ihrer senkrechten Achse bezieht sich auf die Buchform und nicht auf den Lesefluss, sie ist somit in der Typografie als eine formalistische Konstruktion zu bezeichnen, die dem Lesefluss eher entgegensteht.

Das Buch ist ein komplexes, aber auch ein beständiges Gebilde. Allen futuristischen, dadaistischen, konstruktivistischen und noch vielen anderen Manifesten seit Anfang des Jahrhunderts, die die Revolutionierung des Buches und

reading, or perhaps just leafing through, is just as characteristic of book use as the peaceful contemplation of the double page. In western culture, after initial phases of reading from right to left, or in different directions in alternate lines (known as 'Boustrophedon' from the Greek 'as the ox ploughs'), we have settled for reading from left to right. The mirror symmetry with vertical axis, taken from art and architecture, relates to the form of the book and not the flow of reading. From the typographic point of view it is therefore to be regarded as a formalistic construction which conflicts with the flow of reading.

The book is a complex but permanent form, which has stubbornly resisted all 20th century manifestos aimed at revolutionizing its form and typography, whether propagated by Futurists, Dadaists, Constructivists or any others. At the same time, aftermaths and traces of conflict such as symmetry versus asymmetry or sans-serif versus roman are not to be ignored. There has been no fundamental change to the form of the book, as dreamed up by El Lissitzky and others, and who today could imagine anything different? The only real innovation is to be found in the astonishing extent of the replacement of the book by electronic media in the technical and scientific world. This is a radical turning away from the book.[10]

In 1927 El Lissitzky wrote: "The appearance of the book is characterized by: 1. a dispersed type image, 2. photomontage and type montage. [...] Even today we have no new form for the book, which remains a bound object with cover

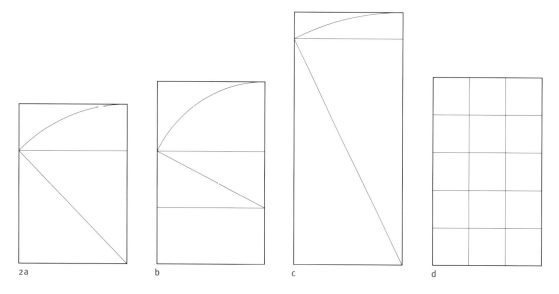

2a   b   c   d

Abb. 2 (a–d) Aus den Konstruktionen mit der Quadratdiagonale = 1,414, mit der Diagonale des halben Quadrats = 1,118 und mit der Diagonale des Doppelquadrats = 2,236 entstehen irrationale Proportionen. – Quadrierung eines Rechtecks mit der rationalen Proportion 3 : 5 (d).

Fig. 2 (a–d) Constructions with the diagonals of a square (= 1.414), a half-square (= 1.118) and a double square (= 2.236) give irrational proportions. – The squaring of a rectangle with the rational proportion 3 : 5 (d).

seiner Typografie propagierten, hat es hartnäckig getrotzt. Doch sind Nachwehen und Spuren in Form von Glaubenskämpfen, wie etwa: hier Symmetrie, dort Asymmetrie, oder auch: hier Antiqua und dort Grotesk, nicht zu übersehen. Die Form des Buches hat sich keineswegs grundlegend verändert, wie es sich El Lissitzky und andere erträumten, und wer könnte sich, selbst heute, eine andere vorstellen? Nur die in wissenschaftlichen und technischen Bereichen schon in erstaunlichem Ausmass verwirklichte Ablösung des Buches durch elektronische Medien ist etwas Neues, Unvergleichliches – die radikale Abkehr vom Buch.[10]

El Lissitzky schrieb 1927: «Das Gesicht des Buches wird gekennzeichnet durch: 1. gesprengtes Satzbild, 2. Photomontage und Typomontage. [...] Ja, wir haben noch heutigen Tages für das Buch als Körper keine neue Gestalt, es ist noch immer ein Einband mit Umschlag und Rücken und Seiten 1, 2, 3 ...»[11] Und weiter schreibt er, die neue Arbeit im Innern des Buches sei noch nicht so weit, um sofort die traditionelle Buchform zu sprengen – jedoch die Tendenzen müsse man schon sehen lernen. «Die Erfindung des Staffeleibildes hat grosse Kunstwerke geschaffen, aber die Schlagkraft ist verlorengegangen. Gesiegt hat das Kino und die illustrierte Wochenschrift. Wir freuen uns der Mittel, die die Technik uns zur Verfügung stellt.» Diese Sätze sind vor dem Hintergrund von El Lissitzkys Geschichte ‹Von zwei Quadraten› von 1920, in der die Zeichnungen dominieren, und der Gestaltung von Wladimir Majakowskis Gedichtsammlung ‹Dlja Gólossa›, Für die Stimme, oder: Zum Vorlesen, von 1925 zu sehen. Dem Vorlesenden dient ein mit abstrakten Zeichen versehenes Griffregister zum besseren Auffinden der Gedichte.[12] El Lissitzky beruft sich auf «die Sirene des Futurismus, Marinetti», der in einem Manifest von 1913 schrieb: «Ich beginne eine Revolution des Buchdrucks. [...] Das Buch muss der futuristische Ausdruck unseres futuristischen Gedankens sein. Und nicht nur das. Meine Revolution richtet sich auch gegen die sogenannte harmonische Aufteilung der Seite, die der Flut und der Ebbe, den Sprüngen und der Explosion des Rhythmus [...] widerspricht. Wir werden auf ein und derselben Seite drei oder vier verschiedene Druckerschwärzen verwenden und, wenn nötig, auch zwanzig verschiedene Typen. Beispiel: Kursivdruck für eine Reihe von ähnlichen oder raschen Empfindungen, Fettdruck für heftige Klangmalereien. Mit dieser Revolution des Druckes und dieser bunten Vielfalt der Typen will ich die Ausdruckskraft der Wörter verdoppeln. [...] Ich verwirkliche so den 4. Punkt des Gründungsmanifestes des Futurismus (20. Februar 1909): Wir erklären, dass sich die Herrlichkeit der Welt um eine neue Schönheit bereichert hat: die Schönheit der Geschwindigkeit.»[13]

Marinetti hat in seiner blühenden, fulminanten Sprache das neue Buch gefordert. Dessen Realisierung war hingegen auch für ihn, obschon in Ansätzen gelungen, nicht einfach. Immerhin hat er als erster die Typografie revolutioniert, sieht man von Stéphane Mallarmés 1897 geschriebenem und auch typografisch gestalteten Poème ‹Un coup de dés jamais n'abolira le hasard› (Ein Würfelwurf

and spine and pages 1, 2, 3 ..."[11] He further writes that new work on the inside of the book has not yet gone so far as to abolish the traditional form of the book – but current trends are not to be ignored. "The invention of easel painting led to great works of art but the strength has been lost. The cinema and the weekly magazine have won the field. We enjoy the means that techniques put at our disposal." These statements are to be seen against the background of El Lissitsky's 'Story of Two Squares' (1920), where the drawings dominate, and the design of Vladimir Mayakovsky's collection of poems entitled 'Dlja Gólossa', For the Voice, or For Reading Aloud (1925). A register of abstract signs serves the reader for the location of the poems.[12] El Lissitzky refers to the authority of "Marinetti, the Siren of Futurism", who wrote in a manifesto of 1913: "I am starting a revolution in bookprinting. [...] The book must be the Futuristic expression of our Futuristic thought. And not only that. My revolution is directed against the so-called harmonious division of the page, which contradicts the ebb and flood of rhythm, its leaps and its explosion. [...] On one and the same page we will use three or four different shades of black ink and, where necessary, as many as twenty different typefaces. For example: italic for a series of similar or rapid perceptions, bold for violent sound-pictures. With this printing revolution and this colourful variety of typefaces I aim to double the expressive power of words. [...] In this way I bring to life the fourth point of the Futurist manifesto (20th February 1909): We declare that the beauty of the world has been enriched by a new beauty: that of speed."[13]

Marinetti promoted the 'New Book' in his flowery, rhetorical language. Nevertheless even he did not find its realization easy, though he had some initial success. All the same it was Marinetti who revolutionized typography, leaving aside the claims of the French poet Stéphane Mallarmé with his typographically designed poem of 1897, 'Un coup de dés jamais n'abolira le hasard'[14] (A throw of the dice will never abolish chance). While the content of Marinetti's 'Bookprinting Revolution' is polemic and therefore somewhat vague, Theo van Doesburg articulated his idea of the 'new book' more clearly in 1929 with the following definition: "There is a double problem in book design. Like the house, the book should not only be supremely useful but also beautiful, or at least pleasant to look at. [...] A design solution is not, though, a matter of taste but a reality based on our new view of the world. [...] Shall we, then, return to classical formulae? No, we separate the book into its elements and give it a new appearance. [...] The old typesetting pattern was passive and frontal, whereas the modern way is active and related to space-time."[15] But Theo van Doesburg, too, polemicized: against the expressionless French book, against the aggressive "dynamic, Expressionistic, photographically mounted" book and against "the lavish use of bars, stripes, staves and dots", which is "basically just as rubbishy as the former use of fleurons, little birds and typographical ornaments"; and, moreover, against "a paint-

ISBN 3-7212-0350-4

Bereits seit einigen Jahren stoßen die Arbeiten der jüngeren Architektengeneration aus der Schweiz auf reges Interesse, und auch im Ausland wird die «Neue Schweizer Architektur» vermehrt diskutiert und publiziert. Ihre Projekte und Entwürfe sind ein Spiegel des theoretischen Diskurses der letzten Jahre in der Schweiz mit dessen praktischer Umsetzung, wie man es an den realisierten Projekten ablesen kann.

In dem Buch werden 14 Architekturbüros mit insgesamt 27 Architektinnen und Architekten vorgestellt. Es enthält bereits bekannte Arbeiten, wie die Erweiterung der Uhrenfabrik Corum von Althammer und Hochuli, das Haus Kucher von Valerio Olgiati und den Umbau des Forums der Schweizergeschichte von Schellin und Syfrig. Viele der Arbeiten aber sind bisher nicht veröffentlicht und zeigen ein vielfältiges Spektrum der Ideen und Arbeitsprozesse, die wiederum eine Vorstellung von dem vermitteln, was an gebauter Umwelt von jungen Schweizer Architekten noch zu erwarten ist.

Already for some years now, the work of the younger generation of Swiss architects has met with lively interest and like "New Swiss Architecture" has been discussed and published, also abroad. Their projects and designs are a mirror of the theoretical discourse which has been taking place in recent years in Switzerland, along with its practical application, as can be seen from the projects that have been built.

A total of 27 architects from 14 architecture offices are presented in this book. Included are works already known, such as the expansion of the Corum Clock Factory by Althammer and Hochuli, the Kucher House by Valerio Olgiati and the conversion of the Forum for Swiss History by Schellin and Syfrig. Many works, however, have never before been published and demonstrate a multifaceted spectrum of ideas and working methods that in turn give an idea of what there still is to look forward to from an environment created by young Swiss architects.

Junge Young
Schweizer Swiss
Architekten Architects

Niggli

niemals je auslöschen wird den Zufall)[14] ab. Während der Inhalt von Marinettis ‹Revolution des Buchdrucks› polemisch und daher etwas unbestimmt gehalten ist, artikulierte Theo van Doesburg um 1929 seine Vorstellung des neuen Buches bestimmter: «Bei der Gestaltung des Buches handelt es sich um ein Doppelproblem: Das Buch soll, wie das Haus, nicht nur vor allem nützlich, sondern auch schön, wenigstens angenehm anzusehen sein. [...] Eine gestaltende Lösung ist aber keine Angelegenheit des Geschmacks, sondern eine Realität, welche auf unserer neuen Weltvorstellung beruht. [...] Und wir, werden wir zur klassischen Automatik zurückkehren? Nein, wir zerlegen das Buch in seine Elemente und schaffen ihm eine neue Gestalt. [...] Der alte Satzaufbau war passiv und frontal, während der moderne Satzaufbau aktiv und raumzeitlich ist.»[15] Aber auch van Doesburg polemisierte: gegen das ausdruckslose französische Buch, gegen das aggressive «dynamische, expressionistische, fotografisch-montierte» Buch, gegen «die reichliche Verwendung von Balken, Streifen, Stäben und Punkten», was «im Grunde genau so kitschig ist wie die früher üblichen Blümchen, Vöglein und typografischen Verzierungen», gegen «einen malerischen Bildaufbau mit typografischen Mitteln, wie es heute besonders bei den Russen üblich ist». Er verlangt die vollständige Beherrschung der typografischen Mittel: «die weisse Fläche, der Text, die Farbe und an letzter Stelle das fotografische Bild». Das Bild gehört für ihn, ausser bei technischen und wissenschaftlichen Werken, «eigentlich nicht zum Element der Buchgestaltung». Interessant ist auch, dass van Doesburg die Typografie (obwohl er dies nur nebenbei bemerkt) mit der Architektur in Verbindung bringt, was andere Autoren jener Zeit zwar auch schon taten. Aber vollends überrascht, dass er die weisse Fläche, die man schliesslich nicht ‹liest› – und die man gerade deshalb oft zu wenig beachtet – als erstes typografisches Mittel nennt. Eine grundlegend neue Erkenntnis ist auch, dass der moderne Satzaufbau, im Gegensatz zum alten, frontalen, aktiv und raumzeitlich sei. Raum ist ein Begriff aus der dreidimensionalen Welt körperlicher Erlebnisse. Wenn Typografen (etwas unpräzise) von Raum sprechen, meinen sie die Fläche, genauer die leere, weisse, unbedruckte Papierfläche, von der, nach Theo van Doesburg – wie in der Architektur vom unbebauten Raum – die grösste Wirkung ausgeht.

Auch Jan Tschichold äusserte sich in jener Zeit zum neuen Buch: «Die Typografie musste sowohl einfachere, klarer erfassbare Aufbauformen (als den Mittelachsentitel) finden, als auch zugleich diese selbst optisch reizvoller und abwechslungsreicher gestalten. [...] Die Befreiung von den historischen Handschellen bringt völlige Freiheit in der Wahl der Mittel. [...] Auch ist es verkehrt, etwa ‹Ruhe› der Erscheinung allein als Ziel der Gestaltung aufzustellen – es gibt auch gestaltete Unruhe. [...] Die ausserordentliche Anpassungsfähigkeit der neuen Typografie an jeden denkbaren Zweck macht sie zu einer wesentlichen Erscheinung unserer Zeit. Sie ist keine Modeangelegenheit, sondern berufen, die Grundlage aller grafischen Weiterarbeit zu sein.»[16]

erly construction of pictures with typographical means, as is practised today in particular by the Russians". He calls for the complete mastery of the typographical medium: "white space, text, colour and in the last place the photographic picture." For van Doesburg, pictures "do not actually belong to the elements of book design", apart from technical and scientific works. It is also of interest that he connects typography with architecture (though only in a passing reference), like other authors of the time; but what is completely surprising is that he names white space as the first element of the typographic medium – white space, which is not 'read' and is therefore often given too little attention. A basic new recognition is of the fact that modern typographic design, in contrast to the old tradition, is frontal, active and related to space-time. 'Space' is a concept from the three-dimensional world of bodily experience, but when typographers use the term (rather imprecisely) they refer to the surface: that empty, white, unprinted paper surface which, in Theo van Doesburg's view, produces the greatest effect, just like the empty space in architecture.

Jan Tschichold, too, gave his views on the 'New Book', as follows: "Typography must both find simpler, more easily graspable forms (than the central axis) and at the same time design these forms in a more optically attractive way and with more variety. [...] Liberation from the handcuffs of history brings complete freedom in the choice of medium. [...] It is also a mistake to set up a quiet or peaceful appearance as the be-all and end-all of design for there is also such a thing as a designed unrest. [...] The extraordinary adaptability of the new typography to every possible use makes it into an important manifestation of our times. It is no mere matter of fashion but is called upon to form the basis of all subsequent graphic work."[16]

A voice which gains in importance the more one listens to it is that of Paul Renner, who says: "The new typography has taken over from abstract painting its artistic structuring of spaces [...] which have become modules of an architecture that also applies to the white space of unprinted paper as an element of equal value, if different in colour. Paper is not only the background and carrier of type but is a white space to be reckoned with. [...] Thus the new typography not only contests the classical rule of the 'framework' but also the whole principle of symmetry. [...] Distaste for the central axis has only one reason, from a superficial point of view, and that is the condemnation of any form of design which does violence to the job in hand for the sake of beautiful form."[17]

Max Bill, whom we have to thank for much outstanding typographical work and a few, though all the more vehemently expressed theoretical views, wrote in 1946: "Every thesis which is immovably nailed to the door carries within itself the danger of becoming rigid and an enemy to development. There is little likelihood, however, that the 'asymmetrical' or organically formed page image will be more quickly overtaken than the page based on a central axis, which

Eine Stimme, die an Substanz gewinnt, je länger man sich mit ihr beschäftigt, ist diejenige Paul Renners: «Die neue Typografie hat von der abstrakten Malerei das kunstvolle Gefüge der Flächen übernommen. [...] Diese Flächen werden nun zu Bausteinen einer Architektur, die sich auch der weißen Flächen des unbedruckten Papiers bedient als gleichwertiger, wenn auch andersfarbiger Mittel. Das Papier ist nicht nur Untergrund und Träger der Schrift, sondern ist ein Weiß, mit dem man rechnet. [...] Damit lehnt sich aber die neue Typografie nicht nur gegen das klassische Grundgesetz des Rahmens, sondern auch gegen das Prinzip der Symmetrie auf. [...] Die Abneigung der neuen Typografie gegen die Mittelachse hat oberflächlich betrachtet nur die eine Ursache, den einen Grund, daß man überhaupt jede Gestaltung verurteilt, welche der schönen Form zuliebe der Aufgabe Gewalt antut.»[17]

Max Bill, dem wir viele hervorragende typografische Arbeiten und einige wenige, aber umso vehementere theoretische Äußerungen zu verdanken haben, schrieb 1946: «jede aufgestellte these, die unverrückbar festgenagelt wird, birgt in sich die gefahr, starr zu werden und eines tages gegen die entwicklung zu stehen. es ist aber wenig wahrscheinlich, dass das sogenannte ‹asymmetrische› oder organisch geformte satzbild durch die entwicklung rascher überholt sein würde als der mittelachsensatz, der vorwiegend dekorativen, nicht funktionellen gesichtspunkten entspricht. [...] eine typografie, die ganz aus ihren gegebenheiten entwickelt ist, das heisst, die in elementarer weise mit den typografischen grundeinheiten arbeitet, nennen wir ‹elementare typografie›, und wenn sie gleichzeitig darauf ausgeht, das satzbild so zu gestalten, dass es ein lebendiger satzorganismus wird, ohne dekorative zutat und ohne verquälung, möchten wir sie ‹funktionelle› oder ‹organische typografie› nennen. das heisst also, dass alle faktoren, sowohl die technischen, ökonomischen, funktionellen und ästhetischen erfordernisse gleichermassen erfüllt sein sollen und das satzbild gemeinsam bestimmen.»[18] Bills Aufsatz ist – wenn man von der Polemik gegen Tschichold absieht – von unübertroffener Klarheit, und seine Gedanken sind, ohne je beliebig zu werden, offen genug (und somit auch erneuerungswürdig), als dass sie von einer gänzlich neuen These überholt werden könnten. Der Diskurs, ob Symmetrie oder Asymmetrie das (einzig) Richtige sei, ist hinfällig geworden. Man kann nun ruhig die Spiegelsymmetrie in der durch die Renaissance geprägten Form (die im formalistischen barocken Buchtitel den absurden Höhepunkt und im dekadenten des 19. Jahrhunderts den absoluten Tiefpunkt erreichte) beiseitelegen und versuchen, als Ergänzung zur Asymmetrie in den wenigen angebrachten Fällen Symmetrien (in Mehrzahl!) in einer der Zeit entsprechenden Form in die Typografie einzubeziehen.

Der Spiegelsymmetrie verbleibt dabei durchaus eine Rolle als ironisierendes Element, das der Asymmetrie, der Dynamik, den Spiegel vorhält (Abb. 3a). Eine weitere, ebenso bescheidene Rolle spielt (und spielte schon in der früheren

mainly represents decoration rather than function. [...] A typographical style that has been developed entirely from its circumstances, i. e. which works in an elemental fashion with the basic typographic units, is referred to as 'elemental typography'. When, at the same time, it proceeds from the assumption that the page must be so designed as to make a living organism, without decorative frills or being forced into a mould, we may call it 'functional' or 'organic typography'. This means that all the essential factors – technical, economic, functional and aesthetic – are given equal value and together determine the appearance of the page."[18] Disregarding the anti-Tschichold polemic, Bill's thesis is of matchless clarity, while his thoughts, without ever becoming random, are open enough to be capable of replacement by a completely new and more advanced doctrine. The dispute as to whether symmetry or asymmetry is the only right way has become redundant. We can now quietly lay aside the mirror symmetry that was marked by the Renaissance, reached its high point of absurdity in the formalistic baroque book title page and its absolute low point in the decadence of the 19th century. Instead, we can attempt to include symmetries (in the plural!) in our typography, in a contemporary form as an addition to asymmetry in a few appropriate instances.

Mirror symmetry retains a role in all this as an element of irony, holding up the glass to dynamic asymmetry (Fig. 3a). A further and equally modest role is and was played in earlier typography by 'central symmetry', with its playful aspect of letting things rotate around a fixed point (Fig. 3b). The kind of symmetry known as 'translative' is that of the ribbon ornament and the decorative border, whose basic element, the single decorative piece, moves unhurriedly in one direction leaving a constant trace behind it. There is a translative element in multi-column text (Fig. 3c). Finally, the symmetry of levels, of area ornaments – and by extension the symmetry of the typographical grid – corresponds to the tiled patterns of architecture. Where two vectors (in most cases) run at right angles to one another in the x and y directions, a decorative item is set into motion both ways, so that an area is fully covered (Fig. 3d). Typographical ornaments are now only of historical interest and, where they do crop up from time to time, they are nearly always inappropriately treated, since the knowledge of the laws of symmetry which underlie them is no longer available.[19]

It is often said of grid systems that they are limiting and leave no freedom or scope for creative design. Karl Gerstner was aware of this criticism and, even in the heyday of grid design, defined their limitations and possibilities in a pointed way: "The typographic grid is a proportional regulator for type-matter, tables, pictures and so on. It is an *a priori* programme for a content as yet unknown. The difficulty lies in finding the balance between maximum formality and maximum freedom, or in other words, the greatest number of constant factors combined with the greatest possible variability. We have [...] developed the

Typografie) die Punkt- oder Zentralsymmetrie mit ihrem spielerischen Element, die Dinge um einen Punkt rotieren zu lassen (Abb. 3 b). Die translative Symmetrie ist die Symmetrie des Bandornaments und der schmückenden Einfassung, deren Grundelement, das einzelne Schmuckstück, gemächlich in eine Richtung schreitet und seine immer gleiche Spur hinterlässt; mehrspaltiger Text hat eine translative Komponente (Abb. 3 c). Die Ebenensymmetrie schliesslich, die Symmetrie des Flächenornaments – und, ins Grosse gewendet, die Symmetrie des typografischen Rasters –, ist die Entsprechung zu den architektonischen Fliesenmustern. Auf zwei in den meisten Fällen rechtwinklig zueinander verlaufenden Vektoren (eine x- und eine y-Achse) wird ein Schmuckstück in zwei Richtungen in Bewegung gesetzt, so dass eine Fläche lückenlos überdeckt wird (Abb. 3 d). – Typografische Ornamente sind nurmehr von historischem Interesse, und wenn sie doch noch da und dort auftauchen, sind sie fast immer unsachgemäss behandelt, da das Wissen um die ihnen zugrundeliegenden Gesetzmässigkeiten der Symmetrie nicht mehr vorhanden ist.[19]

Rastersystemen wird oft nachgesagt, sie seien einengend, liessen keine Freiheit(en) zu und behinderten das kreative Gestalten. Karl Gerstner hat dies geahnt und noch während der Blütezeit der Rastergestaltung ihre Grenzen und Möglichkeiten auf eine prägnante Formel gebracht: «Der typographische Raster ist ein proportionales Regulativ für Satz, Tabellen, Bilder usw. Er ist ein formales Programm a priori für x unbekannte Inhalte. Die Schwierigkeit dabei: die Balance

'mobile grid'."[20] Certainly, preconditions – crash barriers in a sense – with which a grid is defined, limit the freedom of the designer when they are too rigidly formulated. On the other hand, complex grids allow for great variability, allowing room for more and freer interpretations. The grid is a regulatory system which pre-empts the basic formal decisions. At the same time, its preconditions help in the structuring, division and ordering of a printed page. Of course, it is also possible to do without such preconditions and play around with a style of design which obeys only the laws of chance and the artist's caprice. Either of these principles can lead to the desired result, but neither of them can overcome lack of talent in the designer. In his book *Typography* (1967), Emil Ruder wrote: "The task of consistent design throughout a job will be mastered only by the designer who can take an overall view of its whole structure and arrange it accordingly. Improvization from case to case, on the other hand, hinders the view of the whole and makes consistency difficult." Writing of a book of which just a few pages are shown, he explains: "Here the grid is the means of assembling the different sizes of text blocks and pictures into a formal unity. In the end result the grid should not be obvious but overshadowed by the variety of measurements and pictorial themes."[21] – This last remark is an expression of pure wishful thinking. The grid of the Fifties and Sixties, as advocated *par excellence* by Josef Müller-Brockmann and given the qualification of 'Swiss' even if without full justification, positively leaps to the eye.

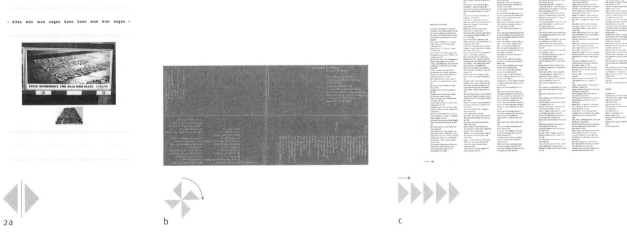

2 a

b

c

d

Abb. 3 (a–d) Spiegel- oder bilaterale Symmetrie: Wenden eines Objekts um eine Achse oder Spiegeln an einer Spiegelebene (a). Punkt- oder Zentralsymmetrie: Drehung eines Objekts um seinen Mittelpunkt (b). Translative Symmetrie: Bewegung eines Objekts in eine Richtung (c). Ebenensymmetrie: Bewegung eines Objekts in zwei Richtungen (d).

Fig. 3 (a–d) Mirror or bilateral symmetry: Turning an object around an axis or mirroring at a mirror level (a). Dot or central symmetry: Rotating an object around its centre (b). Translative symmetry: Movement of an object in one direction (c). Level symmetry: Movement of an object in two dimensions (d).

zu finden, das Maximum an Gesetzlichkeit bei einem Maximum an Freiheit. Oder: das höchste Mass an Konstanten bei der grösstmöglichen Variabilität. Wir haben [...] den ‹mobilen Raster› entwickelt.»[20] Vorgaben – Leitplanken in einem gewissen Sinn –, die mit einem Raster definiert werden, schränken die gestalterische Freiheit sicher ein, wenn sie zu lapidar formuliert sind. Komplexe Raster hingegen ermöglichen grosse Variabilität und lassen mehr und freiere Interpretationen zu. Der Raster ist ein Regelwerk, mit dem grundsätzliche formale Entscheidungen vorweggenommen werden. Gleichzeitig helfen diese Vorgaben, die divergierenden Teile einer Drucksache zu gliedern, zu ordnen, zu strukturieren. Man kann aber auch auf solche Vorgaben verzichten und spielerisch mit einer dem Zufall und der Laune gehorchenden Gestaltungsweise umgehen. Beide Prinzipien können zum Ziel führen, keines jedoch hilft unfehlbar über gestalterische Unzulänglichkeit hinweg. Emil Ruder schrieb 1967 in seinem Lehrbuch *Typographie:* «Die Aufgaben der Durchgestaltung können vom Gestalter nur gemeistert werden, wenn er die ganze Struktur eines Auftrages überblicken und aus diesem Überblick heraus disponieren kann. Das Improvisieren von Fall zu Fall hingegen verwehrt den Blick auf das Ganze und erschwert die einheitliche Durchgestaltung.» Und zu einem mit ein paar wenigen Seiten vorgestellten Buch erklärte er: «Der Raster ist hier das Mittel, das die unterschiedlichen Textmengen, unterschiedlichen Bildgrößen und Bildformate zu einer formalen Einheit zusammenfaßt. Im Endergebnis soll der Raster nicht auffallen, er soll von der Verschiedenheit der Werte und Bildthemen übertönt werden.»[21] – Dieser letzte Satz ist nun allerdings Ausdruck reinsten Wunschdenkens. Der Raster der fünfziger und sechziger Jahre (Josef Müller-Brockmann gilt als *der* dogmatische Rastertypograf), dem man das Adjektiv ‹schweizerisch› anhängte, auch wenn dies nicht ganz gerechtfertigt ist, drängt sich schon fast penetrant in den Vordergrund.

Alles wurde in die lapidarsten Raster gepfercht: nicht nur Texte, Bilder und Signete, sondern auch jedes Wort und jede Zeile eines Plakats, Fotografien auf Ausstellungswänden und das Informationssystem der Schweizerischen Bundesbahnen.[22] Die meines Wissens erste Lockerungsübung kam von Richard Paul Lohse, der 1960 für einen Warenkatalog des Schweizerischen Werkbundes einen progressiven Raster schuf. In der Höhe ist der Satzspiegel in zwei Hälften geteilt, die Breite ist in eine Textspalte von 45 mm (10 Cicero) und zwei Bildspalten von 60 und 80 mm (13⅓ und 17⅔ Cicero) gegliedert. Das Verhältnis der ersten Spalte zur zweiten ist, wie auch das der zweiten Spalte zur dritten, 3:4 (und nicht Goldener Schnitt, wie die Redaktion der Zeitschrift *Neue Grafik* meinte). Lohse hat «eine neue Form der Seitengliederung gefunden, die man als progressive Steigerung der Flächenvolumen bezeichnen kann. [...] Diese Aufteilung verleiht den Seiten des Kataloges einen neuartigen, spannungsvollen Rhythmus und ermöglicht durch den Zusammenzug der zweiten und der dritten Spalte eine Formvariante.»[23] (Abb. 4) Aber sonst beherrschte damals der quadratische Raster die

Everything is crammed into the straitjacket of the grid: not only text, pictures and logos but even every word and line of a poster, photos on exhibition panels and the information system of the Swiss State Railways.[22] So far as I know, the first loosening up was due to Richard Paul Lohse, who created a progressive grid for a product catalogue of the Swiss Industrial Association. Vertically, the type area is divided into two halves, while horizontally it consists of a text column of 45 mm (10⅔ picas) and two picture columns of 60 and 80 mm (14⅓ and 19 picas). The relation of the first column to the second, and of the second to the third, is 3:4 (and not the Golden Section as stated by the magazine *Neue Grafik/ New Graphic Design*). Lohse has "found a new way of dividing up the page which might be called a progressive increase of the page areas. [...] This style gives the catalogue pages a new kind of tense rhythm and allows a variation of form through the combination of the second and third columns."[23] (Fig. 4) Otherwise, however, the quadratic grid dominated the typographical scene, as for example in the periodical *Ulm,* founded in 1958 and issued by the Design College in that South German city, and in the same year in *Neue Grafik/New Graphic Design,* established in Zurich by Richard Paul Lohse, Josef Müller-Brockmann, Hans Neuburg and Carlo L. Vivarelli – both magazines of the greatest merit in both content and design.

There is no need here for any further emphasis of the fact that the content of a typographical job (in today's jargon its 'message') must be conveyed in the best possible way to the reader or viewer. This functional demand can, however, be met in a variety of different manners. Between the extremes of 'optimal legibility through clear, purely functional arrangement' and 'emotional legibility (relative non-legibility) through purely accidental form' there are numerous variants and stages of typographical arrangement. 'Accident' in the sense of 'chance' is in any case a misleading concept, because chance or even chaos has to be designed and needs decisions. Which road a designer follows is perhaps, though not necessarily, a matter of temperament and disposition.

typografische Szene. So in der 1958 gegründeten und von der Hochschule für Gestaltung Ulm herausgegebenen Zeitschrift *Ulm* wie in der im gleichen Jahr in Zürich von Richard Paul Lohse, Josef Müller-Brockmann, Hans Neuburg und Carlo L.Vivarelli gegründeten Zeitschrift *Neue Grafik,* beides übrigens Zeitschriften von höchstem inhaltlichen und gestalterischen Niveau.

Es soll hier nicht mehr besonders betont werden, dass der Inhalt einer typografischen Arbeit (in der euphemistischen Ausdrucksweise unserer Zeit die ‹Botschaft›) optimal an den Leser-Betrachter übermittelt werden muss. Diese funktionale Anforderung kann jedoch auf unterschiedliche Weise eingelöst werden. Zwischen den Extremen ‹optimale Lesbarkeit durch klare, rein funktionelle Ordnung› und ‹emotionale Lesbarkeit (relative Unlesbarkeit) durch reine Zufallsform› gibt es zahlreiche Varianten und Abstufungen der typografischen Gestaltung. ‹Zufall› ist zudem ein irreführender Begriff, denn auch der Zufall, das Chaos muss gestaltet werden, setzt Entscheidungen voraus. Es ist vielleicht, wenn nicht gar wahrscheinlich, eine Frage der Disposition und des Temperaments, welchen Weg ein Gestalter geht.

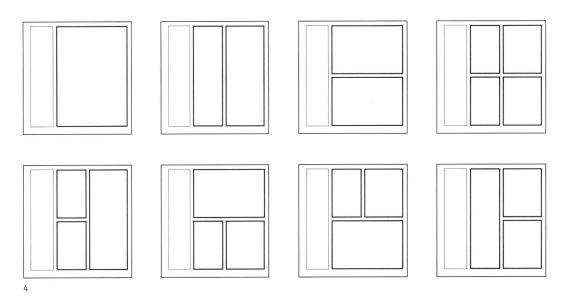

4

Abb. 4 Das von Richard Paul Lohse 1960 geschaffene System mit einem progressiven Raster. Schemazeichnungen zur Gliederung der Seiten, am linken Rand die Textspalte, rechts davon die Abbildungsgrössen.

Fig. 4 Richard Paul Lohse's progressive grid system of 1960. Diagram of the division of pages with (at left) the text column and (at right) the picture size.

1 Grundlegendes zum Thema Wahrnehmung siehe Wolfgang Metzger: *Gesetze des Sehens*, 1975, und Hans Rudolf Bosshard: *Typografie Schrift Lesbarkeit*, 1996, S. 45-55.

2 Leon Battista Alberti: *Zehn Bücher über die Baukunst. Sechstes Buch: Über den Schmuck*, 1975, S. 293f.

3 Max Bill hielt den Vortrag ‹Schönheit aus Funktion und als Funktion› an der Jahresversammlung 1948 des Schweizerischen Werkbundes in Basel; abgedruckt in: *Werk*, Heft 8, 1949, S. 272-281.

4 In der Schweiz: *der* Raster (so auch in diesem Buch), in Deutschland: *das* Raster; Englisch: the grid; Französisch: le gabarit.

5 Die erstmalige Verwendung eines typografischen Rasters lasse sich nicht mehr feststellen, schrieb Josef Müller-Brockmann 1971 (*Geschichte der visuellen Kommunikation*, S. 282). Zehn Jahre zuvor meinte er (ohne näheren Nachweis), in den vierziger Jahren seien die ersten Drucksachen mit Rastersystemen gestaltet worden (*Rastersysteme*, S. 7). Rudolf Hostettler schrieb, dass Herbert Bayer «meines Wissens den ersten typographischen Raster entwarf» (*Typografische Monatsblätter*, Heft 2, 1972, S. 1). Nachvollziehbar ist die frühe Anwendung des Rasters in dem von Max Bill gestalteten Buch *Die Neue Architektur* von Alfred Roth, 1940, sowie in dem von Richard Paul Lohse gestalteten Buch *Wir Neger in Amerika* von Richard Wright, 1948.

6 DIN ist die Abkürzung für Deutsche Industrie-Norm; in der Schweiz wird mehrheitlich die Bezeichnung ‹Normalformat› verwendet.

7 Jan Tschichold hat schon 1946 einen Aufsatz zum Thema Proportion geschrieben: ‹Die Maßverhältnisse der Buchseite, der Schriftfläche und der Ränder›, in: *Schweizer Graphische Mitteilungen*, August 1946, dann ‹Die Proportionen des Buches›, in: *Der Druckspiegel*, Hefte 1-3, 1955, und ‹Willkürfreie Maßverhältnisse der Buchseiten und des Satzspiegels›, in: *Typografische Monatsblätter*, Heft 2, 1964, S. 92-97; dieser Aufsatz ist auch enthalten in: *Ausgewählte Aufsätze über Fragen der Gestalt des Buches und der Typographie*, 1975, S. 45-75. – Vom Verfasser dieses Buches stammt der Aufsatz ‹Dimension und Proportion›, in: *Polygraph Jahrbuch*, 1967, S. 37-60. Dieser Aufsatz wurde in zwei weiteren, veränderten Fassungen veröffentlicht, zuerst unter dem Titel ‹Proportion› in: *Form und Farbe*, 1968, dann als Sonderdruck, *Proportion*, 1973. In stark erweiterter Form ist das Thema abgehandelt in: *Mathematische Grundlagen zur Satzherstellung*, 1985, S. 118-171.

8 Gustav Theodor Fechner, Philosoph und Naturforscher, führte diesen Versuch 1876 durch; siehe Otto Hagenmaier: *Der Goldene Schnitt*, 1963, S. 11.

9 Die seltene Anwendung des Goldenen Schnitts hat Gründe: Manche Gestalter schrecken vor dem Umgang mit irrationalen Zahlen (und mit Zahlen überhaupt) zurück. Andere meinen, das Verhältnis 3:5 *sei* Goldener Schnitt und die Differenz zwischen der exakten Proportion und der Näherung irrelevant. Und nicht zuletzt verhindert die Angst vor dem Traditionalismusvorwurf die Anwendung des seit Jahrtausenden bekannten Schönheitskanons.

10 Ob sich das Buch in der heutigen Form hält, ist offen, die vollständige Ablösung wegen seines unbestreitbar hohen Lesekomforts jedoch unwahrscheinlich. Es werden weiterhin unbeirrt – und jährlich mehr – Buchseiten zwischen zwei Deckeln, je nach Anspruch harten oder weichen, gebunden.

11 El Lissitzky: ‹Unser Buch›, in: *Gutenberg-Jahrbuch*, 1926/27, S. 172-178, sowie in Sophie Lissitzky-Küppers: *El Lissitzky*, 1967, S. 357-360, ferner in Richard von Sichowsky und Hermann Tiemann (Hg.): *Typographie und Bibliophilie*, 1971, S. 183-188.

12 El Lissitzky: *Von zwei Quadraten*, 1922, Reprint 1969. – Wladimir Majakowski: *Dlja Gólossa*, 1923, Reprint 1973.

13 Francesco Tommaso Marinetti: ‹Revolution des Buchdrucks›, in: *Wir setzen den Betrachter mitten ins Bild. Futurismus 1909-1917*, 1974 (unpaginiert).

14 Stéphane Mallarmé: *Un coup de dés jamais n'abolira le hasard*, 1914, Reprint 1993. (Deutsche Übersetzung des Titels von Carl Fischer.)

15 Theo van Doesburg: ‹Das Buch und seine Gestaltung›, in: *Theo van Doesburg 1883-1931*, 1969, S. 62f.

16 Jan Tschichold: *Eine Stunde Druckgestaltung*, 1930, S. 6-8. Diese aus Tschicholds Mund recht ungewöhnlichen Worte zur neuen Typografie zeigen, wie vehement er diese einmal vertrat und den Traditionalisten gegenüber eloquent verteidigte. Dass er sich wenige Jahre später von der neuen Typografie ab- und dem Renaissanceschema zuwandte, steht auf einem anderen Blatt geschrieben.

17 Paul Renner: *mechanisierte grafik*, 1931, S. 82ff. – Das Zitat fährt fort: «Mitte und strenge Symmetrie sind die Geste des betonten Selbstgefühls. Das Versailler Schloß ist als Ausdruck des Absolutismus von Gottes Gnaden ebenso symmetrisch gebaut, wie die Allonge-Perücke des Sonnenkönigs in der Mitte gescheitelt war. Man kann sich keine Darstellung eines Gottes vorstellen, dessen Haupthaar seitlich gescheitelt wäre. [...] Der Mensch im Zeitalter des Humanismus glaubte, die Vollkommenheit hier im Leben erreichen zu können. Der moderne Mensch hat diese Selbstvergottung aufgegeben; er weiß, daß er im besten Falle auf dem richtigen Wege sein kann.»

18 Max Bill: ‹über typografie›, in: *Schweizer Graphische Mitteilungen*, Heft 4, 1946, S. 193-200, sowie in: *Typografische Monatsblätter*, Heft 4, 1997, S. 29-33, ferner in Gerd Fleischmann, Hans Rudolf Bosshard und Christoph Bignens: *max bill: typografie reklame buchgestaltung*, 1999, S. 160-166.

19 Zu diesem Thema gibt es ein ungedrucktes Manuskript von Hans Rudolf Bosshard: *Grammatik des Ornaments*; siehe auch Bosshard: *Technische Grundlagen zur Satzherstellung*, 1980, S. 196-203, ferner Max Caflisch: *Kleines Spiel mit Ornamenten*, 1965, und Wolfgang von Wersin: *Das elementare Ornament und seine Gesetzlichkeit*, 1940. – Der von Adolf Loos 1908 geschriebene Aufsatz ‹Ornament und Verbrechen› (siehe Adolf Loos: *Sämtliche Schriften I*, 1962) hat anscheinend Wirkung gezeigt: das typografische Ornament verschwand weitgehend und mit ihm natürlicherweise auch das handwerkliche Wissen, wie es sachgemäss zu behandeln ist.

20 Karl Gerstner: *Programme entwerfen*, 1963, S. 12. Der mobile Raster, der für die Zeitschrift *Capital* entwickelt wurde, baut auf einer Grundeinheit von 10 Punkt auf, die ganze Satzspiegelbreite beträgt 58 Einheiten. Diese Anzahl ist für zwei bis sechs Spalten schlüssig bei konstant zwei Einheiten Spaltenabstand.

21 Emil Ruder: *Typographie. Ein Gestaltungslehrbuch*, 1967, S. 214, 226.

22 Lars Müller (Hg.): *Josef Müller-Brockmann. Gestalter*, 1994, S. 170, 245 (Rastersysteme für Plakate), S. 236-239 (Informationssystem der SBB).

23 LMNV (Abkürzung für die Herausgeber/Redaktoren Richard Paul Lohse, Josef Müller-Brockmann, Hans Neuburg, Carlo L. Vivarelli): ‹Gestaltung eines Warenkataloges›, in: *Neue Grafik*, Heft 8, 1960, S. 22-25.

1 For basic guidance on perception, see Wolfgang Metzger: *Gesetze des Sehens,* 1975, and Hans Rudolf Bosshard: *Typografie Schrift Lesbarkeit. Sechs Essays,* 1996, pp. 45–55.

2 Leon Battista Alberti: *Zehn Bücher über die Baukunst. Sechstes Buch: Über den Schmuck,* 1975, pp. 293f.

3 Max Bill gave a lecture on 'Schönheit aus Funktion und als Funktion' (Beauty from function and as function) at the 1948 annual meeting of the Swiss Werkbund in Basle. This lecture is published in: *Werk,* vol. 8, 1949, pp. 272–281.

4 In this book I follow the Swiss custom of making the word for 'grid' masculine: *der* Raster, whereas in Germany it is neuter: *das* Raster. In French: le gabarit.

5 It is no longer possible to pinpoint the first use of a typographic grid, wrote Josef Müller-Brockmann in 1971 (in: *A History of Visual Communication / Geschichte der visuellen Kommunikation,* p. 282). Ten years earlier he expressed the view (without any detailed evidence) that the first printed matter based on a grid was designed in the Forties (in: *Grid systems / Rastersysteme,* p. 7). Rudolf Hostettler wrote (in: *Typografische Monatsblätter,* vol. 2, 1972, p. 1) that to the best of his knowledge Herbert Bayer designed the first typographical grid. A clearer case is provided by the early use of the grid in Alfred Roth's book *Die neue Architektur / The New Architecture,* 1940, designed by Max Bill, and in Richard Wright's *Wir Neger in Amerika (original title: 12 Million Black Voices),* 1948, designed by Richard Paul Lohse.

6 DIN is the abbreviation for Deutsche Industrie-Norm, in Switzerland often referred to as 'Normalformat'.

7 Jan Tschichold wrote on the subject of proportion as early as 1946: 'Die Maßverhältnisse der Buchseite, der Schriftfläche und der Ränder' (The relation of the book page, the type area and the margins), in: *Schweizer Graphische Mitteilungen,* August 1946, followed by 'Die Proportionen des Buches' (Proportions of the book), in: *Der Druckspiegel,* vol. 1–3, 1955, and 'Willkürfreie Maßverhältnisse der Buchseiten und des Satzspiegels' (Non-arbitrary proportions of page and type area), in: *Typografische Monatsblätter,* vol. 2, 1964, pp. 92–97; this last essay also being included in: *Ausgewählte Aufsätze über Fragen der Gestalt des Buches und der Typographie,* 1975, pp. 45–75. – The author of the present work wrote on 'Dimension und Proportion' (Dimensions and Proportions), in: *Polygraph Jahrbuch,* 1967, pp. 37–60; a contribution which was later republished in two further, revised versions, first under the title of 'Proportion' (Proportions), in: *Form und Farbe,* 1968, then as a special reprint, *Proportion,* 1973. In a much expanded form the same subject is treated in: *Mathematische Grundlagen zur Satzherstellung,* 1985, pp. 118–171.

8 Gustav Theodor Fechner, philosopher and naturalist, carried out this experiment in 1876; see Otto Hagenmaier: *Der Goldene Schnitt,* 1963, p. 11.

9 There are reasons for the infrequent use of the Golden Section. Many designers are averse to using irrational numbers (or indeed any numbers). Others hold that the ratio of 3:5 *is* the Golden Section and the difference between the exact ratio and this approximation is irrelevant. Last but not least, the fear of being accused of traditionalism hinders the use of the ancient canon of beauty.

10 It is an open question whether the book in its present form will survive, but its complete abolition is unlikely owing to its indisputable convenience for the reader. Books will certainly continue to be produced between covers, hard or soft according to preference, and in greater quantities every year.

11 El Lissitzky: 'Unser Buch' (Our Book), in: *Gutenberg-Jahrbuch,* 1926/ 27, pp. 172–178, and in: Sophie Lissitzky-Küppers: *El Lissitzky,* 1967, pp. 357–360, also in: Richard von Sichowsky and Hermann Tiemann (ed.): *Typographie und Bibliophilie,* 1971, pp. 183–188.

12 El Lissitzky: *Von zwei Quadraten,* 1922, reprinted 1969. – Vladimir Mayakovsky: *Dlja Gólossa,* 1923, reprinted 1973.

13 Francesco Tommaso Marinetti: 'Revolution des Buchdrucks' (Revolution in Bookprinting), in: *Wir setzen den Betrachter mitten ins Bild. Futurismus 1909–1917,* 1974 (not paginated).

14 Stéphane Mallarmé: *Un coup de dés jamais n'abolira le hasard,* 1914, Reprint 1993.

15 Theo van Doesburg: 'Das Buch und seine Gestaltung' (The Book and its Design), in: *Theo van Doesburg 1883–1931,* 1969, pp. 62f.

16 Jan Tschichold: *Eine Stunde Druckgestaltung,* 1930, pp. 6–8. These unexpected words of Jan Tschichold on the new typography show how vehemently he once defended this style, eloquently taking its part against traditionalism. The fact that a few years later he turned away from the new typography and back to the style of the Renaissance, is quite another story.

17 Paul Renner: *mechanisierte grafik. Schrift Typo Foto Film Farbe,* 1931, pp. 82ff. – The passage continues: "Centralization and strict symmetry are signs of emphatic self-esteem. The Palace of Versailles was symmetrically built as an expression of the absolutism of God's grace, just as the Sun King's wig was parted in the middle. One cannot imagine a representation of the deity with his hair parted at the side. [...] In the era of Humanism, mankind believed that perfection could be attained here on earth. Modern man has given up this self-glorification and knows that the best one can hope for is to be on the right road."

18 Max Bill: 'über typografie' (On Typography), in: *Schweizer Graphische Mitteilungen,* vol. 4, 1946, pp. 193–200, also in: *Typografische Monatsblätter,* vol. 4, 1997, pp. 29–33, and in Gerd Fleischmann, Hans Rudolf Bosshard and Christoph Bignens: *max bill: typografie reklame buchgestaltung / typography advertising book design,* 1999, pp. 160–166.

19 On this subject there is an unpublished manuscript by Hans Rudolf Bosshard: *Grammatik des Ornaments;* see also Bosshard: *Technische Grundlagen zur Satzherstellung,* 1980, pp. 196–203; also Max Caflisch: *Kleines Spiel mit Ornamenten,* 1965, and Wolfgang von Wersin: *Das elementare Ornament und seine Gesetzlichkeit,* 1940. – The essay written by Alfred Loos in 1908, 'Ornament und Verbrechen' (Ornament and Action), in: *Sämtliche Schriften I,* 1962, has apparently been effective, since typographical ornaments have largely disappeared and with them the manual skill to handle them properly.

20 Karl Gerstner: *Programme entwerfen,* 1963, p. 12. The mobile grid, developed for the magazine *Capital,* is built on a basic unit of 10 points with a total type area width of 58 units. This number is logical for two to six columns with a constant distance between them of two units.

21 Emil Ruder: *Typographie. Ein Gestaltungslehrbuch / Typography. A Manual of Design / Typographie. Un Manuel de Création,* 1967, pp. 214, 226.

22 Lars Müller (ed.): *Josef Müller-Brockmann, Gestalter,* 1994, pp. 170, 245 (grid systems for posters), pp. 236–239 (information system of Swiss State Railways SBB).

23 LMNV (abbreviation of the names of editors Lohse, Müller-Brockmann, Neuburg, Vivarelli): 'Designing a Commercial Catalogue', in: *Neue Grafik / New Graphic Design,* vol. 8, 1960, pp. 22–25.

ISBN 3-7212-0290-5

Das kleine Haus

Jan Krieger

Jan Krieger   Das kleine Haus – eine Typologie
The Little House – a Typology

Beispiel: Hans Scharoun, Einfamilienhaus Schminke, Celle, 1950
Example: Single-family House Schminke, Celle, Germany

Legenden zu
den Abbildungen
im Vorwort
Legend to
the illustrations
in the Preface

Hans Rudolf Bosshard: Form und Farbe

Format 240 × 235 mm, 100 Seiten

Dieses Buch wurde mit verschiedenen Rastern gestaltet: der Titelbogen und die einleitenden Texte mit dem 9er-Raster, die Formenlehre mit dem 16er-Raster, die Farbenlehre mit dem 25er-Raster und die Proportionslehre mit dem 36er-Raster (Abb. 1). Vom Bildmaterial her war die Gestaltung der Formenlehre mit dem 16er-Raster und der Proportionslehre mit dem 36er-Raster gegeben. Bei den übrigen Teilen war die gewählte Gliederung nicht gleichermassen zwingend.

Da dieses Buch noch im Bleisatz gesetzt wurde, basieren alle Abmessungen auf dem Cicero-Masssystem zu 12 Punkt (Abb. 2). Bei einem Satzspiegel von 47 × 47 Cicero und Abständen von 1 Cicero messen die Seiten der Rasterfelder 23 Cicero, 15 Cicero, 11 Cicero, 8 Cicero 8 Punkt und 7 Cicero. Die Textspalten sind immer zwei Rasterfelder breit. Somit betragen die Spaltenbreiten 31 Cicero beim 9er-Raster, 23 Cicero beim 16er-Raster, 18 Cicero 3 Punkt (mit 11 Punkt Abstand) beim 25er-Raster und 15 Cicero beim 36er-Raster. Proportional zur Progression der Spaltenbreiten verhalten sich die Einzüge und die über den linken Spaltenrand hinausstehenden Überschriften mit Seitenzahlen.

Von der Cicerobasis auf Millimeter umgerechnet, ergeben sich folgende Masse: Bei einem Satzspiegel von 212 mm Seitenlänge haben sechs Rasterfelder je 31,5 mm Seitenlänge bei 4,6 mm Abstand; fünf Felder je 38,4 mm Seitenlänge bei 5 mm Abstand; vier Felder je 48,8 mm Seitenlänge bei 5,6 mm Abstand; drei Felder je 66,2 mm Seitenlänge bei 6,7 mm Abstand; zwei Felder je 101 mm Seitenlänge bei 10 mm Abstand. Der Progression der Rastergrössen entspricht die Progression der Abstände (Abb. 3).

Der Satzspiegel kann auch durch ein Modul, das die Rasterfelder und ihre Abstände regelt, gegliedert werden. 59 Module zu 3,5 mm ergeben einen Satzspiegel mit 206,5 mm Seitenlänge. Die Rasterfelder haben folgende Masse: 59 − 1 Abstand = 58 : 2 = 29 Teile oder 101,5 mm Seitenlänge; 59 − 2 Abstände = 57 : 3 = 19 Teile oder 66,5 mm Seitenlänge; 59 − 3 = 56 : 4 = 14 Teile oder 49 mm Seitenlänge; 59 − 4 = 55 : 5 = 11 Teile oder 38,5 mm Seitenlänge; 59 − 5 = 54 : 6 = 9 Teile oder 31,5 mm Seitenlänge. Mit dem Modulsystem fällt die Progression der Rasterabstände dahin.

Hans Rudolf Bosshard: Form and Colour

Size 240 × 235 mm, 100 pages

This book has been designed with various grids: the title sheet and introductory texts with the 9× grid, the section on form with the 16× grid and those on colour and proportion with the 25× and 36× grids respectively (Fig. 1). The picture material led to the choice of grids for form and proportion, while the choice of subdivision for the other parts was not so imperative.

This book was set in metal. All its measurements are therefore based on the 12-point Cicero system (Fig. 2). With a type area of 47 × 47 Cicero and intervals of 1 Cicero, the pages of the grid fields measure 23, 15 and 11 Cicero, 8 Cicero 8 points and 7 Cicero. All text columns have a width of two grid fields. This means that with the 9× grid the column width is 31 Cicero, with the 16× grid 23 Cicero, with the 25× grid 18 Cicero 3 points (with 11 points interval), and with the 36× grid 15 Cicero. Indents and headlines with page numbers extending beyond the left-hand column width are kept proportional to the progression of column widths.

When converted from the Cicero basis to millimetres, the measurements are as follows: with a type area of 212 mm page length, six grid fields each have a length of 31.5 mm with 4.6 mm interval; five fields 38.4 mm each with 5 mm interval; four fields each 48.8 mm with 5.6 mm interval; three fields 66.2 mm with 6.7 mm interval and two fields 101 mm each with 10 mm interval. The progression of grid sizes corresponds to the progression of the intervals (Fig. 3).

The type area can also be subdivided by means of a module which controls the grid fields and their intervals. Fifty-nine modules of 3.5 mm give a type area of 206.5 mm page length. The grid fields have the following measurements: 59 − 1 interval = 58 : 2 = 29 parts or 101.5 mm side length; 59 − 2 intervals = 57 : 3 = 19 parts or 66.5 mm side length; 59 − 3 = 56 : 4 = 14 parts or 49 mm side length; 59 − 4 = 55 : 5 = 11 parts or 38.5 mm side length; 59 − 5 = 54 : 6 = 9 parts or 31.5 mm side length. The progression of grid intervals goes along with the module system.

Abb. 1 Raster nach dem Modulsystem. Das Kombinieren von Rastern mit 4, 9, 16, 25 und 36 Feldern setzt voraus, dass die Anzahl Einheiten, die nach Abzug je einer Einheit für einen Rasterabstand übrigbleiben, durch 2, 3, 4, 5 und 6 teilbar ist. Die kleinste Anzahl Module, die dies erfüllt, ist 59.

Fig. 1 Module system grid. The combination of grids with 4, 9, 16, 25 and 36 fields requires that the number of units remaining after the subtraction of one unit for a grid interval can be divided by 2, 3, 4, 5, and 6. The smallest number of modules meeting this condition is 59.

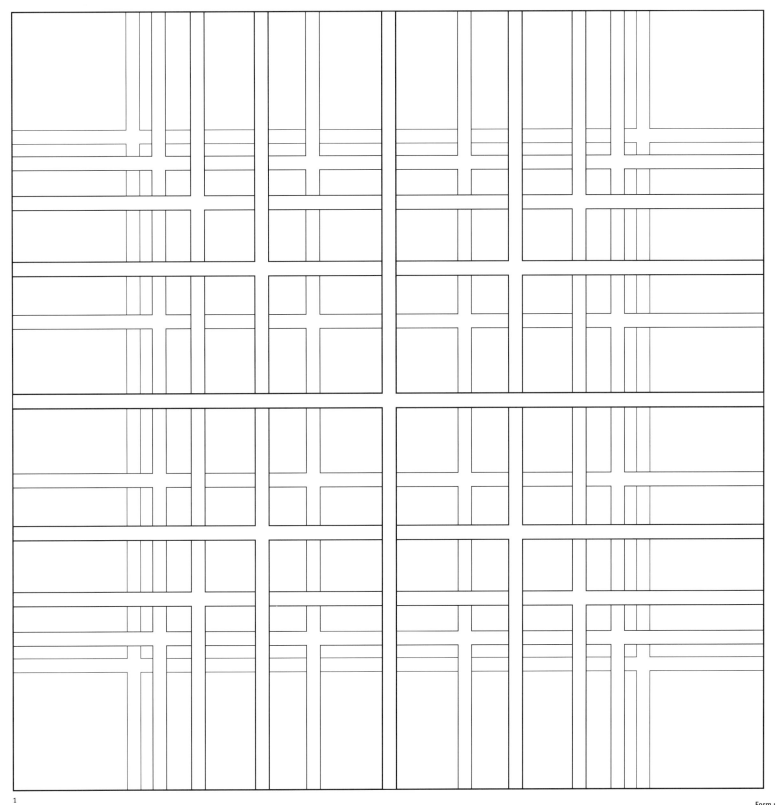

1

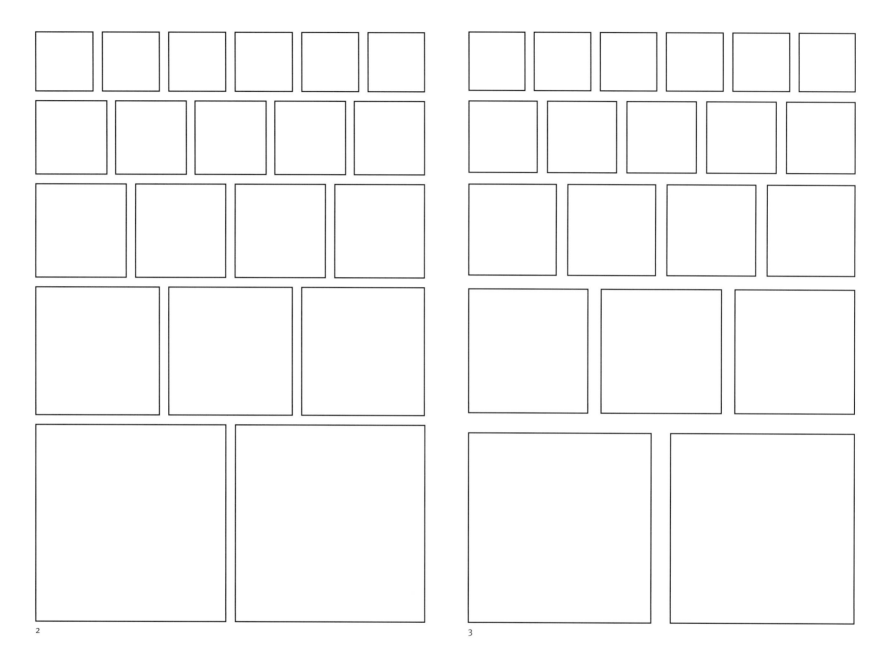

2

3

Abb. 2 Raster nach dem typografischen Masssystem Cicero und Punkt. Mit dem Modul von 1 Cicero ist die Satzspiegelbreite von 47 Cicero bei 2, 3, 4 und 6 Rasterfeldern teilbar, jedoch nicht (ohne Rest) bei 5 Rasterfeldern.

Abb. 3 Raster mit proportionalen Abständen. Diese verhalten sich ungefähr proportional zu den Grössen der Rasterfelder.

Fig. 2 Grid conforming to the typographical measurement system of Ciceros and points. With the module of 1 Cicero, the type area width of 47 Cicero is divisible into 2, 3, 4 and 6 grid fields, but not into 5 except with a remainder.

Fig. 3 Grid with proportional intervals, which are approximately proportional to the sizes of the grid fields.

4

Form und Farbe

5

34 Die Grundflächen
und ihre Farbentsprechungen

Das stehende Rechteck ist durch das
Überwiegen der vertikalen Linien ein warmes
Element; das liegende Rechteck ist durch das
Überwiegen der horizontalen Linien ein kaltes
Element; das Quadrat hat objektiven Klang,
horizontale und vertikale Linien sind ausgeglichen. Je schmäler ein stehendes Rechteck ist,
um so wärmer wird sein Klang; je schmäler ein
liegendes Rechteck ist, um so kälter wird sein
Klang. Somit können der Reihe der Grundflächen
(vom schmalen stehenden bis zum schmalen
liegenden Rechteck) die Farben der stufenförmigen Farbenskala oder der Winkel zugeordnet
werden.

Jedes Rechteck hat, je nach Proportionierung, seinen individuellen Ausdruck: ein
stehendes wirkt lebendiger, aktiver; ein liegendes ruhiger, passiver. Durch die Wahl des
Papierformates klingt somit bereits ein Grund-
ton an, den wir beim Gestalten (Aktivieren der
Fläche) berücksichtigen sollten. Die typographischen Elemente können einen Gleichklang
mit der Grundfläche bilden oder im Gegensatz
zu ihr stehen.

Darstellung der Grundflächen und ihrer Farbentsprechungen analog der stufenförmigen
Farbenskala und analog der Darstellung
der Winkel mit ihren dazugehörigen Farben

6

Abb. 4 Raster nach dem Modulsystem. Bei der Teilung in 59 Einheiten (und bei einer Einheit für die Rasterabstände) betragen die Seitenlängen der Rasterfelder 9, 11, 14, 19 und 29 Einheiten (vergleiche Abb. 1). Bei 58 Einheiten (zwei Einheiten für die Abstände) betragen die Seitenlängen der Rasterfelder 8, 10, 13, 18 und 28 Einheiten.

Abb. 5 Innentitel.

Abb. 6 Doppelseite der mit dem 25 er-Raster gestalteten Farbenlehre.

Fig. 4 Module system grid. With division into 59 units (with one unit for the grid intervals) the lengths of the grid fields amount to 9, 11, 14, 19 and 29 units (cf. Fig. 1). With 58 units (two for the intervals) the side lengths of the grid fields amount to 8, 10, 13, 18 and 28 units.

Fig. 5 Title page.

Fig. 6 Double page of the section on colour, designed with the 25× grid.

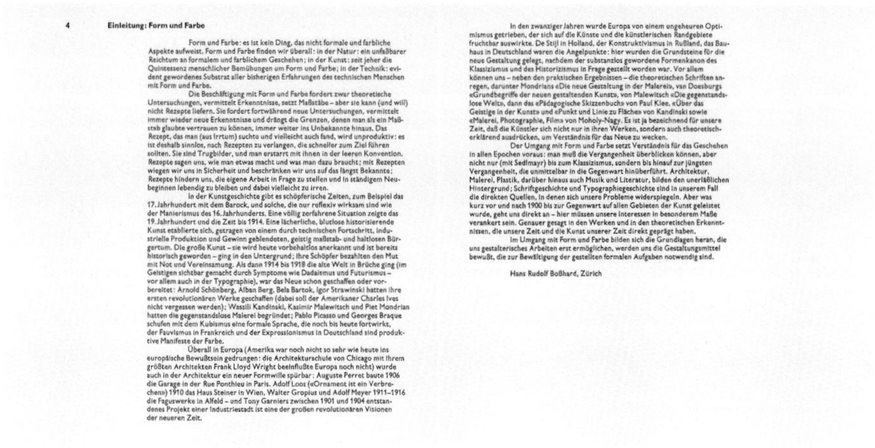

7

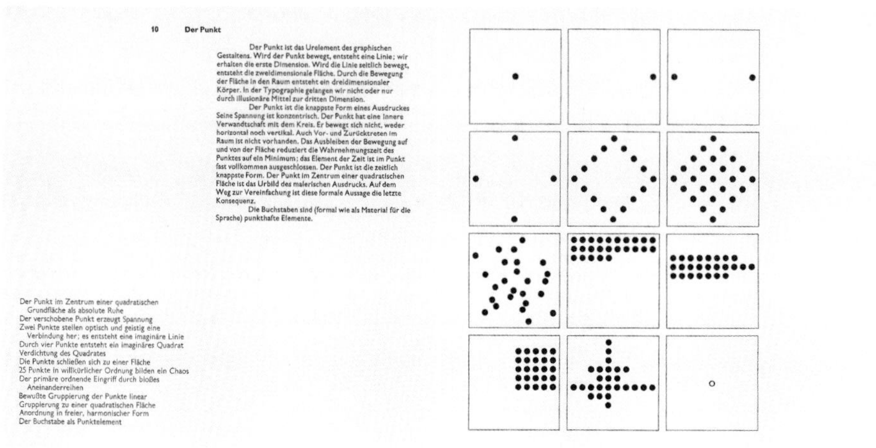

8

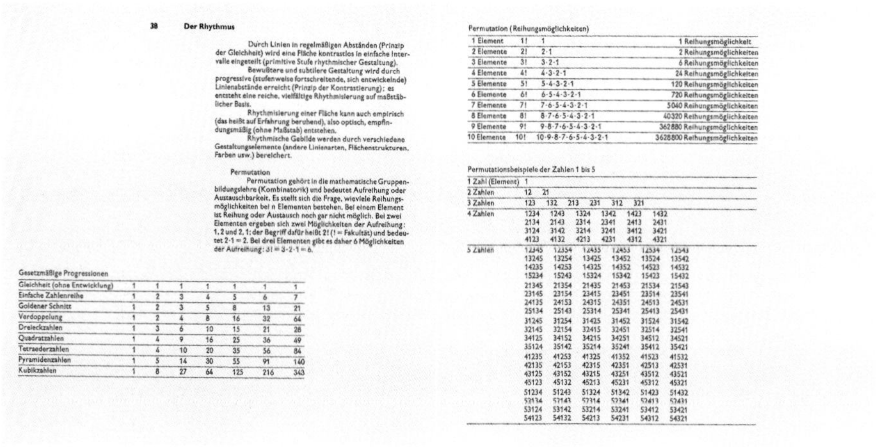

9

Abb. 7 bis 12 Eine Doppelseite der Einleitung (9er-Raster), zwei Doppelseiten der Formenlehre (16er-Raster), eine Doppelseite der Farbenlehre (25er-
Raster), und zwei Doppelseiten der Proportionslehre (36er-Raster). Der Text
hat in jedem Kapitel eine andere Breite, da er immer zwei Rasterfelder ein-
nimmt.

Fig. 7 to 12 A double page of the Preface (9× grid), two double pages on
form (16× grid), a double page of the section on colour (25× grid), together
with two double pages of the section on proportions (36× grid). The text has a
different width in each chapter, since it always takes in two grid fields.

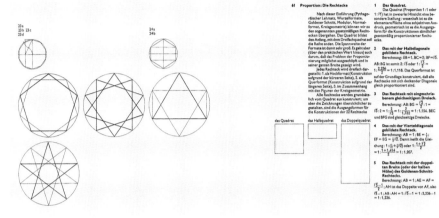

61 Proportion: Die Rechtecke

Nach dieser Einführung (Pythagoräischer Lehrsatz, Wurzelformate, Goldener Schnitt, Modulor, Normalformat, Kreisgeometrie) können wir zu den sogenannten gesetzmäßigen Rechtecken übergehen. Das Quadrat bildet den Anfang, mit dem Dreifachquadrat soll die Reihe enden. Die Spannweite der Formate ist damit sehr groß. Es geht aber (über den praktischen Wert hinaus) auch darum, daß das Problem der Proportionierung möglichst ausgeschöpft und in seiner ganzen Breite gezeigt wird.

Jedes Rechteck wird dreifach dargestellt: 1. als Hochformat (Konstruktion aufgrund der kürzeren Seite), 2. als Querformat (Konstruktion aufgrund der längeren Seite), 3. im Zusammenhang mit den Figuren der Kreisgeometrie.

Alle Rechtecke werden grundsätzlich vom Quadrat aus konstruiert; um aber die Zeichnungen übersichtlicher zu gestalten, sind die Ausgangsformen für die Konstruktionen der 22 Rechtecke

1 Das Quadrat.
Das Quadrat (Proportion 1:1 oder 1 : √1) hat in zweierlei Hinsicht eine besondere Stellung: wesentlich ist es die elementare Fläche ohne subjektiven Ausdruck, geometrisch ist es die Ausgangsform für die Konstruktionen sämtlicher gesetzmäßig proportionierter Rechtecke.

2 Das mit der Halbdiagonale gebildete Rechteck.
Berechnung: EB=1, BC=2; BF=√5.
AB:BG ist somit 2:√5 oder 1: √5/2 =
1: 2,236/2 = 1:1,118. Das Querformat ist auf der Grundlage konstruiert, daß alle Rechtecke mit sich deckender Diagonale gleich proportioniert sind.

3 Das Rechteck mit eingeschriebenem gleichseitigem Dreieck.
Berechnung: AB:BG = √3/2 : 1 =
√3:2 = 1: 2/√3 = 1: 1,154. BEC und BFG sind gleichseitige Dreiecke.

4 Das mit der Vierteddiagonale gebildete Rechteck.
Berechnung: AB = 1; BE = ½;
EF = EG = ½√5. Damit heißt die Gleichung: 1:(½+½√5) oder 1: 1+√5/2
= 1: 1+1,618/2 = 1:1,207.

5 Das Rechteck mit der doppelten Breite (oder der halben Höhe) des Goldenen-Schnitt-Rechtecks.
Berechnung: AB = 1; AE = AF =
√5−1/2; AH ist das Doppelte von AF, also
√5−1:2; AB:AH = 1: √5−1 = 1: 2,236−1
= 1:1,236.

das Quadrat   das Halbquadrat   das Doppelquadrat

---

36 Die Gegensätze der Farben

Die einfachen Farben bringen wir in ein möglichst lapidares Schema, so daß vier Gegensätze entstehen.

1. Helligkeit und Dunkelheit des Farbtons.
2. Wärme und Kälte des Farbtons.

Jeder Farbton kann aufgehellt und schließlich in Weiß übergeführt werden sowie zugedunkelt und schließlich in Schwarz übergeführt werden; ebenso kann jeder Farbton wärmer oder kälter gemacht werden. So entstehen vier Hauptklänge: entweder ist ein Farbton warm und dabei hell oder dunkel oder er ist kalt und dabei hell oder dunkel. Die Wärme eines Farbtons ist ganz allgemein eine Neigung zu Gelb (oder zu Helligkeit), die Kälte eines Farbtons eine Neigung zu Blau (oder zu Dunkelheit). Warme Farbtöne sind körperlich und bewegen sich auf den Beschauer zu (exzentrische Bewegung des Gelb), kalte Farbtöne sind geistig und bewegen sich vom Beschauer weg (konzentrische Bewegung des Blau). Im Weiß ist die exzentrische Bewegung erstarrt, im Schwarz ist die konzentrische Bewegung erstarrt.

3. Rot und Grün.
Beiden Farbtönen fehlt die exzentrische und die konzentrische Bewegung. Im Rot sind die möglichen Bewegungen ausgeglichen (Bewegung in sich); im Grün ist die Farbtöne somit als die extremsten Fälle der warmen und der kalten Farben definiert werden. Die Bewegung des Orange ist schwach exzentrisch, diejenige des Violett schwach konzentrisch.

4. Orange und Violett.
Orange entsteht aus Rot und dem aktiven Gelb, Violett entsteht aus Rot und dem passiven Blau. Diese beiden Farben können somit als die extremsten Fälle der warmen und des kalten Rot definiert werden. Die Bewegung des Orange ist schwach exzentrisch, diejenige des Violett schwach konzentrisch.

	Weiß (Helligkeit) Exzentrische Bewegung wie bei Gelb, aber in erstarrter Form	Schwarz (Dunkelheit) Konzentrische Bewegung wie bei Blau, aber in erstarrter Form
1. Gegensatz		
2. Gegensatz	Gelb (warmer Farbton) Exzentrische Bewegung ; horizontale Bewegung zum Beschauer hin	Blau (kalter Farbton) Konzentrische Bewegung ; horizontale Bewegung vom Beschauer weg
3. Gegensatz	Rot Exzentrische und konzentrische Bewegung sind ausgeglichen (Bewegung in sich); Rot ist komplementär zu Grün	Grün Exzentrische und konzentrische Bewegung fehlen; es entsteht Ruhe, da der Gegensatz von Gelb und Blau gelöscht ist
4. Gegensatz	Orange Rot plus aktives Element Gelb; schwache exzentrische Bewegung	Violett Rot plus passives Element Blau; schwache konzentrische Bewegung
Zusammenfassende Darstellung	Weiß/Schwarz, Gelb/Blau, Rot/Grün, Orange/Violett sind die Farben, die in Paaren die vier hauptsächlichen Gegensätze bilden	

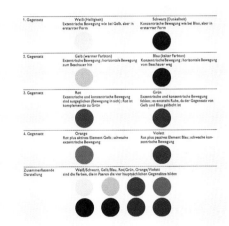

---

1 Das Quadrat
2 Das mit der Halbdiagonale gebildete Rechteck
3 Das Rechteck mit eingeschriebenem gleichseitigem Dreieck
4 Das mit der Viertediagonale gebildete Rechteck
5 Das Rechteck mit der doppelten Breite (oder der halben Höhe) des Goldenen-Schnitt-Rechtecks
6 Das Doppelquadrat
7 Das Vierdrittelquadrat
8 Das mit dem Zehneck eingeschriebene Rechteck
9 Das Diagonalrechteck
10 Das Rechteck mit der halben Höhe (oder der doppelten Breite) des Zehneckrechtecks
11 Das Anderthalbfachquadrat
12 Das Rechteck mit eingeschriebenem Fünftenrechteck
13 Das Goldene-Schnitt-Rechteck
14 Das zwei übereinanderliegende gleichseitige Dreiecke umschreibende Rechteck
15 Das Wurzel-aus-Fünf-Rechteck
16 Das Wurzel-aus-Fünf-Rechteck
17 Das zwei nebeneinanderliegende gleichseitige Dreiecke umschreibende Rechteck
18 Das Wurzel-aus-Sechs-Rechteck
19 Das Zweienhalbfachquadrat
20 Das Wurzel-aus-Sieben-Rechteck
21 Das Wurzel-aus-Acht-Rechteck
22 Das Dreifachquadrat

1   2   3   4   5   6   7   8   9   10

Hans Rudolf Bosshard:
Ausstellungskatalog Felsritzungen im Val Camonica

Format 224 × 200 mm, Proportion 1:1,118, 44 Seiten

Diese Dokumentation der Felsbilder aus dem Val Camonica, einem italienischen Alpental, wurde im Kunstgewerbemuseum Zürich (jetzt Museum für Gestaltung) gezeigt. Das Ausstellungsmaterial – Steinabreibungen, Schwarzweissfotografien und Farbdiapositive – stammte vom Autor (der auch die Ausstellung einrichtete) und von einigen seiner Studenten im Fach Typografisches Gestalten. Das damals für alle Kataloge des Museums festgelegte Format wurde zugunsten der gesetzmässigen Proportion 1:1,118 um einige Millimeter verbreitert. Der zusätzliche Raum wurde für Abbildungen verwendet, so dass das Format beim (damals noch oft gebräuchlichen) Binden der Kataloge eines Jahrgangs ohne weiteres zurückgeschnitten werden konnte.

Dem Formatrechteck ist ein Quadrat eingeschrieben (Abb. 5a), dessen Halbierung ein Goldenes-Schnitt-Rechteck (das seinerseits halbiert ist) erzeugt (Abb. 5b). Dann wurde das ganze Blatt halbiert und geviertelt (Abb. 5c). Damit konnten zwei Textspalten konstruiert werden, deren rechte das Quadrat begrenzt und deren linke einen Papierrand in der Grösse des Spaltenabstandes freilässt (Abb. 5d). Der hier vereinfacht beschriebene Vorgang kann auch auf konstruktivem Weg entwickelt werden (Abb. 3).

Grundtext 9 Punkt Univers schmalhalbfett, Monotype-Bleisatz, Zeilenabstand 10 Punkt; der Flattersatz ist – bei einer konstruierten Spaltenbreite von 88 mm (Abb. 4) – auf 90 mm gesetzt. Die Abbildungen fügen sich seitlich in das asymmetrische System der senkrechten Linien ein; in der Höhe stehen sie in der optischen Mitte.

Hans Rudolf Bosshard:
Exhibition catalogue Rock Carvings of the Val Camonica

Size 224 × 200 mm, proportion 1:1.118, 44 pages

This documentation of the rock carvings of the Val Camonica, an Italian Alpine valley, was exhibited in the Museum of Arts & Crafts in Zurich (later renamed the Museum for Design). The exhibits – stone rubbings, black-and-white photos and colour transparencies – were provided by the author (who also organized the show) and some of his students in the Typographic Design faculty. The page size which was at that time laid down for all catalogues was widened by a few millimetres for the benefit of the standard proportion of 1:1.118. The extra space was used for illustrations, so that the page size could be cut back without difficulty for the customary binding of a year's catalogues in one volume.

A square is enclosed in the rectangle of the page (Fig. 5a), the halving of which produces a Golden Section rectangle, which itself is also halved (Fig. 5b). The whole leaf is then halved and quartered (Fig. 5c). This enables two text columns to be constructed, the one on the right being bordered by the square and that on the left leaving a margin of the width of the column interval space (Fig. 5d). The simplified procedure described here can also be constructively developed (Fig. 3).

Main text 9/10 pt Univers semi-bold condensed, Monotype hot-metal; unjustified matter set to 90 mm on a constructed column width of 88 mm (Fig. 4). The illustrations fit laterally into the asymmetrical system of vertical lines, while their height is in the optical centre.

1

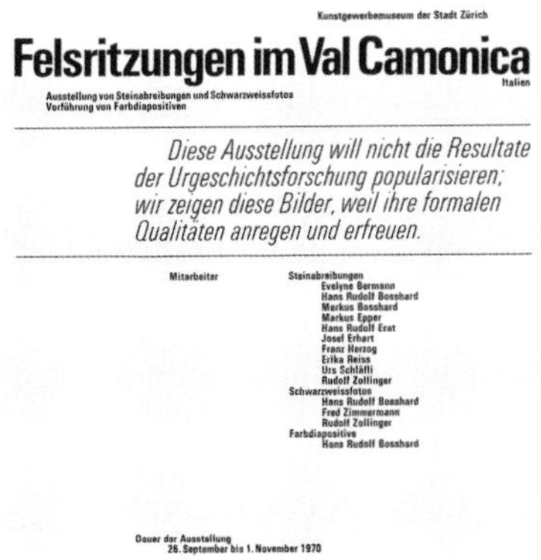

Kunstgewerbemuseum der Stadt Zürich

Felsritzungen im Val Camonica
Italien

Ausstellung von Steinabreibungen und Schwarzweissfotos
Vorführung von Farbdiapositiven

*Diese Ausstellung will nicht die Resultate
der Urgeschichtsforschung popularisieren;
wir zeigen diese Bilder, weil ihre formalen
Qualitäten anregen und erfreuen.*

Mitarbeiter

Steinabreibungen
Evelyne Bernmann
Hans Rudolf Bosshard
Markus Bosshard
Markus Epper
Hans Rudolf Enzt
Josef Erhart
Franz Herzog
Erika Reiss
Urs Schläfli
Rudolf Zollinger
Schwarzweissfoton
Hans Rudolf Bosshard
Fred Zimmermann
Rudolf Zollinger
Farbdiapositive
Hans Rudolf Bosshard

Dauer der Ausstellung
28. September bis 1. November 1970

2

Abb. 1 Umschlag, Vorder- und Rückseite, die Steinabreibung zeigt einen Ausschnitt aus dem ‹grossen Felsen› von Naquane bei Capo di Ponte.
Abb. 2 Innentitel.

Fig. 1 Front and back covers. The stone rubbing shows a part of the 'great rock' of Naquane near Capo di Ponte.
Fig. 2 Title page.

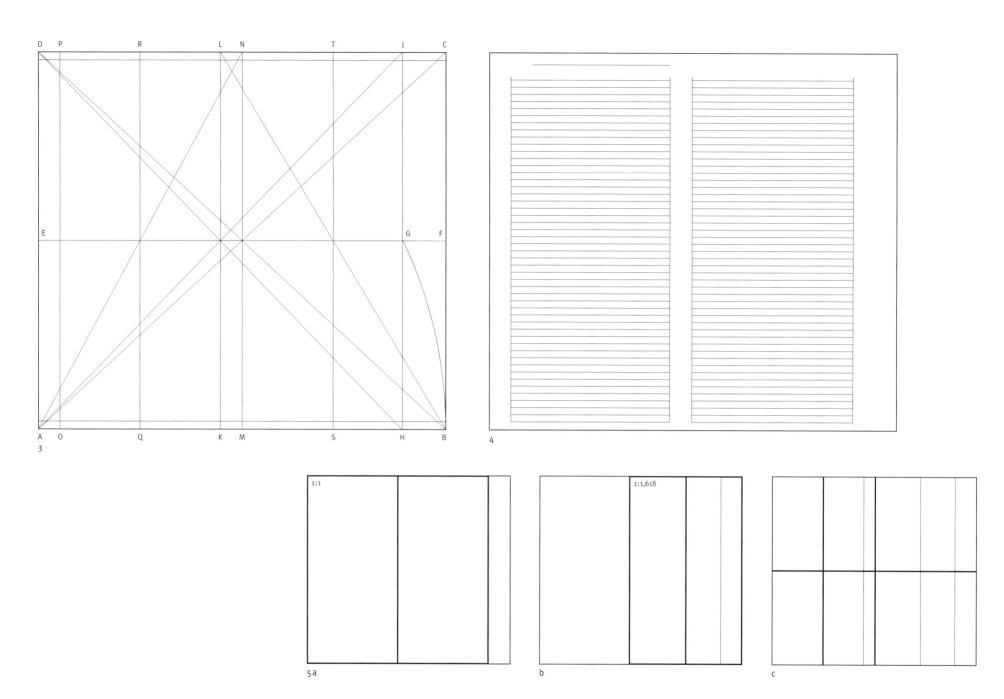

3

4

5a   b   c

Abb. 3 Die Konstruktion. Das Katalogformat ABCD wird festgelegt, dann folgen: die Mittelwaagrechte EF, das Kreissegment BG, das Quadrat AHJD, die Diagonalen AC und DB mit der das Format halbierenden Linie MN, die Diagonalen AJ und DH mit der das Quadrat halbierenden Linie KL, die Diagonale AN, auf deren Schnittpunkt mit der Mittelwaagrechten die Linie QR steht, die Diagonale LB, auf deren Schnittpunkt mit der Mittelwaagrechten die Linie ST steht, und schliesslich die Linie OP.

Abb. 4 Satzspiegelschema.

Fig. 3 Page construction. The catalogue format ABCD is first established, then there follow: the central horizontal EF, the circle segment BG, the square AHJD, the diagonals AC and DB with the line MN which halves the page area, the diagonals AJ and DH with the line KL which halves the square, the diagonal AN on whose point of intersection with the central horizontal is the line QR, the diagonal LB with the line ST at its point of intersection with the central horizontal, and finally the line OP.

Fig. 4 Diagram of type area.

Zur Ausstellung

2

Das Kunstgewerbemuseum der Stadt Zürich verdankt die Ausstellung ‹Felsritzungen im Val Camonica› Hans Rudolf Bosshard, der als Lehrer für typografisches Gestalten an der Kunstgewerbeschule Zürich unterrichtet. Die künstlerischen Arbeiten von Hans Rudolf Bosshard stehen in Beziehung zur Schule der Zürcher Konkreten. In der Ausstellung zeigt er eine Art Freizeitarbeit, welche eine Ergänzung bildet zu seiner Tätigkeit als Künstler und Lehrer.

Wiederholt ist er mit Schülern während der Ferienwochen im Val Camonica den Felsbildstationen nachgegangen. Mittels Fotografien, Steinabreibungen und Dias ist eine Sammlung von prähistorischen Bildzeichen zusammengetragen worden, welche auch Beispiele von Carschenna (ob Sils im Domleschg, Graubünden) enthält. Ein Teil des gesammelten Materials wird nun erstmals der Öffentlichkeit und den Schülern sowie Lehrern der Kunstgewerbeschule Zürich gezeigt.

Im Auftrag der Direktion der Kunstgewerbeschule mit Kunstgewerbemuseum möchte ich hier Hans Rudolf Bosshard und allen Helfern, welche zum Gelingen der Ausstellung beigetragen haben, herzlich danken.

Wer die hier gezeigten prähistorischen Bildzeichen mit Formensinn betrachtet, wird betroffen spüren, dass sie von geheimnisvoller Aktualität sind. Diese Betroffenheit zeigt sich vorerst als Neugier, aus der heraus wir fragen: Was? Wann? Wo? Warum? Auf diese Fragen erteilt die Ausstellung nur die elementarsten Auskünfte. Für die Wegleitung hat sich Professor Dr. Åke Ohlmarks, Stockholm, in verdankenswerter Weise bereit erklärt, zur Orientierung der Leser beizutragen.

Die Ausstellung dient nicht der Popularisierung der Resultate der Urgeschichtsforschung. Es geht um die aktuelle Bedeutung der Bildzeichen. Für viele Angehörige unserer hochindustrialisierten Zivilisation können die uralten Bildzeichen Träger einer Idealprojektion sein.

Faszinierend ist es schon, wenn man sich vergegenwärtigt, was die Bildzeichen darstellen. Wir finden da Hirsch; Vogel und Schwein; Ross und Reiter; Jagd, Kampf, Tanz und Totenklage; Krieger mit Speer und Schwert; ein Dorf am Fluss mit Wegen, Feldern und Häusern; die Sonne; ein Labyrinth. Die Bildzeichen sind nicht ‹primitive› Abbildung dieser bedeutungsschweren ‹Inhalte›. Das Dargestellte selbst hat kraft der Darstellungsform Anteil am Formausdruck und damit an der Eindrücklichkeit der Bildzeichen.

Beobachten wir den Formausdruck eines Bildzeichens genauer: In der nebenstehenden Darstellung eines Hirsches ist ein Ausgleich gefunden worden zwischen dem Ausdruck des Geschehenlassens in der rundlichen Bewegung und dem Ausdruck von Klarheit und Entschlossenheit in der geraden Bewegung. Im Extrem wirkt diese allein brutal, jene allein verwässert. Die Hirschdarstellung ist bezüglich dieser zwei formalen Ausdrucksmöglichkeiten ausgeglichen und somit ein Bild entschlossener anmutiger Bewegungskraft. Damit ist vor Zeiten etwas Form geworden, was heute neu zu gestalten schwer fällt.

Die Gestaltung der Bildzeichen wirkt unbekümmert und gelassen. Dies liegt vermutlich begründet in der Bewusstseinslage, aus der heraus gestaltet worden ist. Diese unterscheidet sich wesentlich von der Bewusstseinslage heutiger Betrachter der Felsbilder. Es ist anzunehmen, dass die Bildzeichen aus einer Zeit stammen, in welcher die Menschen im grossen ganzen noch so geborgen waren in der unbewussten Einheit ihres Daseins, wie das heute nur noch Kinder sein können.

Wie beim heutigen Kind bestand damals die erste Aufgabe des erwachenden Bewusstseins in der Identifikation von Besonderheiten. Was der Mensch unterscheiden lernte, vergegenwärtigte er sich in der Sprache, in bildlichen Darstellungen, in Bildzeichen, später in der Schrift. In diesem Zusammenhang ist es bemerkenswert, dass – ungefähr gleichzeitig mit dem Auftreten von geritzten etruskischen und lateinischen Schriftzeichen im Val Camonica – dort die letzte Entwicklungsphase der Bildzeichen zu Ende geht.

Demnach hatten die Bildzeichen für den prähistorischen Menschen eine Bedeutung innerhalb eines Objektivationsprozesses, welcher die Auflösung der unbewussten Ursprungseinheit mit sich brachte, wogegen die Bildzeichen für uns bedeutungsvoll sind, weil sie auf diese Ursprungseinheit hinweisen.

Der Beginn der Bewusstseinsentwicklung wird im Schöpfungsmythos geschildert. Die unbewusste Ursprungseinheit menschlichen Daseins wird dort dargestellt als Garten Eden. Aus diesem sind die Ureltern vertrieben worden, nachdem sie von den Früchten des Baumes der Erkenntnis gekostet hatten. Damit hat ein seelischer Wandlungsprozess begonnen, den die Menschheit als Ganzes durchläuft, soweit ihn alle Einzelnen immer wieder durchlaufen und soweit ihn schöpferische Einzelne weitertreiben. Das Ziel dieses Wandlungsprozesses ist der Wiederaufbau einer ursprungsnahen Einheit im Bewusstsein. Heute besteht die Welt unserer Vorstellungen aus Bruchstücken. Ihr jeweiliges Verhältnis zum lebendigen Ganzen zu finden ist unsere Aufgabe.

Indem die vorgeschichtlichen Felsritzungen auf die lebendige Ursprungseinheit verweisen, geben sie uns Hoffnung. Denn der Sinn für das Ganze wird geweckt durch eben das, was zu beachten durch diesen Sinn möglich wird. Die Felsritzungen haben für uns als Bildzeichen Bedeutung.

Ueli Müller, Lehrer KGSZ

3

1

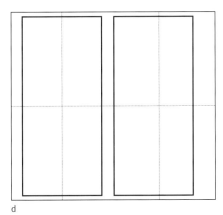

d

7

Abb. 5 (a–d) Die Entwicklung des Satzspiegels. Ausser der Katalogproportion 1:1,118 spielen noch das Quadrat und der Goldene Schnitt, Proportion 1:1,618, eine Rolle.

Abb. 6 Doppelseite mit der Abbildung eines springenden Hirsches.

Abb. 7 Steinabreibung mit einem vierrädrigen Wagen und verschiedenen kleinen Zeichen.

Fig. 5 (a–d) Development of the type area. In addition to the catalogue proportion of 1:1.118, other roles are played by the square and the Golden Section of 1:1.618.

Fig. 6 Double page with picture of leaping stag.

Fig. 7 Stone rubbing showing a four-wheeled cart and various small signs.

8

Abb. 8 Fotografie: Felspartie mit zwei Hirschen; Steinabreibung: Speer-
träger (im Katalog in Originalgrösse abgebildet).

Abb. 9 Tuschezeichnungen nach Felsritzungen.

Abb. 10 Zweiteiliger Plan der wichtigsten Partien des sogenannten ‹grossen Felsens› von Naquane bei Capo di Ponte, der mehr als 800 Einzelfiguren
enthält.

Abb. 11 und 12 Doppelseiten mit Abbildungen von Felsbildern.

Fig. 8 Photo: Part of rock with two stags; stone rubbing of spear carrier
(shown in original size in catalogue).

Fig. 9 Pen and ink drawings of rock carvings.

Fig. 10 Two-part plan of the most important parts of the 'great rock' of
Naquane near Capo di Ponte, which has more than 800 individual figures.

Fig. 11 and 12 Double page with illustrations of rock carvings.

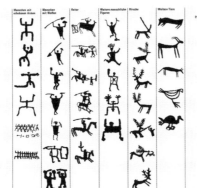

Hans Rudolf Bosshard: Gestaltgesetze

Format 210 × 297 mm, Proportion 1:1,414, 32 Seiten

Gestaltgesetze sind Erklärungsversuche, welchen Bedingungen und Gesetzmässigkeiten unser Sehen unterliegt. In dieser Broschüre sind die folgenden Themen behandelt: ‹Prägnanz der Gestalt›, ‹Doppeldeutige Figuren›, ‹Bewegungsgestalten› und ‹Optische Täuschungen›. Dem Leser (oder besser: dem Betrachter) wird schnell bewusst, wie schwierig es ist, einzelne Darstellungen auszusondern, sie unbeeinflusst von den danebenliegenden Bildern zu betrachten. Bei der Darstellung auf gedrängten Buchseiten fehlt jedoch die dazu erforderliche Bedingung: ein möglichst ruhiges Umfeld.

Die vielen kleineren und grösseren Zeichnungen und Fotos erforderten einen Raster, der differenzierte Abbildungsgrössen zulässt. Im mittleren Bereich des Formats (nicht in der exakten Mitte) sind ein bis sechs Rasterfelder eingesetzt. Auf beiden Seiten dieses Bereichs bleibt noch Raum für die kleineren Felder (Abb. 1). Der Raster bestimmt den Stand der Abbildungen nur seitlich, nicht in der Höhe. Die Abbildungen schliessen immer an den Text an, es ist daher nur konsequent, wenn die Texte und die Abbildungen nicht auf die Satzspiegelhöhe ausgetrieben werden. Eine schmale Spalte enthält die Legenden (Abb. 2). Das grösste Rasterfeld misst 106 × 106 mm; die Seitenlängen der nächstkleineren sind: 52 mm (2×52+2 mm Rasterabstand = 106 mm), 34 mm (3×34+2×2 mm), 25 mm (4×25+3×2 mm) und 16 mm (6×16+5×2 mm).

Grundtext 9 Punkt Gill, Zeilenabstand 4,14 mm (11 Punkt); Legenden 7 Punkt, Zeilenabstand 3,4 mm (9 Punkt). Die Ciceromasse der in Bleisatz erstellten Broschüre sind in Millimeter umgerechnet.

Hans Rudolf Bosshard: Laws of Gestalt

Size 210 × 297 mm, proportion 1:1.414, 32 pages

The laws of Gestalt are attempts to explain the conditions which underlie our power of seeing. This booklet covers the following subjects: 'Conciseness of Gestalt', 'Ambiguous figures', 'Figures in motion' and 'Optical illusions'. The reader (or better, the viewer) will soon realize how hard it is to sort out individual representations, to view them without being influenced by adjacent pictures. Their appearance on crowded book pages lacks the necessary condition of the calmest possible environment.

The many small and larger drawings and photos required a grid allowing for different sizes of illustration. In the central area of the page (not in the exact centre) there are between one and six grid fields. On each side of this area there is room for the smaller fields (Fig. 1). The grid determines only the lateral positions of the illustrations, not their vertical positions. The illustrations are all closed up against the text, so it is only logical that they are not driven out to the top of the type area. A narrow column holds the captions (Fig. 2). The biggest of the grid fields measures 106×106 mm; the side lengths of the smaller ones are: 52 mm (2×52+2 mm gap = 106 mm), 34 mm (3×34+2×2 mm), 25 mm (4×25+3×2 mm) and 16 mm (6×16+5×2 mm).

Main text 9 pt Gill, interline spacing 4.14 mm (11 pt); captions 7 pt, interline spacing 3.4 mm (9 pt). The Cicero measurements of the hot-metal setting for the booklet are converted into mm.

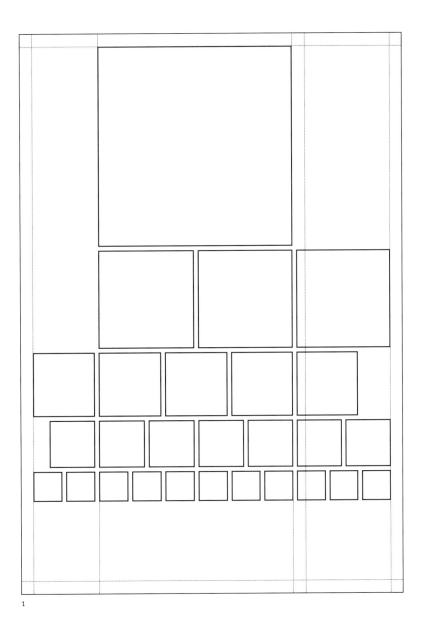

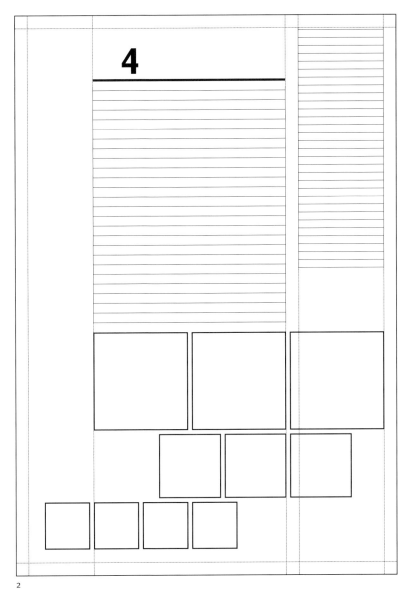

Abb. 1 Der Raster ist von einem schmalen, asymmetrisch im Blatt stehenden Bereich aus entwickelt.

Abb. 2 Satzspiegelschema mit der Grundtextspalte und der Legendenspalte. Das Rastersystem bestimmt den seitlichen Stand der Abbildungen, in der Höhe richten diese sich nach der Länge des Textes.

Fig. 1 The grid is developed from a narrow area, asymmetrically placed on the page.

Fig. 2 Diagram of type area with columns for main text and captions. The grid system determines the lateral position of the pictures but their vertical position is related to the length of the text.

3

4

5

Abb. 3 und 4 Zwei Seiten als Einstieg in das Thema: Ein Bild der englischen Künstlerin Bridget Riley und, auf rotem Papier gedruckt, Zitate zur Gestaltpsychologie.

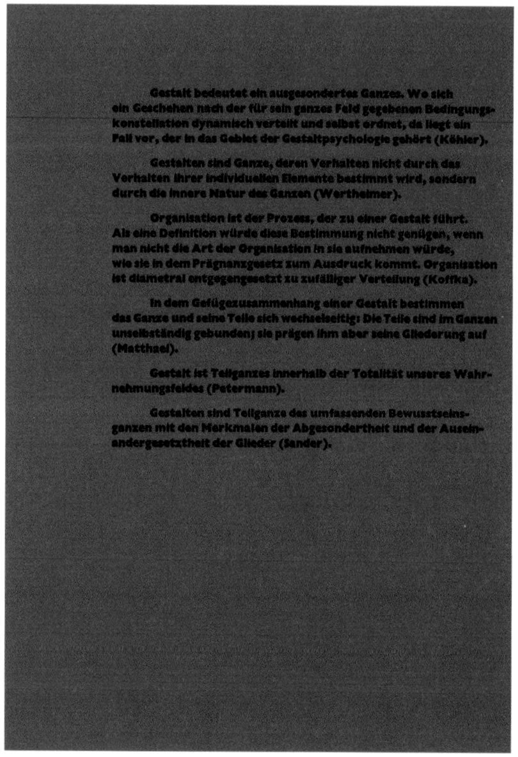

Abb. 5 und 6 Zwei Seiten aus den Kapiteln ‹Prägnanz der Gestalt› und ‹Doppeldeutige Figuren›.

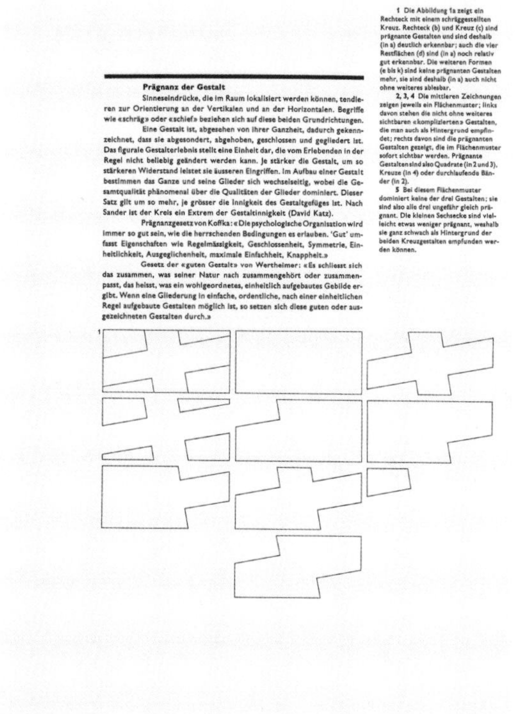

Abb. 7 Doppelseite mit Darstellungen von Gestaltgesetzen.

Fig. 3 and 4 Two single pages as an introduction to the theme: a work by the English artist Bridget Riley and some quotes from Gestalt psychological theory on red paper.

Fig. 5 and 6 Single pages from the chapters 'Conciseness of Gestalt' and 'Ambiguous figures'.

Fig. 7 Double pages with representations of laws of Gestalt ("an organized whole that is perceived as more than the sum of its parts": OED).

Doppeldeutige Figuren

2

Das Gesetz der Parallelen

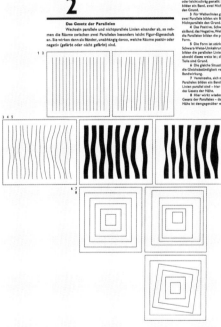

3

Das Gesetz der Symmetrie

Papierfabrik Biberist (Hg.): Papiermachen einst und jetzt

Format 220 × 245 mm, Proportion 1:1,118, 116 Seiten

Das Buch enthält neben einer knappen Geschichte des Papiers eine detailliert bebilderte Einführung in die Papierfabrikation. Alle Fotografien der damals neu konstruierten Papiermaschine wurden speziell für dieses Buch mit einer Kleinbildkamera aufgenommen. Die Gestaltung basiert auf einem einfachen Raster mit 36 quadratischen Feldern von 29,5 mm Seitenlänge und 3 mm Abstand. Der Satzspiegel misst 192 × 192 mm. Über und unter dem Satzspiegel bleibt Raum für sechs Legendenzeilen (Abb. 1). Grundtext 12 Punkt Gill mager, Zeilenabstand 4,52 mm, Breite 94,5 mm; Legenden 8 Punkt Gill normal, Zeilenabstand 3 mm, Breite 62 mm (die Ciceromasse des Originals sind in Millimeter umgerechnet). Das Zeilenregister korrespondiert nur mit dem oberen und unteren Satzspiegelrand, nicht mit jedem einzelnen Rasterfeld. Die Kapiteltitel stehen zwischen zwei Linien ausserhalb des Satzspiegels. Die Überschriften stehen in der Mitte des Raums von drei Grundzeilen, halten somit nicht Register und schliessen am Kopf einer Kolumne nicht mit dem Satzspiegelrand ab.

Im zentralen Teil des Buches mit der Darstellung der Papierfabrikation folgen sich die Abbildungen nicht immer von links oben nach rechts unten, weshalb mit Abbildungsnummern zu den ausführlichen Legenden der Fabrikationsablauf markiert ist. Die rhythmisch ausgeprägte Ordnung der Abbildungen geht vom Prinzip der Unwiederholbarkeit aus: Nicht zwei Doppelseiten sind gleich gestaltet. Die innere Struktur der Fotografien – ihr formaler Aufbau – war für die Anordnung massgebend (vergleiche das Kapitel ‹Bildstruktur›, S. 186–193).

Biberist Papermill (ed.): Papermaking Then and Now

Size 220 × 245 mm, proportion 1:1.118, 116 pages

The book comprises a brief history of paper and a detailed, illustrated introduction to paper manufacture. All the photos of the newly built paper machine were taken with a small-frame camera. The design of the book is based on a simple grid with 36 square fields of 29.5 mm sides with 3 mm gap. The type area is 192 × 192 mm, with room for six caption lines above and below it (Fig. 1). Main text 12 pt Gill light, interline spacing 4.52 mm, width 94.5 mm; captions 8 pt Gill normal, interline spacing 3 mm, width 62 mm (the original Cicero measurements have been converted into mm). The line register corresponds to the upper and lower edges of the type area, not to any individual grid fields. Chapter titles are set between two rules outside the type area. The headings are positioned in the middle of the space of three lines of text, so they are not in register with the edge of the type area at the top of a column.

In the middle of the book, showing the stages of paper manufacture, the pictures do not necessarily follow from top left to lower right, so they are given numbers referring to the detailed captions. The rhythmical arrangement of the pictures is based on the principle of non-repeatability, with no two double pages arranged in the same way. It was the inner structure of the photos, their formal construction, that determined their arrangement (cf. the chapter on 'Structure of pictures', pp. 186–193).

Abb. 1 Die Gliederung des Satzspiegels ist mit 36 Rasterfeldern relativ fein und lässt zahlreiche Abbildungsgrössen und -proportionen zu. Die Abbildungen mussten deshalb höchstens geringfügig beschnitten werden.
Abb. 2 Schema einer Seite mit Kapiteltitel (oben, zwischen den beiden Linien stehend) und Rubriktitel.
Abb. 3 und 4 Innentitel und zwei Seiten mit Einleitung.

Fig. 1 The 36× division of the type area is relatively fine and allows for a wealth of picture sizes and proportions. Very little cropping was therefore needed.
Fig. 2 Diagram of a page with chapter heading between two rules and sub-title.
Fig. 3 and 4 Title page and two pages with introduction.

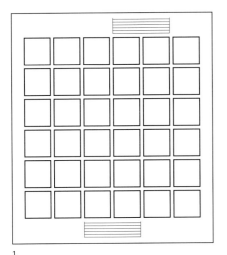

1

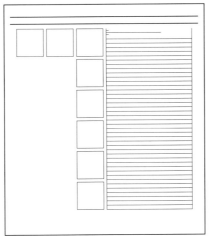

2

3

4

5

6

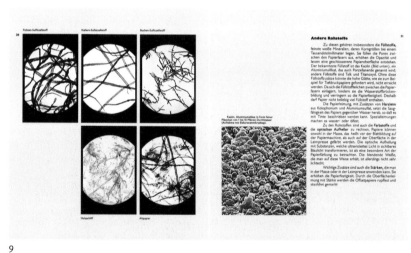

9

10

Abb. 5 bis 12 Acht Seiten aus dem Kapitel ‹Geschichte des Papiers›; vier Seiten aus dem Kapitel ‹Die schweizerische Papierindustrie›; vier Seiten aus dem Anhang mit einem Kurven- und einem Balkendiagramm.

Fig. 5 to 12 Eight pages from the chapter on 'The History of Paper'; four pages from the chapter on 'The Swiss Paper Industry'; four pages from the Appendix with curve and bar diagrams.

Chinesischer Papiermacher. Älteste bekannte Darstellung der chinesischen Papiermacherei aus dem Werk «Über Dinge, die sie des Stoffes des Naturreiches gewonnen werden». Erstmals gedruckt in Peking im Jahre 1637.

Altchinesisches Papier vom Anfang des dritten nachchristlichen Jahrhunderts (leicht verkleinert wiedergegeben).

Schöpfbütte und Hadernstampfwerk in der Basler Papiermühle; getreu Nachbildung nach mittelalterlicher Art. Auch der Stampfsteig ist aus Holz gefertigt. Stampfwerke wie Stein finden sich erst seit dem Ende des 17. Jahrhunderts.

Stampfwerkanlage mit Granitring aus dem Val Loga (Auvergne, Mittelfrankreich) Vom Ende des 18. Jahrhunderts. Mehrere solcher Einheiten bildeten, von Wasserkraft über einen langen Wellenbaum angetrieben, das Stampfwerk einer Papiermühle. Ständort: Basler Papiermühle, Basel.

Die schweizerische Papierindustrie

Geschichtliche Entwicklung

Produktion von Papier und Karton in der Schweiz von 1900 bis 1976

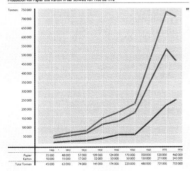

	1900	1910	1920	1930	1940	1950	1960	1970	1976
Papier / Karton	35 000	48 000	57 000	109 000	124 000	170 000	350 000	520 000	460 000
	10 000	15 000	17 000	32 000	50 000	50 000	130 000	211 000	243 000
Total Tonnen	45 000	63 000	74 000	141 000	174 000	220 000	480 000	731 000	703 000

Total Tonnen
Papier
Karton

Heutiger Stand

Holzversorgung

Verbrauch von Papier und Karton in kg pro Kopf der Bevölkerung in den Jahren 1954, 1964 und 1974

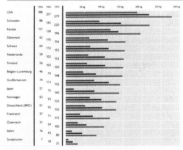

	1954	1964	1974
USA	188	217	279
Schweden	98	145	220
Kanada	117	159	196
Dänemark	74	110	154
Schweiz	64	102	152
Niederlande	58	102	152
Finnland	39	84	150
Belgien-Luxemburg	46	79	148
Großbritannien	74	113	142
Japan	21	75	140
Norwegen	63	93	133
Deutschland (BRD)	31	99	132
Frankreich	37	71	115
Österreich	33	54	100
Italien	16	43	80
Sowjetunion	7	18	31

Reihenfolge des Jahres 1974

Hans Rudolf Bosshard:
Technische Grundlagen zur Satzherstellung

Format 160 × 240 mm, Proportion 1:1,5, 296 Seiten

Dieses Buch, wie auch das (als Band 2) mit dem gleichen Raster gestaltete Buch *Mathematische Grundlagen zur Satzherstellung,* wurde auf knapp bemessenem Raum konzipiert. Beide Bücher sind mit den dannzumal zur Verfügung stehenden Satzsystemen (Band 1 Monotype-Bleisatz, Band 2 Digiset-Lichtsatz) auf der Basis von Cicero und Punkt hergestellt. Für die Erläuterungen in diesem Buch sind alle Masse ins metrische Masssystem umgerechnet.

Die Texthierarchie ist durch unterschiedliche Schriftgrade und Spaltenbreiten, jene der Überschriften durch unterschiedliche Schriftgrade, Liniendicken und Raumbeanspruchung charakterisiert. Kapiteltitel 16 Punkt Times fett, Liniendicke 0,9 mm, 5 Zeilen Raum; Hauptrubrik 12 Punkt, Liniendicke 0,6 mm, 3 Zeilen Raum sowie 3 Zeilen Abstand zum vorangehenden Text; Unterrubrik 11 Punkt, Linienstärke 0,3 mm, 2 Zeilen Raum sowie 2 Zeilen Abstand zum vorangehenden Text. Die Dezimalklassifikation wie auch die Kolumnentitel dienen der praktischen Orientierung (Abb. 1).

Die Haupttexte sind auf die Satzspiegelbreite 135 mm in 11 Punkt Times normal gesetzt, Zeilenabstand 4,14 mm, Einzug 15 mm (Abb. 2); die erläuternden Texte und das Literaturverzeichnis in zwei Spalten zu 66 mm Breite in 9 Punkt, Zeilenabstand 3,42 mm, Einzug 7,5 mm (Abb. 3). Die Kolumnentitel, Bildlegenden, Fussnoten sowie das Stichwortverzeichnis sind in drei Spalten zu 40,5 mm Breite in 7 Punkt Times gesetzt, Zeilenabstand 2,68 mm, Einzug 3,75 mm; dabei bleibt links ein Raum von 7,5 mm übrig (Abb. 4). Die Texte zu den Konstruktionszeichnungen in Band 2 sind 84 mm breit in 10 Punkt Times gesetzt, Zeilenabstand 3,82 mm, Einzug 11,25 mm (Abb. 5).

Der Satzspiegel ist 196,5 mm hoch, oben bleibt ein Raum von 21,5 mm, unten ein Raum von 22 mm. Vier Abbildungen von 47,25 mm Höhe mit 2,5 mm Abstand entsprechen der Satzspiegelhöhe (Abb. 7). Unter dem Satzspiegel finden fünf Fussnotenzeilen (Abb. 2) oder sechs Legendenzeilen Platz (Abb. 7). Die Grundtexte überschreiten den Satzspiegel nie. Das Konzept der frei flottierenden Satzspiegelhöhe widerspricht der herkömmlichen Auffassung von Buchtypografie, wonach alle Kolumnen gleich hoch sein müssen.

Hans Rudolf Bosshard: Technical Bases of Typesetting

Size 160 × 240 mm, proportion 1:1.5, 296 pages

This book, like its companion volume designed with the same grid, *Mathematical Bases of Typesetting,* was based on closely measured space. Both books were produced with the typesetting systems then available (Vol. 1 Monotype hot-metal, Vol. 2 Digiset phototype) with Cicero and point measures. For explanations in the present work all measurements have been converted into millimetres.

The hierarchy of text is characterized by different type sizes and column widths and that of the headings by different type sizes, rule thicknesses and occupation of space. Chapter headings 16 pt Times bold, rule thickness 0.9 mm, 5 lines of space; main sub-heading 12 pt, rule thickness 0.6 mm, 3 lines space and 3 lines distance from preceding text; secondary sub-heading 11 pt, rule thickness 0.3 mm, 2 lines space and 2 lines distance from preceding text. The decimal classification and the column heading serve the purpose of practical orientation (Fig. 1).

The main texts are set to the type area width of 135 mm in 11 pt Times normal, interline spacing 4.14 mm, indent 15 mm (Fig. 2); explanatory text and bibliography in two columns of 66 mm in 9 pt, interline spacing 3.42 mm, indent 7.5 mm (Fig. 3). The column headings, captions, footnotes and index are set in three columns of 40.5 mm in 7 pt Times, interline spacing 2.68 mm, indent 3.75 mm, with a space of 7.5 mm at left (Fig. 4). The texts for the construction drawings in Vol. 2 are set across 84 mm in 10 pt Times with interline spacing of 3.82 mm and indent 11.25 mm (Fig. 5).

The type area is 196.5 mm high, with a space of 21.5 mm above it and 22 mm below. Four illustrations of 47.25 mm height with 2.5 mm between them are equal to the height of the type area (Fig. 7). Below the type area there is room for five lines of footnotes (Fig. 2) or six of captions (Fig. 7). The main texts never overstep the type area. The idea of freely fluctuating type area height contradicts the conventional approach to book typography, where all the columns must be of equal height.

Abb. 1 Die hierarchische Gliederung der Überschriften und Texte sowie der Kolumnentitel (Abbildung 85 % der wirklichen Grösse).

Fig. 1 The hierarchical subdivision of the headlines, texts and column headings (illustration 85 % of actual size).

Schriftzeichensysteme 3

Diese Übersicht der lateinischen Schriften weist die Zeichensätze der runden und gebrochenen Schriften, anschließend der lateinischen und der deutschen Handschrift auf. Sie enthält bei den runden Schriften die Akzente beziehungsweise Umlaute der am häufigsten vorkommenden europäischen Sprachen: Deutsch, Französisch, Italienisch, die skandinavischen Sprachen sowie Spanisch und Portugiesisch

Lateinische Schriften 3.1

Diese Zeichensätze gelten allgemein für Antiqua- und Kursivschriften der Gruppen I bis VI der Klassifikation der Druckschriften. Die Schriften der Gruppen VII bis IX, aber auch die gebrochenen Schriften (Gruppe X) haben stark reduzierte Zeichensätze; in diesen fehlen unter anderem alle Fremdsprachenakzente. Für die in den übrigen europäischen Sprachen gebräuchlichen Akzente siehe 3.1.5 Diakritische

Diakritische Zeichen, Alphabetisierung 3.1.1

In den folgenden Tabellen wird die Alphabetisierung, das ist die Aufreihung der Buchstaben, in den europäischen Sprachen gezeigt. Die nebeneinanderstehenden Buchstaben werden beim Alphabetisieren gleich behandelt. Untereinanderstehende Buchstaben oder Buchstabengruppen werden als selbständige Zeichen alphabetisiert. In vielen Sprachen werden in Fremdwörtern und zur Betonung die Akzente Akut und

In diesem Teil werden zuerst zwei nichtlateinische Alphabete, das griechische und das kyrillische, gezeigt. Das griechische Alphabet wird in Griechenland selbst und für den Satz wissenschaftlicher Werke verwendet, das kyrillische Alphabet in Rußland, Bulgarien und Jugoslawien für

Das griechische Alphabet wurde etwa gegen Ende des 11. Jahrhunderts v. Chr. unter Einbeziehung phönikischer Schriftzeichen gebildet. Da das Phönikische eine Konsonantenschrift war, mußten die Griechen für ihre häufig zwei- und mehrfach nacheinander vorkommenden Vokale neue Zeichen schaffen, wozu sie meist phönikische Zeichen für Hauchlaute, die im Griechischen nicht gebraucht wurden, verwendeten (so wurde beispielsweise das phönikische Aleph zum griechischen Alpha = A).

* Die chinesische Schrift und ihre Ableger in Korea und Japan stellen aber ebenfalls eine eigenständige Entwicklung dar. Es scheint, daß die Schriften der alten Kulturvölker Mittelamerikas, der Maya und Azteken, sowie die bis jetzt nicht entzifferte Bilderschrift der Osterinsel, ebenfalls Urschöpfungen sind (die Kultur der Inkas in Peru blieb anscheinend schriftlos). ** Aus den semitischen Buchstabenschriften sind auch die südasiatischen Schriften von Indien bis Indonesien hervorgegangen.

1

2

3

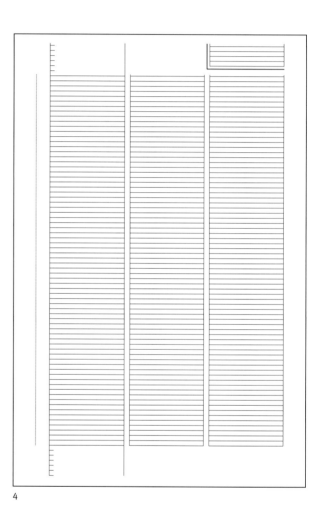

4

Abb. 2 Eine Kolumne der Grundtexte enthält 48 Zeilen mit 4,14 mm Abstand. $47 \times 4{,}14 = 194{,}58 + 1{,}92$ (x-Höhe der ersten Zeile) $= 196{,}5$ mm (Satzspiegelhöhe).

Abb. 3 Eine zweispaltige Kolumne (zum Beispiel das Literaturverzeichnis) enthält 58 Zeilen mit 3,42 mm Abstand. $57 \times 3{,}42 = 194{,}94 + 1{,}56$ (x-Höhe) $= 196{,}5$ mm.

Abb. 4 Eine dreispaltige Kolumne (zum Beispiel das Stichwortverzeichnis) enthält 74 Zeilen mit 2,68 mm Abstand. $73 \times 2{,}68 = 195{,}64 + 0{,}86$ (x-Höhe) $= 196{,}5$ mm.

Fig. 2 A column of the main text contains 48 lines with 4.14 mm interval. $47 \times 4.14 = 194.58 + 1.92$ (x-height of first line) $= 196.5$ mm (type area height).

Fig. 3 A two-column section (e.g. the bibliography) contains 58 lines with 3.42 mm interval. $57 \times 3.42 = 194.94 + 1.56$ (x-height) $= 196.5$ mm.

Fig. 4 A three-column section (e. g. the index) contains 74 lines with 2.68 mm interval. $73 \times 2.68 = 195.64 + 0.86$ (x-height) $= 196.5$ mm.

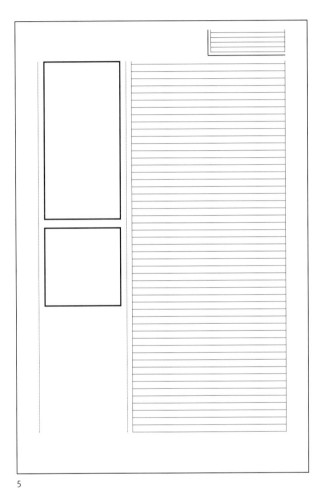

5

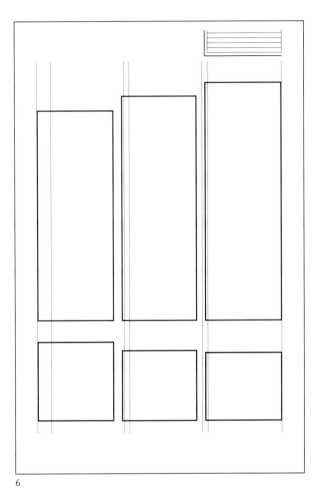

6

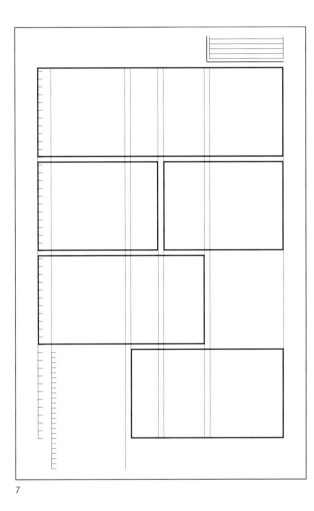

7

Abb. 5 Eine Kolumne mit Konstruktionszeichnungen im Band 2 enthält 52 Zeilen mit 3,82 mm Abstand. 51×3,82 = 194,82 + 1,68 (x-Höhe) = 196,5 mm.

Abb. 6 Schema der Einordnung der Konstruktionszeichnungen im Kapitel Proportion des zweiten Bandes.

Abb. 7 Schema der Korrespondenz der Rasterabbildungen mit dem Zeilenregister des Grundtextes und den verschiedenen Spaltenbreiten. Die Zwischenräume entsprechen dem optischen Zeilenabstand von 2,5 mm.

Fig. 5 A column of construction drawings in Vol. 2 contains 52 lines with 3.82 mm interval. 51×3.82 = 194.82 + 1.68 (x-height) = 196.5 mm.

Fig. 6 Diagram of the arrangement of the construction drawings in the chapter on Proportion in Vol. 2.

Fig. 7 Diagram showing the correspondence of the grid illustrations with the line register of the main text and the various column widths. The intervals equal the optical line spacing of 2.5 mm.

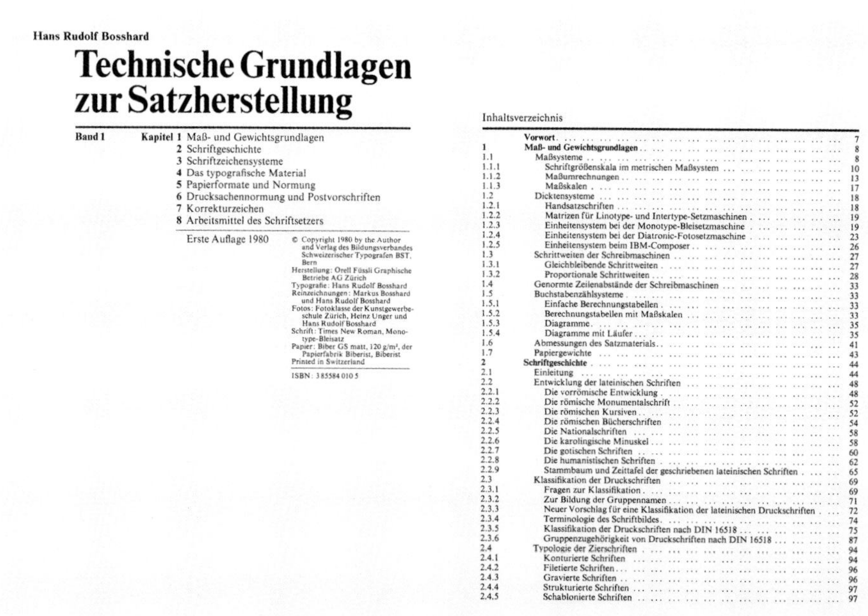

Hans Rudolf Bosshard

Technische Grundlagen zur Satzherstellung

Band 1	Kapitel 1	Maß- und Gewichtsgrundlagen
	2	Schriftgeschichte
	3	Schriftzeichensysteme
	4	Das typografische Material
	5	Papierformate und Normung
	6	Drucksachennormung und Postvorschriften
	7	Korrekturzeichen
	8	Arbeitsmittel des Schriftsetzers

Erste Auflage 1980

© Copyright 1980 by the Author and Verlag des Bildungsverbandes Schweizerischer Typografen BST, Bern
Herstellung: Orell Füssli Graphische Betriebe AG Zürich
Reinzeichnungen: Markus Bosshard und Hans Rudolf Bosshard
Typografie: Hans Rudolf Bosshard
Fotos: Fotoklasse der Kunstgewerbeschule Zürich, Heinz Unger und Hans Rudolf Bosshard
Schrift: Times New Roman, Monotype-Bleisatz
Papier: Biber GS matt, 120 g/m², der Papierfabrik Biberist, Biberist
Printed in Switzerland
ISBN 3 85584 010 5

Inhaltsverzeichnis

8

Neben der feierlichen, monumentalen gemeißelten Kapitalis und der flüchtig geschriebenen Majuskelkursiv war seit dem 1. Jahrhundert auch eine schmallaufende, runde, flüssig schreibbare Bücherschrift, die *Capitalis rustica* (Abb. 13), in Gebrauch. Aus Pompeji sind auf Hausmauern geschriebene Bekanntmachungen, Wahlparolen und ähnliche zeitlich gebundene Texte in der Rustika überliefert. Möglicherweise wurde diese Schrift sogar zuerst mit breitem Pinsel auf Hausmauern und erst später mit der Breitfeder auf Pergament geschrieben. Man findet die Rustika auch in Stein gemeißelt; sie wurde also ebensosehr als Monumentalschrift wie als Bücherschrift gebraucht. Ihre Vollendung erfuhr die Rustika in den Pergamenthandschriften des 4. und 5. Jahrhunderts. Als Titel- und Auszeichnungsschrift hielt sie sich bis ins 10. Jahrhundert.

Eine geschriebene Spätform der Capitalis monumentalis ist die betont breite *Capitalis quadrata*, die vom 4. bis zum 6. Jahrhundert auf Pergament geschrieben wurde (Abb. 14). Diese Schrift weist einen starken Gegensatz zwischen fetten und feinen Strichen auf. Die Buchstabenformen sind nicht – wie bei der Rustika – rein «schreibmäßig» mit einheitlicher Federhaltung (schräg bei der Rustika, mehrheitlich waagrecht bei der Quadrata) entstanden, sondern kombiniert geschrieben und «gezeichnet». Auch diese Schrift hielt sich als Titel- und Auszeichnungsschrift bis in die karolingische Zeit (9./10. Jahrhundert) hinein.

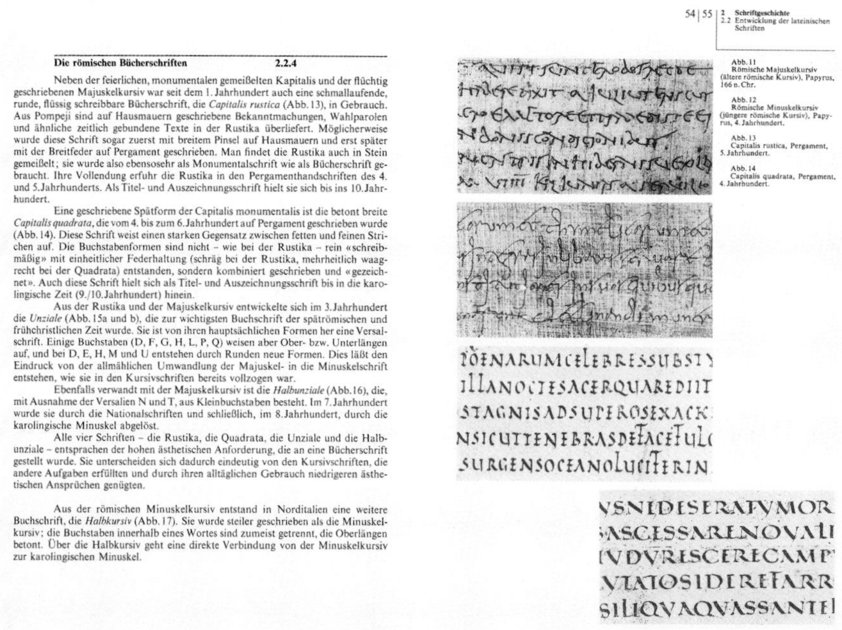

Aus der Rustika und der Majuskelkursiv entwickelte sich im 3. Jahrhundert die *Unziale* (Abb. 15a und b), die zur wichtigsten Buchschrift der spätrömischen und frühchristlichen Zeit wurde. Sie ist von ihren hauptsächlichen Formen her eine Versalschrift. Einige Buchstaben (D, F, G, H, L, P, Q) weisen aber Ober- bzw. Unterlängen auf, und bei D, E, H, M und U entstehen durch Runden neue Formen. Dies läßt den Eindruck von der allmählichen Umwandlung der Majuskel- in die Minuskelschrift entstehen, wie sie in den Kursivschriften bereits vollzogen war.

Ebenfalls verwandt mit der Majuskelkursiv ist die *Halbunziale* (Abb. 16), die, mit Ausnahme der Versalien N und T, aus Kleinbuchstaben besteht. Im 7. Jahrhundert wurde sie durch die Nationalschriften und schließlich, im 8. Jahrhundert, durch die karolingische Minuskel abgelöst.

Alle vier Schriften – die Rustika, die Quadrata, die Unziale und die Halbunziale – entsprachen der hohen ästhetischen Anforderung, die an eine Bücherschrift gestellt wurde. Sie unterscheiden sich dadurch eindeutig von den Kursivschriften, die andere Aufgaben erfüllten und durch ihren alltäglichen Gebrauch niedrigeren ästhetischen Ansprüchen genügten.

Aus der römischen Minuskelkursiv entstand in Norditalien eine weitere Buchschrift, die *Halbkursiv* (Abb. 17). Sie wurde steiler geschrieben als die Minuskelkursiv; die Buchstaben innerhalb eines Wortes sind zumeist getrennt, die Oberlängen betont. Über die Halbkursiv geht eine direkte Verbindung von der Minuskelkursiv zur karolingischen Minuskel.

Abb. 11 Römische Majuskelkursiv (ältere römische Kursiv), Papyrus, 166 n. Chr.

Abb. 12 Römische Minuskelkursiv (jüngere römische Kursiv), Papyrus, 4. Jahrhundert.

Abb. 13 Capitalis rustica, Pergament, 5. Jahrhundert.

Abb. 14 Capitalis quadrata, Pergament, 4. Jahrhundert.

9

Abb. 8 bis 11 Drei Doppelseiten aus Band 1, *Technische Grundlagen zur Satzherstellung,* sowie eine Doppelseite aus Band 2, *Mathematische Grundlagen zur Satzherstellung.*

Fig. 8 to 11 Three double pages from Vol. 1, *Technical Bases of Typesetting,* and a double page from Vol. 2, *Mathematical Bases of Typesetting.*

Terminologie des Schriftbildes 2.3.4

Für das Bezeichnen und Charakterisieren der einzelnen formalen Teile der Buchstaben besteht keine verbindliche Terminologie. Deshalb folgt hier ein Verzeichnis von Fachausdrücken, die in der Literatur über Schrift vorkommen und die für die Verständigung über Formprobleme bei Schriften nötig sind.

1 Grundstrich, Stamm, Schaft, Hauptstrich, Hauptzug, starker Zug
2 Querstrich, Querbalken (Haarstrich)
3 Haarstrich (bei den klassizistischen Schriften), schwacher Zug
4 Verbindung, Überlauf (Haarstrich)
5 Serife mit Kehlung zum Schaft und mit flacher oder konkaver Basis
6 Serife ohne Kehlung zum Schaft (bei anderen Schriften mit kaum angedeuteter Kehlung), feiner waagrechter Haarstrich
7 Kehlung, ausgerundeter oder vermittelter Übergang von der Serife zum Schaft
8 Unvermittelter Übergang von der Serife zum Schaft
9 Schräger Ansatz, Anstrich
10 Waagrechter Ansatz, Anstrich
11 Gerundeter Ansatz, Anstrich
12 Schräger Endstrich, schräge Endung
13 Waagrechter Endstrich, waagrechte Endung
14 Gerundeter Endstrich, gerundete Endung
15 Eingeschwungene Endung
16 Stumpf beginnender bzw. endender Schaft
17 Schräg liegende Schattenachse, schräge Achsenstellung der Rundungen, schräger Druck in den Rundungen
18 Waagrecht liegende Schattenachse, waagrechte Achsenstellung der Rundungen, waagrechter Druck in den Rundungen
19 Scheitel (beim k)
20 Bauch (beim a)
21 Auge, Innenform (beim e)
22 Kopfring, oberer Kreis (beim g)
23 Geschlossene (bei anderen Schriften offene) Schlinge (beim g)
24 Quadratfüßchen (bei der Gotisch), Rautenfüßchen (bei der Fraktur), Serife
25 Gespaltene, gegabelte oder kelchförmige Oberlänge
26 Elefantenrüssel (bei der Fraktur)
27 Kugelendungen

AMO aeghu*hu*
AMO aeghu*hu*
AMO aeghu

Abb. 44a bis c
Terminologie des Schriftbildes am Beispiel der französischen Renaissance-Antiqua (44a Garamond), der klassizistischen Antiqua (44b Bodoni) und einer gebrochenen Schrift (44c Walbaum-Fraktur).

Klassifikation der Druckschriften nach DIN 16518 2.3.5

Die Gliederung der folgenden Übersicht von Druckschriften folgt weitgehend der Klassifikation nach DIN 16518. Die Gruppen V Serifenbetonte Linear-Antiqua und VI Serifenlose Linear-Antiqua wurden, wie schon einleitend (siehe 2.3.1 Fragen zur Klassifikation) erläutert, zusätzlich in Untergruppen unterteilt. Weitere Unterteilungen, wie sie in einem neuen Vorschlag für eine Klassifikation der lateinischen Druckschriften (vergleiche Seite 73) vorgeschlagen werden, sind somit hier nicht berücksichtigt. Eine weitere mögliche Gliederung wäre auch die Einteilung der Druckschriften innerhalb der einzelnen Gruppen in historische Schnitte und in Varianten des 20. Jahrhunderts. Auch darauf wurde verzichtet. Im Anhang (siehe 2.3.6 Gruppenzugehörigkeit von Druckschriften nach DIN 16518, Seite 87) fast aller hier abgebildeten Schriften nachgesehen werden.

Gruppe I Venezianische Renaissance-Antiqua

AMNO aeghu Jenson-Type (historische Form)
AMNO aeghu Alt-Mediäval

Die venezianische Renaissance-Antiqua ging aus der mit schräg angesetzter Breitfeder geschriebenen humanistischen Minuskel des 15. Jahrhunderts hervor, die ihrerseits auf der karolingischen Minuskel des 8. bis 12. Jahrhunderts basiert; die Versalien gehen auf die römische Kapitalschrift zurück. Die erste Druckantiqua ist die 1465 verwendete, noch nicht ganz von gotischen Formeinflüssen befreite Subiaco-Type der deutschen Drucker Konrad Sweynheim und Arnold Pannartz, die von 1463 an in Subiaco bei Rom druckten. Die erste formal voll ausgeprägte Schrift dieses Typus ist eine Schrift der beiden in Venedig tätigen deutschen Drucker Johann und Wendelin da Spira (aus Speyer) von 1469; die höchste Vollendung erreichte dieser Typus in der Schrift des Franzosen Nicolas Jenson von 1470, der ebenfalls in Venedig druckte. Kursive Schnitte fehlen bei den historischen Schriften; die erste Druckkursive wurde erst 1501 von Aldus Manutius in Venedig verwendet.

Die Strichdicken sind schwach differenziert. Die Serifen haben zu den Schäften hin vermittelte, ausgerundete Übergänge; die Basen der Serifen sind meist konkav. Bei den Gemeinen sind die Ansätze und die Endungen schräg. Die Achsenstellung der Rundungen ist ebenfalls schräg. Der Querstrich beim e liegt schräg. Eigenheiten, die meist nicht konsequent durchgehalten sind: Das A hat im Scheitel eine Serife; die oberen Serifen bei M und N sind auch nach innen gezogen.

abcdefghijklmnopqrsßtuvwxyz 1234567890
ABCDEFGHIJKLMNPQRSTUVWXYZ Centaur

abcdefghijklmnopqrsßtuvwxyz 1234567890
ABCDEFGHIJKLMNPQRSTUVWXYZ Schneidler-Mediäval

Proportion 12: Hochformat 1:1,539; Querformat 1:0,65. Dem Rechteck mit der Proportion 12 ist das Fünfsterndreieck eingeschrieben.

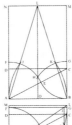

Hochformatkonstruktion (Abb. 111): ABCD ist das Ausgangshalbquadrat mit der Basis AB = 1. Die Diagonale AC zeichnen. Die Bogen BE um Punkt C, EF um Punkt A und HG (mit dem gleichen Radius wie Bogen EF) um Punkt B schlagen. Die Bogen AJ um Punkt B und BK um Punkt A schlagen. Die Strecken AJ und BK verlängert ergeben Punkt L. ABMN ist das gesuchte Rechteck. Das Dreieck ABL ist das Fünfsterndreieck. AB : BL = 1,618 (Goldenes-Schnitt-Verhältnis); OB = $\frac{1}{2}$; OL = $\sqrt{BL^2 - OB^2}$ = $\sqrt{1,618^2 - 0,5^2}$ = $\sqrt{2,618 - 0,25}$ = $\sqrt{2,368}$ = 1,5388. **AB : AN = 1:1,539.**

Querformatkonstruktion (Abb. 112): ABCD ist das Ausgangshalbquadrat mit der Basis AB = 1. Die Diagonale AC zeichnen. Die Bogen BE um Punkt C und EF um Punkt A schlagen. Das Rechteck ABGF (das Goldene-Schnitt-Rechteck) zeichnen. Die Bogen BH um Punkt A und GH um Punkt F schlagen. FAH ist das Fünfsterndreieck, entsprechend dem Dreieck ABL in Abbildung 111. Das Rechteck AKJF zeichnen. Die Diagonale AJ zeichnen und bis zum Punkt L verlängern. ABLM ist das gesuchte Rechteck. AB : AM = 1,539 : 1 = 1 : $\frac{1}{1,539}$ = 1 : 0,6497. **AB : AM = 1: 0,65.**

Das Rechteck mit der Proportion 12 kann im Fünfeck eingezeichnet werden (Abb. 113).

Abb. 111
Proportion 12: Konstruktion des Hochformats.

Abb. 112
Proportion 12: Konstruktion des Querformats.

Abb. 113
Proportion 12: Beziehungen zur Kreisgeometrie. Die mit Buchstaben bezeichneten Punkte entsprechen den mit den gleichen Buchstaben bezeichneten Punkten in Abbildung 111.

Proportion 13: Hochformat 1: $\frac{1+\sqrt{5}}{2}$ = 1:1,618; Querformat 1: $\frac{\sqrt{5}-1}{2}$ = 1:0,618. Das Rechteck mit der Proportion 13, das Goldene-Schnitt-Rechteck, ist mit der Halbdiagonalen des Quadrats gebildet.

Hochformatkonstruktion (Abb. 114): ABCD ist das Ausgangsquadrat mit der Basis AB = 1. Die Strecke EF halbiert das Quadrat. Den Bogen DG um Punkt F schlagen. ABGH ist das gesuchte Rechteck. BF = $\frac{1}{2}$; FD = FG = $\frac{\sqrt{5}}{2}$; BG = BF + FG = $\frac{1}{2}$ + $\frac{\sqrt{5}}{2}$ = $\frac{1+\sqrt{5}}{2}$ = $\frac{1+2,236}{2}$ = $\frac{3,236}{2}$ = 1,618. **AB : AH = 1: 1,618.**

Querformatkonstruktion (Abb. 115): ABCD ist das Ausgangshalbquadrat mit der Basis AB = 1. Die Diagonale AC zeichnen. Die Bogen BE um Punkt C und EG um Punkt A schlagen. ABFG ist das gesuchte Rechteck. BC = $\frac{1}{2}$; AC = $\frac{\sqrt{5}}{2}$; AE = AC − BC = $\frac{\sqrt{5}}{2}$ − $\frac{1}{2}$ = $\frac{\sqrt{5}-1}{2}$ = $\frac{2,236-1}{2}$ = $\frac{1,236}{2}$ = 0,618. **AB : AG = 1: 0,618.**

Das Rechteck mit der Proportion 13 kann im Goldenen Sechseck eingezeichnet werden (Abb. 116).

Dieses Rechteck kann auch im Zehneck eingezeichnet werden (Abb. 117). EF ist der Radius = AB = 1,618 (vergleiche dazu Proportion 5, Abbildung 100, Seite 154). AD : AB = 1:1,618.

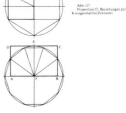

Abb. 114
Proportion 13: Konstruktion des Hochformats.

Abb. 115
Proportion 13: Konstruktion des Querformats.

Abb. 116
Proportion 13: Beziehungen zur Kreisgeometrie (Goldenes Sechseck).

Abb. 117
Proportion 13: Beziehungen zur Kreisgeometrie (Zehneck).

René Gauch: Stalaktiten Stalagmiten | Lichtorgel

Format 274 × 189 mm, Proportion 1:1,454, 16 Seiten

Die sechzehnseitige, rhomboidförmige Broschüre zeigt eine Installation mit stehenden (stalaktitischen) und hängenden (stalagmitischen) Leuchtkörpern aus Acryl- und Chromstahlrohren. Die Abbildungen der inneren vierzehn Seiten (die Broschüre hat keinen besonderen Umschlag) beschreiben durch ihre Anordnung eine Wellenbewegung, die erst beim Durchblättern als filmischer Ablauf erkennbar wird. Die mittlere Doppelseite, wo durch die einzige Abbildung der segmentförmig aneinandergereihten Leuchtkörper die V-Form der geöffneten Broschüre plausibel wird, bildet einen symmetrischen Ruhe- und Höhepunkt. Der Rhythmus kommt auf der letzten Seite, wo die Segmentform, perspektivisch verkürzt, noch einmal vorkommt, zum Abschluss.

Die kurzen poetischen Texte ordnen sich nicht dem Gitter unter, sondern folgen frei dem Rhythmus der Abbildungen. Dem erklärenden Text auf der letzten Seite wurde eine italienische Version, grün auf Transparentpapier gedruckt, beigefügt und, ähnlich einem Schutzumschlag, um das letzte Blatt gelegt, so dass ein verwirrendes Moiré entsteht.

Das um acht Grad vom rechten Winkel abweichende Format ist in vierundzwanzig Parallelogramme von 68,5 × 31,5 mm aufgeteilt (Abb. 1). Das Gitter hat keine Zwischenräume, so dass sich die Abbildungen berühren und nur dort getrennt werden, wo die Bildkanten nicht parallel zueinander verlaufen. Die aus dem Gitter abgeleiteten Linien geben die Begrenzung aller Abbildungen wieder (Abb. 2).

René Gauch: Stalactites Stalagmites | Lighting Organ Console

Size 274 × 189 mm, proportion 1:1.454, 16 pages

This 16-page, rhomboid-shaped booklet shows an installation of light-forms made of acrylic and chromium steel tubes, arranged as stalactites (standing) and stalagmites (hanging) bodies. The illustrations on the inner 14 pages (no special cover) are arranged in a wave formation, recognizable as a filmic movement when the pages are flicked through. The central opening, which makes the V-shape of the opened brochure plausible through its single illustration of the segmented, lined-up light bodies, forms a symmetrical high point and point of rest. The rhythm comes on the last page, where the segment shape, foreshortened, returns at the close.

The short, poetical texts are not subordinated to the grid but freely follow the rhythm of the illustrations. An Italian version printed in green on transparent paper is added to the explanatory text on the last page and laid around it like a book jacket, producing a bewildering moiré effect.

The format, eight degrees from the right angle, is divided into twenty-four parallelograms of 68.5 × 31.5 mm (Fig. 1). The grid has no intervening spaces, so that the illustrations touch one another and are only separated where their edges do not run parallel. The rules derived from the grid echo the borders of all the pictures (Fig. 2).

Abb. 1 Das Rhomboid ist in ein Gitter von vierundzwanzig Parallelogrammen ohne Zwischenräume eingeteilt.

Abb. 2 Die Umrisse der Abbildungen beziehen sich vollständig auf das Gitter und dessen Schnittpunkte; sie verlaufen parallel zu den schrägen Kanten oder orientieren sich senkrecht-waagrecht.

Fig. 1 The rhomboid forms a grid of 24 parallelograms without space in between.

Fig. 2 The outlines of the pictures are entirely related to the grid and its points of intersection; they run parallel to the oblique edges or orientate themselves crosswise.

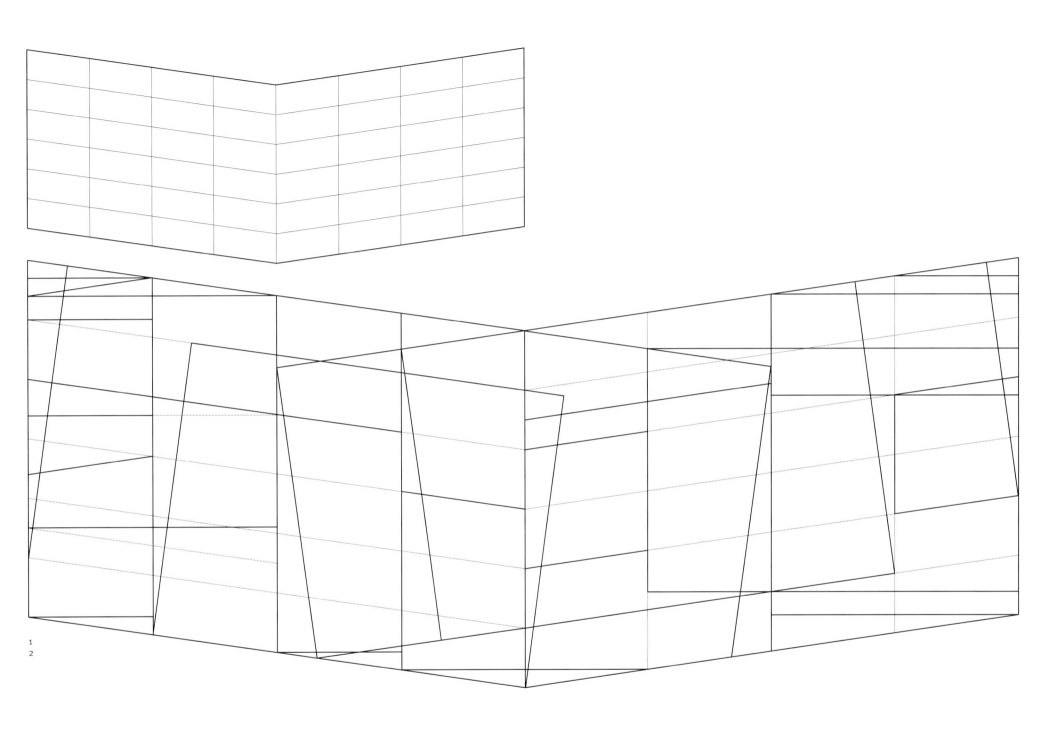

1
2

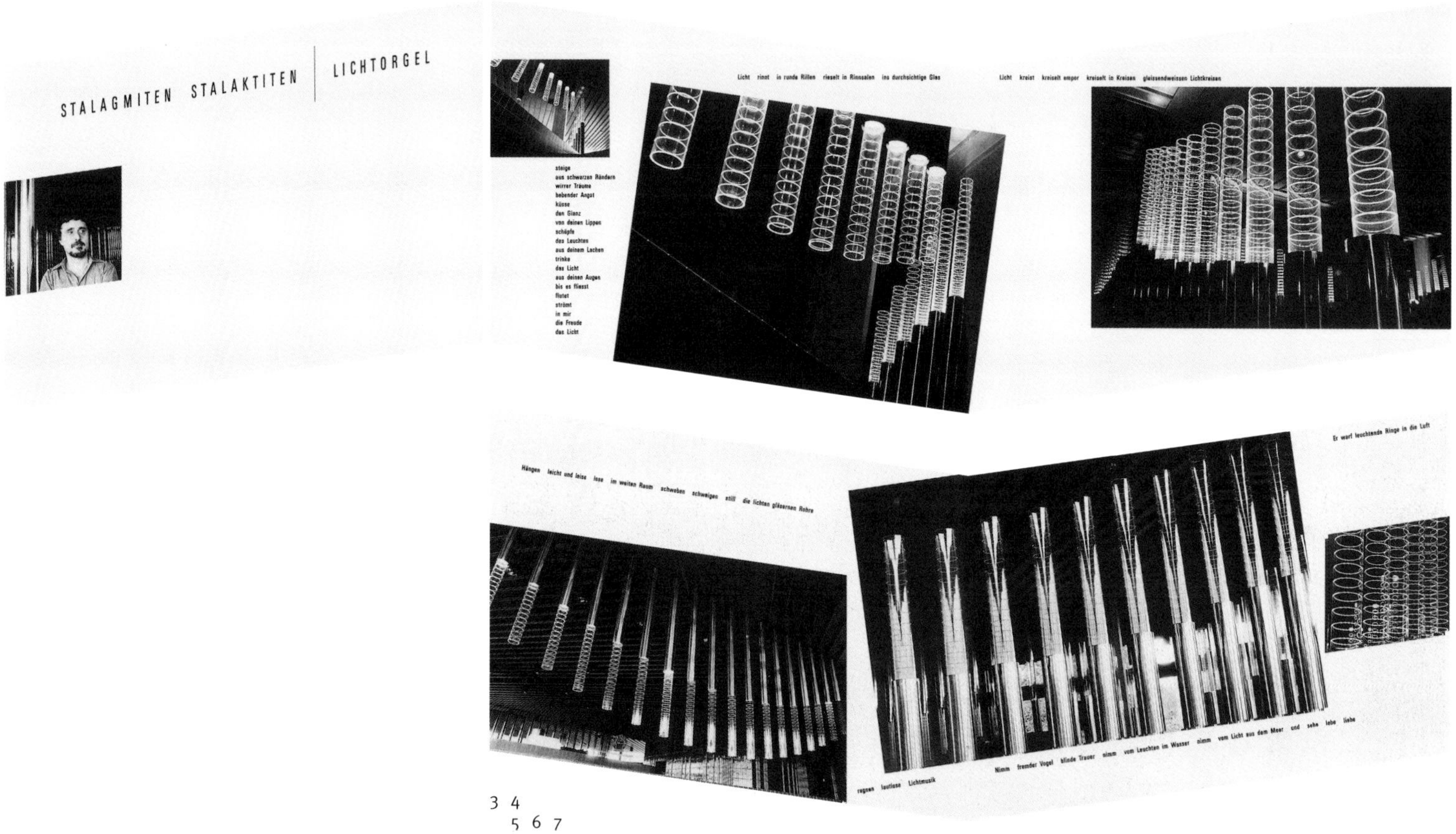

STALAGMITEN STALAKTITEN | LICHTORGEL

3 4
5 6 7

Abb. 3 bis 11 In der Abfolge aller 16 Seiten lassen sich die Abbildungen, wie auch die Broschüre selber, als rhythmische Wellenbewegung lesen.

Fig. 3 to 11 In the sequence of all 16 pages the illustrations, like the booklet itself, can be seen as a rhythmical wave movement.

für traurige Träumer und fröhliche Lacher

und tanze hinein in die spielende spiegelnde

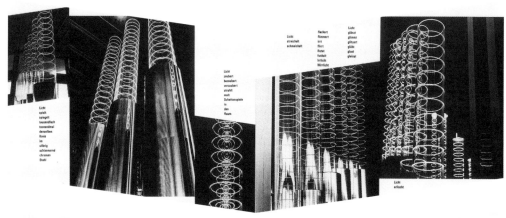

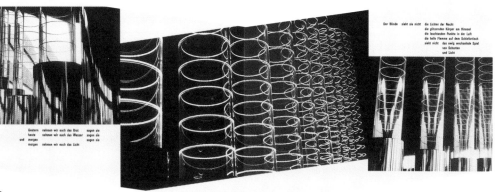

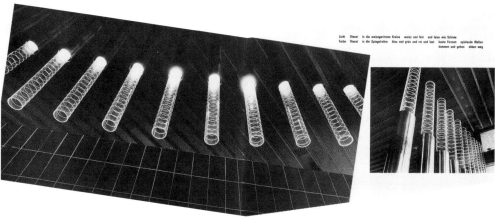

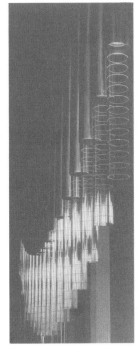

12

Abb. 12 Um die letzte Seite ist ein Transparentblatt mit dem italienischen Text gelegt, dessen grüne Zeilen zusammen mit dem schwarzen deutschen Text eine moiréartige Wirkung erzeugen.

Fig. 12 A transparent sheet with text in Italian is laid around the last page. Printed in green, it creates a moiré effect in combination with the black German text.

Ausstellungskatalog Günther Wizemann I

Format 210 × 289 mm, Proportion 1:1,376, 64 Seiten

Die Gestaltung dieses Katalogs für einen Künstler, der der Typografie und besonders dem Typografen Jan Tschichold nahesteht, geht von einfachen formalen Voraussetzungen aus: Der Satzspiegel steht seitlich wie in der Höhe in der Mitte des Formats (Abb. 1), und ein reduziertes Liniensystem regelt Breite und Stand der Abbildungen (Abb. 2). Die meisten Werke sind in einem grösseren Raumzusammenhang fotografiert, so dass das Bildmaterial geringfügige Beschnitte zulässt. Der Stand der Abbildungen in der Höhe wird von drei Linien bestimmt: von der oberen und unteren Satzspiegelbegrenzung sowie, bei kleineren Abbildungen, von einer um vier Zeilen gesenkten Waagrechten. Seitlich sind die Abbildungen, mit Ausnahmen, auf die senkrechten Linien ausgerichtet. Die Abbildungshöhen richten sich nach dem Zeilenregister. Die Paginas stehen auf der Höhe der letzten Textzeile. Ebenso beginnen dort, nach unten laufend, die vierzeiligen Legenden. Grundtext 9 Punkt Bodoni halbfett, Zeilenabstand 7 mm, Breite 170 mm; Legenden 9 Punkt Bodoni normal, Zeilenabstand 3,5 mm.

Das ruhige, im wesentlichen spiegelsymmetrische Gestaltungskonzept entspricht der formalen und farblichen Klarheit der Bilder von Günther Wizemann mit Titeln wie ‹Liegendes T für Tschichold› oder ‹Strich für Hokusai›.

Exhibition catalogue Günther Wizemann I

Size 210 × 289 mm, proportion 1:1.376, 64 pages

The design of this catalogue, for an artist who was himself involved with typography and especially with the typographer Jan Tschichold, is based on some simple formal assumptions: the type area is in the centre of the page both laterally and vertically (Fig. 1) and a reduced system of lines regulates both the width and the position of the pictures (Fig. 2). Most of the works were photographed against a background large enough to allow for only a very small amount of cropping. The vertical position of the illustrations is determined by three lines, namely the upper and lower limits of the type area and (for smaller items) a horizontal lowered by four type lines. Laterally the illustrations are, with few exceptions, orientated by the vertical lines. The height of the illustrations is orientated to the type line register. The pages stand at the height of the last line of text, where the downward-running, four-line captions begin. Main text 9 pt Bodoni semibold, interline spacing 7 mm, width 170 mm; captions 9 pt Bodoni normal, interline spacing 3.5 mm.

The calm and generally mirror-symmetrical design concept matches the clarity of form and colour of Günther Wizemann's pictures, with titles such as 'Reclining T for Tschichold' and 'Stroke for Hokusai'.

Abb. 1 Der symmetrische Satzspiegel gilt für die linken und rechten Seiten. Die textbegleitenden Abbildungen sind seitlich auf den Raster und in der Höhe auf das Zeilenregister ausgerichtet. Der Rhythmus des Zeilenabstandes zieht sich mit 7 mm über die ganze Blatthöhe hin.
Abb. 2 Der Raster regelt den Stand der Abbildungen in der Höhe mit nur drei Linien. Die Legenden ragen über den unteren Satzspiegelrand hinaus.
Abb. 3 Umschlag, Klappbroschur.
Abb. 4 Innentitel mit einem Motto des Künstlers.

Fig. 1 The symmetrical type area applies to both left and right-hand pages. Illustrations accompanying the text are orientated laterally to the grid and vertically to the type line register. The rhythm of the interline spacing, at 7 mm, extends over the whole height of the sheet.
Fig. 2 The grid regulates the vertical positions of the illustrations with only three lines. The captions extend beyond the edge of the type area.
Fig. 3 Cover with flap.
Fig. 4 Title page with artist's motto.

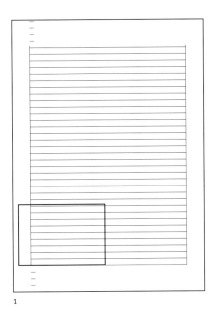

1

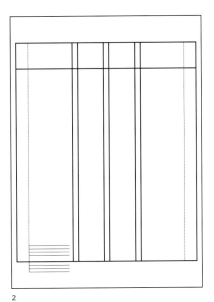

2

3

4

Kunstmuseum des Kantons Thurgau, Kartause Ittingen   16. September bis 19. November 1989

Stiftung für konkrete Kunst, Reutlingen   4. März bis 12. Mai 1990

Günther Wizemann

Ich ziehe eine Linie, die Grundlinie. Ich ziehe eine horizontale und eine vertikale Linie.
Ich male ein gelbes oder ein blaues oder ein rotes Quadrat?

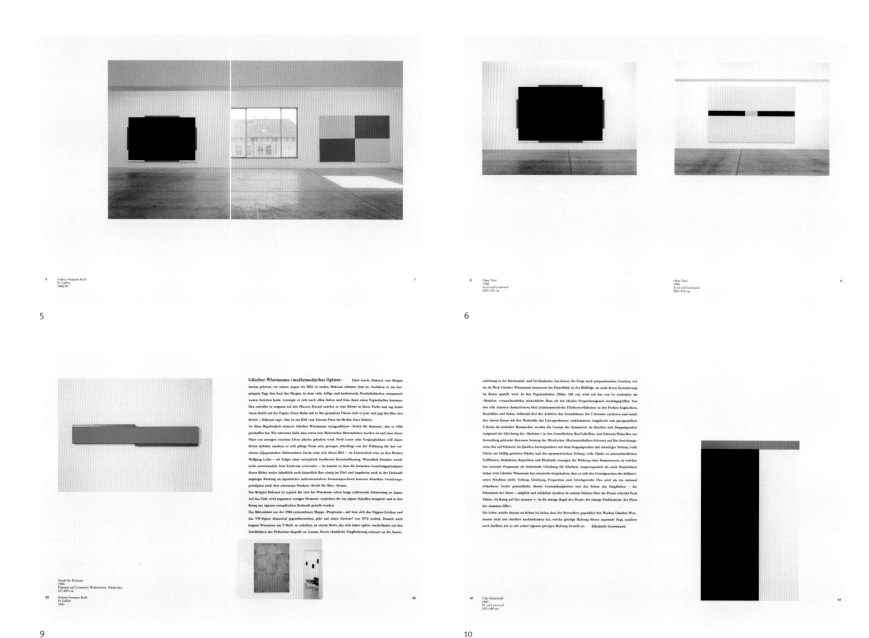

Abb. 5 bis 11 Der symmetrische Gestaltungsraster, der diesem Katalog zugrundeliegt, ist in seiner Einfachheit ganz auf Günther Wizemanns Bilder abgestimmt.

Fig. 5 to 11 The symmetrical design grid on which this catalogue is based is, in its simplicity, completely suited to Günther Wizemann's pictures.

10 Galerie Susanna Kulli
St. Gallen
1988/89

11 Galerie Susanna Kulli
St. Gallen
1988/89

24 Ohne Titel
1988
Acryl auf Leinwand
20 × 25 cm

25 Ohne Titel
1983
Acryl auf Leinwand
60 × 50 cm

7

8

46 Ohne Titel
1989
Öl auf Leinwand
86 × 86 cm

47 Ohne Titel
1989
Öl auf Leinwand
183 × 183 cm

11

Ausstellungskatalog Günther Wizemann II

Format 210 × 289 mm, Proportion 1:1,376, 12 Seiten

Mit den Abbildungen typografischer Arbeiten von El Lissitzky, Jan Tschichold und Alexander Rodtschenko sowie des ‹Farnsworth House› von Ludwig Mies van der Rohe auf drei Umschlagseiten wird Wizemanns Liebe zur Typografie und Architektur unseres Jahrhunderts belegt. Das wohlproportionierte konkrete Zeichen auf dem Umschlag geht auf ein 1925 von Tschichold entworfenes Briefpapier für die russische Tänzerin Nina Chmelowa zurück. Die Längen der breiten roten und schwarzen Balken verhalten sich wie 1:1,414. Ein zweiter, dünner roter Balken ist von der halben Länge des schwarzen, so dass sich die $\sqrt{2}$-Reihe 0,707 : 1 : 1,414 ergibt. Diese proportionale Beziehung wurde durch den angrenzenden weissen Balken in der Länge 1+1,414 = 2,414 und den weissen Balken am rechten Papierrand in der Länge 0,5+0,707 = 1,207 erweitert. Die Längen dieser beiden Balken verhalten sich wie 1:2 (Abb. 1). Die Breiten der Abbildungen auf den Umschlagseiten 2, 3 und 4 sowie (als Regelverstoss innerhalb der zwölf Innenseiten) der Abbildung auf Seite 11, die formal die Verbindung zur Abbildung auf der dritten Umschlagseite aufnimmt, sind von der Länge des kleineren weissen Balkens auf der ersten Umschlagseite abgeleitet (Abb. 2).

Der Inhalt basiert auf einer anderen Gestaltungsgrundlage: Der Text am oberen (wenn man die Broschüre zum Lesen dreht: am rechten) Papierrand läuft über sieben Seiten. Grundtext 8 Punkt AD-Grotesk schmalhalbfett Scangraphic, Zeilenabstand 5,5 mm. Ein von der Textspalte unabhängiges Rastersystem regelt den Stand der Abbildungen (Abb. 3). Die auf die Breite von zwei Rasterfeldern reproduzierten Bilder sind durchwegs Kleinformate. Die Raumaufnahmen (ausgenommen diejenige auf Seite 11) sind fünf Rasterfelder breit und zwanzig Textzeilen hoch und haben die gleiche Proportion wie der Katalog. Die Legenden (10 Punkt Bodoni kursiv, Zeilenabstand 4,5 mm) stehen am unteren beziehungsweise am linken Papierrand und beginnen jeweils auf der Höhe einer Textzeile. Die Legenden zu den Abbildungen des Umschlags sind kleiner und mit 3,5 mm Zeilenabstand gesetzt.

Exhibition catalogue Günther Wizemann II

Size 210 × 289 mm, proportion 1:1.376, 12 pages

Wizemann's love of the typography and architecture of the 20th century is shown by the illustrations of typographical works by El Lissitzky, Jan Tschichold and Alexander Rodchenko, together with Ludwig Mies van der Rohe's 'Farnsworth House', on three of the cover pages. The well-proportioned 'Concrete Art' sign on the cover goes back to a letterhead designed by Tschichold in 1925 for the Russian dancer Nina Chmelova. The wide red and black bars are in the proportion of 1:1.414. A second, thinner red bar is half as long as the black one, producing the $\sqrt{2}$ series 0.707 : 1.0 : 1.414. This proportional relationship is extended in length by means of the adjacent white bar to 1+1.414 = 2.414 and by the white bar at the right-hand edge of the paper to 0.5+0.707 = 1.207. The lengths of these two bars are as 1:2 (Fig. 1). The widths of the illustrations on cover pages 2, 3 and 4 and (as an exception to the rule within the 12 pages) the illustration on page 11, with its formal connection to the illustration on the third cover page, are derived from the length of the smaller white bar on the first cover page (Fig. 2).

The content is based on other design principles. The text at the upper edge of the paper (or the right-hand edge when the publication is turned for reading) runs over seven pages. Main text 8 pt Scangraphic AD Grotesque semibold condensed, interline spacing 5.5 mm. A grid system independent of the text column regulates the position of the illustrations (Fig. 3). The pictures reproduced across the width of two grid fields are in every case small. The space pictures (except the one on page 11) are five grid fields wide and 20 text lines high and have the same proportions as the catalogue itself. The captions (10 pt Bodoni italic, interline spacing 4.5 mm) are placed at the lower (or left-hand) edge of the paper and each one begins at the height of a text line. The captions to the cover pictures are smaller and set with 3.5 mm interline spacing.

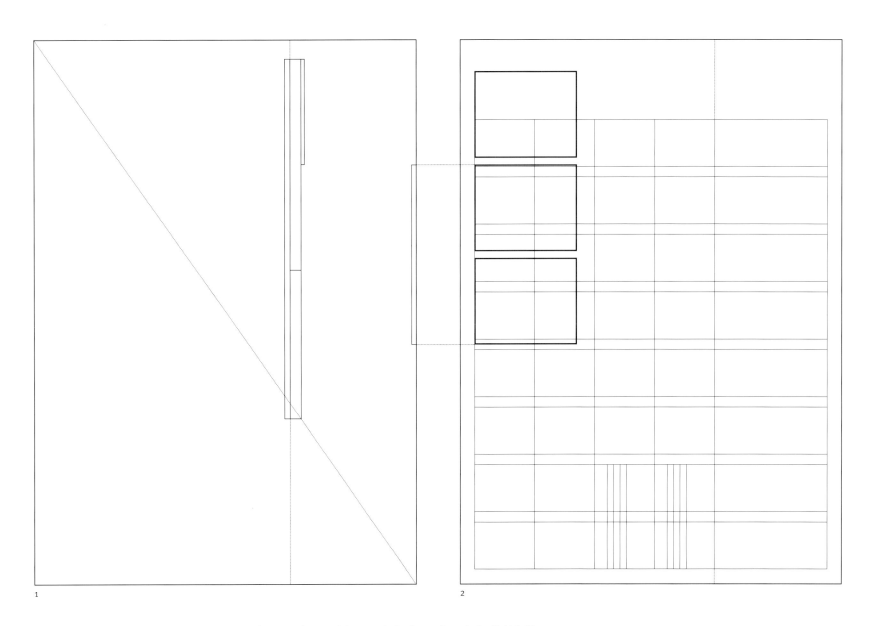

1

2

Abb. 1 bis 3 Schema für die Umschlaggestaltung nach einem Motiv von Jan Tschichold. Alle Masse basieren auf der Proportion 1:1,414. Die Länge des Balkens am rechten Rand ergibt die Breite von zwei der drei kleinen Abbildungen auf der zweiten Umschlagseite sowie die Breite der Abbildungen auf der dritten und vierten Umschlagseite. Die Legenden richten sich nach dem Raster der Innenseiten.

Fig. 1 to 3 Diagram of the cover design from a theme by Jan Tschichold. All measurements are based on the proportion 1:1.414. The length of the bar at the right-hand edge gives the width of two of the three small illustrations on the second cover page and of those on the third and fourth cover pages. The captions are matched to the grid used on the inner pages.

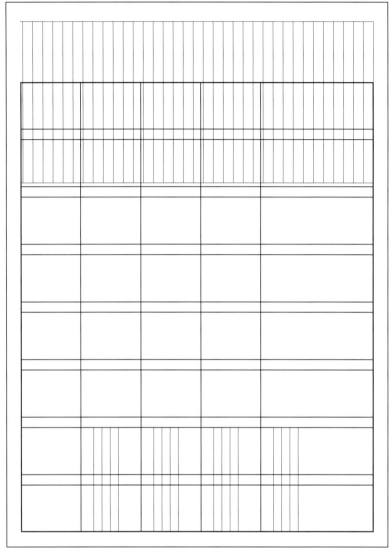

3

Günther Wizemann

4

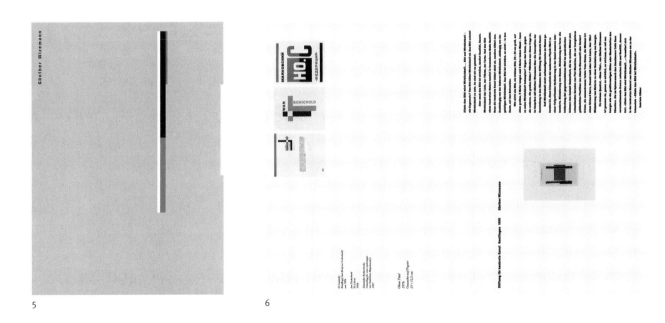

5

6

Abb. 4 Die erste Umschlagseite. Das Motiv von Jan Tschichold besteht nur aus dem schwarzen und den beiden roten Balken.

Abb. 5 bis 13 Der vollständig abgebildete Katalog. Die Illustration auf Seite 11 (siehe Abb. 11) ist in der Grösse und Platzierung wie die Abbildungen auf der dritten und vierten Umschlagseite behandelt, weicht also vom Rastersystem des Inhalts ab.

Fig. 4 First cover page. Jan Tschichold's motif consists solely of the black bar and the two red ones.

Fig. 5 to 13 The catalogue shown in its entirety. The illustration on page 11 (see Fig. 11) is treated, as to size and position, in the same way as those on cover pages 3 and 4, thus deviating from the grid system used for the inside pages.

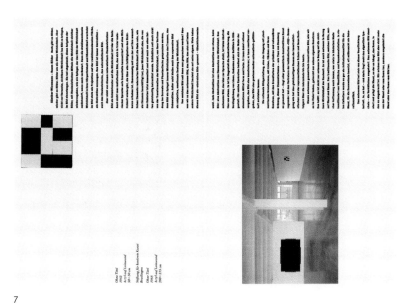

7

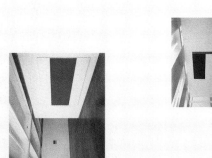

8

11

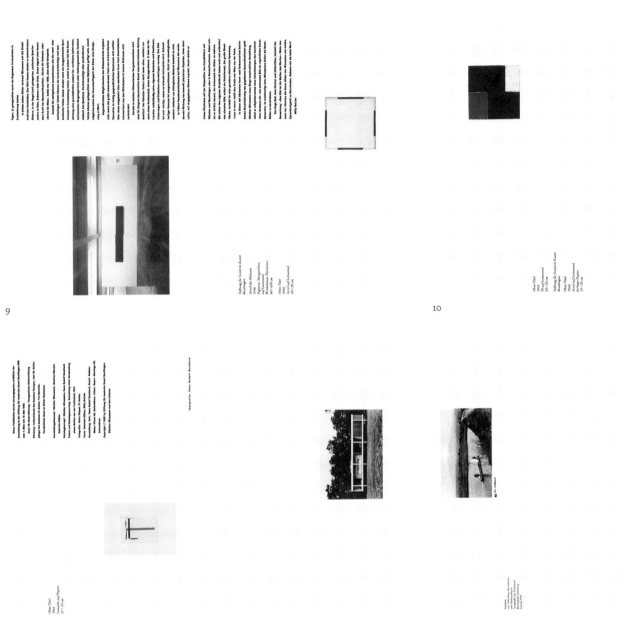

Ausstellungskatalog Cécile Wick

Format 210 × 305 mm, Proportion 1:1,454, 76 Seiten

Die in diesem Katalog reproduzierten Fotografien weisen extreme proportionale Unterschiede auf: Einer Arbeit von 100 cm Höhe und 1000 cm Breite stehen solche von 265 cm Höhe und 127 cm Breite gegenüber. Mehrheitlich extrem lange Querformate bestimmten (dies ist nur scheinbar paradox!) die Wahl eines Hochformats. Ausklappbare Seiten ermöglichen einerseits extrem breite Abbildungen in akzeptablen Grössen, andrerseits können Triptychen nebeneinander betrachtet werden.

Das Blattformat ist durch eine senkrechte Linie im Goldenen Schnitt in zwei Teile von 80 und 130 mm geteilt und in der Höhe durch eine waagrechte Linie halbiert. Die halbe Formathöhe ergibt, vom rechten Papierrand aus mit dem grossen Halbkreis abgetragen, eine Senkrechte links von der Goldenen-Schnitt-Linie in 22,5 mm Abstand (Abb. 1). Dieser Abstand ist von der Goldenen-Schnitt-Linie aus nach rechts sowie von der waagrechten Mittellinie und vom oberen und unteren Papierrand aus mehrmals abgetragen. Der (linke) Rand zum Bund hin beträgt zwei Drittel von 22,5 mm = 15 mm, der schmale äussere Rand ein Drittel = 7,5 mm. Die senkrechten Linien bestimmen die Text- und Abbildungsbreiten, wenn auch nicht immer den seitlichen Stand der Abbildungen. Die Spaltenbreite des Haupttextes beträgt 122,5 mm, diejenige der Zitate 87,5 mm (Abb. 2).

Exhibition catalogue Cécile Wick

Size 210 × 305 mm, proportion 1:1.454, 76 pages

The photographs reproduced in this catalogue comprise some extreme proportional differences: pictures of 265 cm height and 127 cm width are to be found beside another of 100 cm height and 1000 cm width. Several extremely long landscape formats called for the choice of a portrait format book (not really a paradox!). The use of gatefold pages allows for the reproduction of extremely wide pictures in acceptable sizes, and on the other hand also triptychs which can be viewed together.

The page size is divided into two parts of Golden Section proportions (80 and 130 mm) by a vertical line and its height is halved by a horizontal line. The half page height, from the right-hand edge with the large semi-circle subtracted, gives a vertical 22.5 mm from the line of the Golden Section (Fig. 1). This distance is subtracted several times from the Golden Section line towards the right, also from the horizonal centre line and from the upper and lower edges of the paper. The (left-hand) margin to the middle of the booklet measures two-thirds of 22.5 mm = 15 mm and the narrow outer margin one-third = 7.5 mm. The vertical lines determine the widths of text and pictures, though not always the lateral positions of the pictures. Column width of main text is 122.5 mm and of the quotations 87.5 mm (Fig. 2).

Abb. 1 Die Gliederung der Seite geht von der senkrechten Goldenen-Schnitt-Linie und der waagrechten Mittellinie aus.
Abb. 2 Satzspiegelschema für die rechten Seiten mit der breiten Textspalte und der etwas schmäleren Zitatenspalte. Für die linken Seiten gilt die spiegelbildliche Figur.
Abb. 3 (a–d) Beispiele der Einordnung von Abbildungen in das Liniensystem.

Fig. 1 Subdivision of the page is based on the vertical Golden Section line and the horizontal centre line.
Fig. 2 Type area diagram of the right-hand pages with wide text column and the rather narrower column for quotations. A mirror image of this pattern is used for left-hand pages.
Fig. 3 (a–d) Examples of the arrangement of pictures within the system of lines.

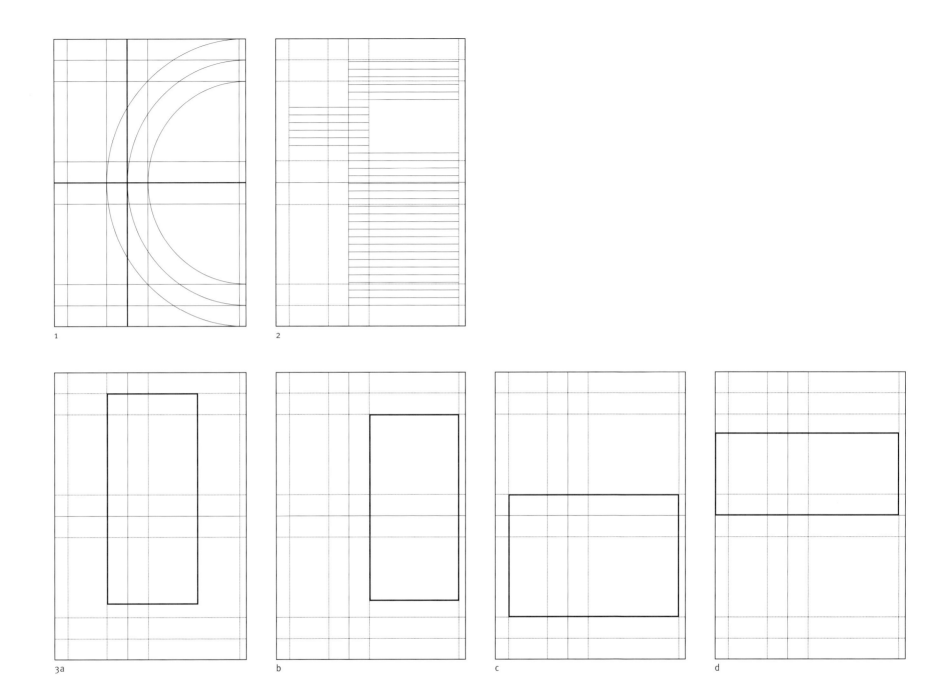

1

2

3a

b

c

d

Cécile Wick **FOTO ARBEITEN**

PATRICK FREY : DIE ATMOSPHÄREN DER DURCHLÄSSIGKEIT

4

5

6

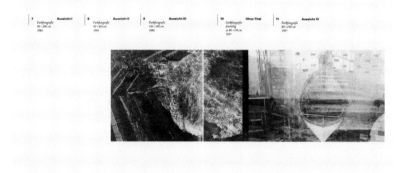

7	Aussicht I	8	Aussicht II	9	Aussicht III	10	Ohne Titel	11	Aussicht IV

12	Die Knochen I	13	Die Knochen II	14	Die Knochen III	15	Die Knochen IV

9

10

Abb. 4 bis 6 Der Innentitel und drei Textseiten. Die Zeichensetzung mit beidseitigem Abstand entspricht dem vom Autor mehr nachlässig als bewusst so mit einer Schreibmaschine geschriebenen Manuskript.

Abb. 7 bis 11 Katalogteil mit ausklappbaren Blättern für ein Triptychon und ein extrem breites Bildformat.

Fig. 4 to 6 Title page and three text pages. Setting of characters with space on each side corresponds to the author's rather careless style of typewriting.

Fig. 7 to 11 Part of catalogue with gatefold pages to accommodate triptychs and extremely wide pictures.

7

8

11

Ausstellungskatalog Alfred Leuzinger

Format 260 × 210 mm, Proportion 1:1,236, 40 Seiten

Dem ‹naiven› Maler Alfred Leuzinger standen im Bürgerheim, wo er seine späten Lebensjahre zubrachte, anscheinend nur Blätter im Format A4, 210×297 mm, zur Verfügung. Wollte er eine grössere Zeichnung anfertigen, setzte er zwei Blätter zusammen. Somit bewegen sich die meisten seiner Zeichnungen innerhalb der Proportion 1:1,414.

Das Katalogformat ist aus dem Doppelquadrat und seinem Umkreis abgeleitet (Abb. 1). Wie sich dazu die Proportion A4 der Zeichenblätter verhält, sei an zwei Konstruktionen erläutert: Mit drei Halbkreisen wurden die Rechtecke mit der Proportion 1:1,414 in einfacher, doppelter und vierfacher Grösse ermittelt. Sie stehen auf der Mittelwaagrechten des Doppelquadrats, von dem die Konstruktion ausging, und gelten für Grösse und Stand der Mehrzahl der Abbildungen (Abb. 2). Die Abbildungen der aus zwei liegenden A4-Blättern zusammengesetzten Zeichnungen (Proportion 1:2,828) sowie die hochformatigen unterschreiten diese Basis (Abb. 3). Mit diesen Konstruktionen war die Gestaltung des Katalogs weitgehend determiniert. Ein solches Vorgehen wurde durch die ausschliesslich verwendeten A4-Blätter möglich.

Alfred Leuzinger hat seine Blätter randvoll gezeichnet. Ebenso randvoll ist der Text (9,5 Punkt Egyptian Scangraphic, Zeilenabstand 7,25 mm) in das Format gestellt. Die grossen Zeilen- und Spaltenabstände verstärken diese Wirkung noch (Abb. 4). Das Motto des Katalogs – «Ich passe gut auf» – legte Alfred Leuzinger einem Ballonverkäufer – er soll gut aufpassen, dass ihm die Ballons nicht wegfliegen! – auf einer Zeichnung in den Mund (Abb. 7). Was aber hat die Fraktur mit der serifenbetonten Schrift des Katalogtextes zu tun? Wohl etwa gleich viel oder gleich wenig wie ‹Osterhasen mit Arztkitteln›, wie der Titel einer weiteren Zeichnung lautet.

Exhibition catalogue Alfred Leuzinger

Size 260 × 210 mm, proportion 1:1.236, 40 pages

It seems that only sheets of A4 paper (210×297 mm) were available to the 'naive' painter Alfred Leuzinger in his old age in the home for old people. When he wanted to make a larger drawing he joined two sheets together. Thus most of his work lies within the proportion of 1:1.414.

The catalogue format is derived from the double square and its enclosing circle (Fig. 1). The way in which the drawing sheet's proportion adheres to this is explained by means of two constructions: the rectangles with the proportion 1:1.414 are established in single, double and quadruple size by means of three semicircles. These rectangles stand on the central horizontal of the double square from which the construction was derived and they are valid for the sizes and positions of most of the illustrations (Fig. 2). The illustrations of drawings on two joined A4 sheets in landscape style (proportion 1:2.828) and of the same in portrait format fall short of this basis (Fig. 3). The design of the catalogue was largely worked out with these constructions in mind, a procedure which was made possible by the exclusive use of A4 sheets.

Alfred Leuzinger filled his drawing sheets full and the text is equally crammed into the type area (9.5 pt Scangraphic Egyptian, interline spacing 7.25 mm). Generous line-spacing and column spacing strengthen this effect still further (Fig. 4). The motto of the catalogue – "Ich passe gut auf", "I take good care" – has been put into the mouth of a balloon seller. He has to take good care that his balloons do not fly away! (Fig. 7). But what has Fraktur type to do with the slab-serif of the catalogue text? Just as much or as little as 'Easter rabbits with doctor's white coats', as the title of one of the drawings goes.

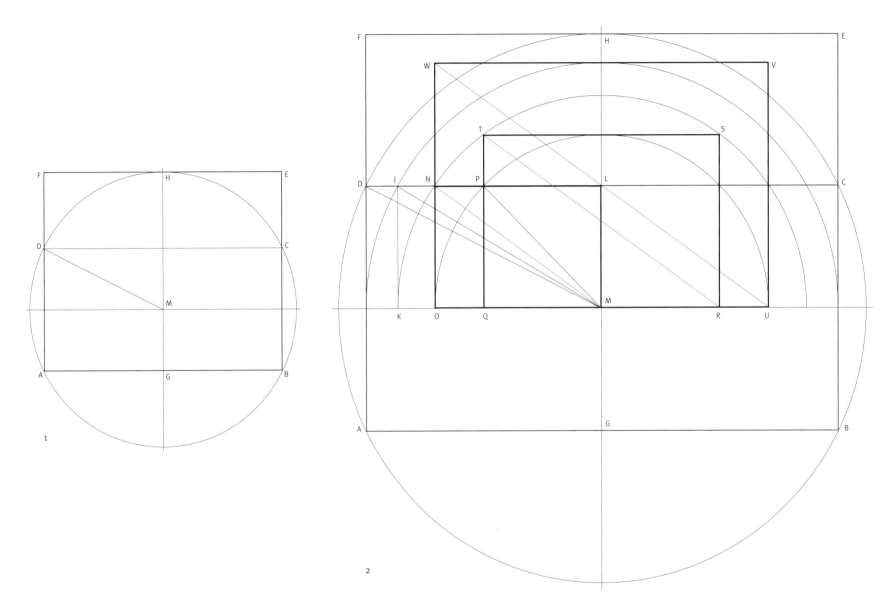

1

2

Abb. 1 Aus dem Doppelquadrat ABCD und dem Umkreis mit dem Radius MD entsteht das Rechteck ABEF (das Katalogformat), dessen Hälften AGHF und GBEH die Proportion des Goldenen Schnitts aufweisen.

Abb. 2 Der Halbkreis mit der kürzeren Doppelquadratseite AD (oder AG) als Radius ergibt den Schnittpunkt J und das Rechteck KMLJ mit der Proportion 1:√3, KM ist zugleich die Spaltenbreite. Der Halbkreis mit dem Radius MK ergibt den Schnittpunkt N und das Rechteck OMLN mit der Proportion 1:√2. Der Halbkreis mit dem Radius MO ergibt den Schnittpunkt P und das Quadrat QMLP sowie das Rechteck QRST mit der Proportion 1:√2. Das Rechteck OUVW mit der Proportion 1:√2 hat die doppelte Fläche des Rechtecks QRST und die vierfache des Rechtecks OMLN.

Fig. 1 From the double square ABCD and the surrounding circle with the radius MD comes the rectangle ABEF (the catalogue format), whose halves AGHF and GBEH have the proportions of the Golden Section.

Fig. 2 The semicircle with the shorter side of the double square AD (or AG) as its radius gives the point of intersection J and the rectangle KMLJ with the proportion 1:√3, KM also being the column width. The semicircle with the radius MK gives the point of intersection N and the rectangle OMLN with the proportion 1:√2. The semicircle with the radius MO gives the point of intersection P and both the square QMLP and the rectangle QRST with the proportion 1:√2. The rectangle OUVW with the proportion 1:√2 has twice the area of the rectangle QRST and four times that of the rectangle OMLN.

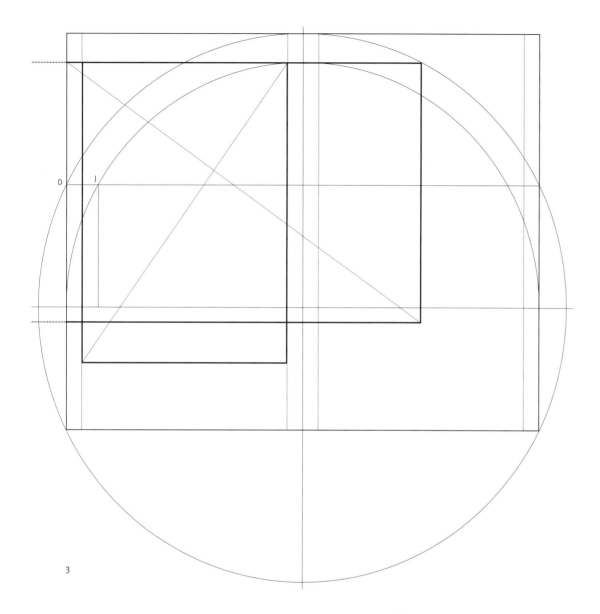

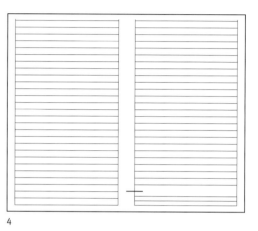

3

4

Abb. 3 Die Halbierung der Strecke DJ ergibt den Anschlag für die hochformatigen Abbildungen (kleines Rechteck) und für die linke Textspalte. Das
grosse liegende Rechteck bildet die eine Hälfte der doppelseitigen Abbildungen, die aus zwei liegenden A4-Blättern zusammengesetzt sind.
Abb. 4 Schema des zweispaltigen Satzspiegels.

Fig. 3 Halving the line DJ produces the start for the portrait-format
illustrations (small rectangle) and for the left-hand text column. The large
landscape rectangle makes one half of the double-page illustrations, which
are formed from two adjacent A4 sheets in landscape style.
Fig. 4 Diagram of the two-column type area.

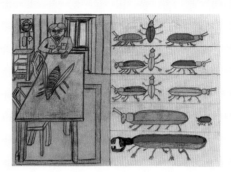

„Ich passe gut auf." · Alfred Leuzinger · Zeichnungen

5

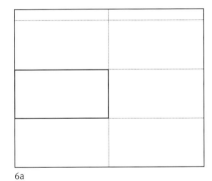

6a

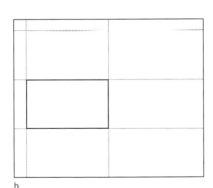

b

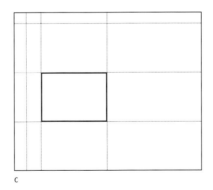

c

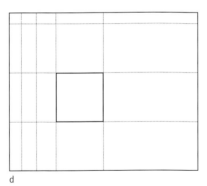

d

Abb. 5 Umschlag, Vorder- und Rückseite.

Abb. 6 (a–d) Die in der zweiten Konstruktionszeichnung (Abb. 2) ermittelten Rechtecke mit den Proportionen 1:√4 = 1:2, 1:√3 = 1:1,732 und 1:√2 = 1:1,414 (das kleinste Abbildungsformat) sowie das Quadrat. (Diese und die folgenden Zeichnungen: Massstab 1:5).

Fig. 5 Front and back cover pages.

Fig. 6 (a–d) The rectangles obtained from the second construction drawing (Fig. 2) with the proportions 1:√4 = 1:2, 1:√3 = 1:1.732 and 1:√2 = 1:1.414 (the smallest picture size) and the square (this and the following drawings are to the scale of 1:5).

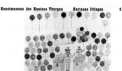

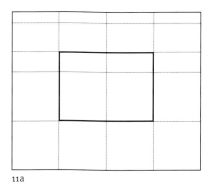

7

8

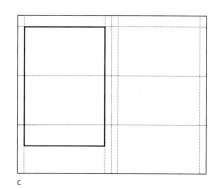

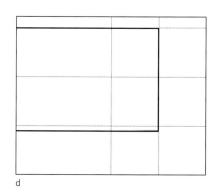

11a

b

c

d

Abb. 7 Doppelseite mit der Zeichnung des Ballonverkäufers, in die Leuzinger den Ausspruch «Ich passe gut auf» schrieb.

Abb. 8 bis 10 Doppelseiten mit Text und Abbildungen.

Abb. 11 (a–d) Weitere Abbildungsformate mit der Proportion 1 : √2 (a–c) und die Hälfte der doppelseitigen Abbildungen mit der Proportion 1 : 2,828 = 1 : 1,414 (d).

Abb. 12 (a–d) Die Abbildungen der von der Proportion 1 : √2 abweichenden Blätter sind möglichst gut in das Rastersystem integriert.

Fig. 7 Double page with drawing of balloon-seller, in whose mouth Leuzinger put the words "I take good care".

Fig. 8 to 10 Double pages with text and pictures.

Fig. 11 (a–d) Further illustration formats with the proportion 1 : √2 (a–c) and half of the double-page pictures with the proportion 1 : 2.828 = 1 : 1.414 (d).

Fig. 12 (a–d) The pictures on the leaves which deviate from the proportion 1 : √2 have been fairly well integrated into the grid system.

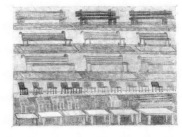

Panorama mit Bbanbedatübergang, o.J. Bleistift, Kugelschreiber, Farbatift auf Papier, 74.5 × 59.5 cm
Sammlung John, Wittenbach

9   10

Bartenhände, o.J. Kugelschreiber, Farbstift auf Papier, 45.5 × 56.5 cm
Sammlung Dietmel, Stockhorn, Leihgabe im Museum im Lagerhaus, St. Gallen

Hühnerhof (print), o.J. Kugelschreiber, Farbstift auf Papier, 75.5 × 59.5 cm
Sammlung John, Wittenbach

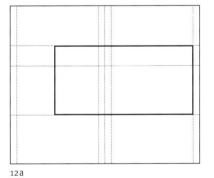

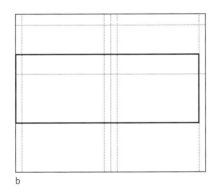

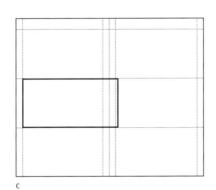

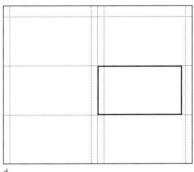

12a   b   c   d

Plakat Man Ray, Bazaar Years, Kartause Ittingen

Format 90,5 × 128 cm, Proportion 1:1,414

Das Format ist in der Breite und in der Höhe in Module von 90,5 mm beziehungsweise 45,25 mm eingeteilt. In der Höhe bleibt ein Rest von 13 mm, der der Abbildung hinzugerechnet ist: $14 \times 90,5 = 1267 + 13 = 1280$ mm (Abb. 1). Das kleinere Modul von 45,25 mm ist zusätzlich noch in Hälften und Drittel unterteilt (gestrichelte Linien), nach denen Grösse und Stand der kleinen Schriftzeilen und Textgruppen festgelegt sind (Abb. 2). Die Majuskeln MAN RAY haben die Höhe von drei Modulen zu 45,25 mm, die senkrechte Zeile am rechten Rand hat die Höhe von zwei Drittel des kleinen Moduls. Alle Elemente – die Abbildung, die Texte und die schwarze Fläche – fügen sich kompromisslos in das Liniennetz, ohne dass das Plakat seine ‹Freiheit› oder die ‹freischwebende› Form verliert. Ich erinnere hier an den Satz von Karl Gerstner (siehe S. 19f): «Der typographische Raster [...] ist ein formales Programm a priori für x unbekannte Inhalte. Die Schwierigkeit dabei: die Balance zu finden, das Maximum an Gesetzlichkeit bei einem Maximum an Freiheit.»

Poster Man Ray, Bazaar Years, Kartause Ittingen

Size 90.5 × 128 cm, proportion 1:1.414

In its width and height the sheet size is divided into modules of 90.5 and 45.25 mm respectively. In the height there is a remainder of 13 mm, which is allocated to the picture: $14 \times 90.5 = 1267 + 13 = 1280$ mm (Fig. 1). The smaller module of 45.25 mm is additionally divided into halves and thirds (dotted lines), according to which the size and position of the small type lines and text groups are established (Fig. 2). The name MAN RAY in capital letters has the height of three modules of 45.25 mm, while the vertical line at the right-hand edge has the height of two-thirds of the small module. All the elements – picture, texts and black area – fit uncompromisingly into the network of lines, without any loss of 'freedom' in the poster and its 'freely suspended' form. This reminds me of a statement by Karl Gerstner (see p. 18): "The typographic grid [...] is an *a priori* programme for a content as yet unknown. The difficulty lies in finding the balance between maximum formality and maximum freedom."

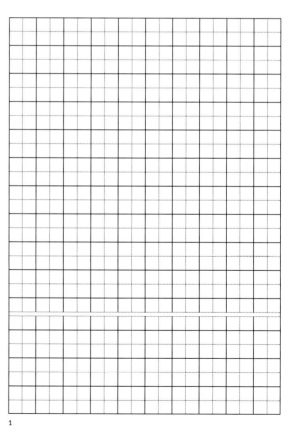

1

2

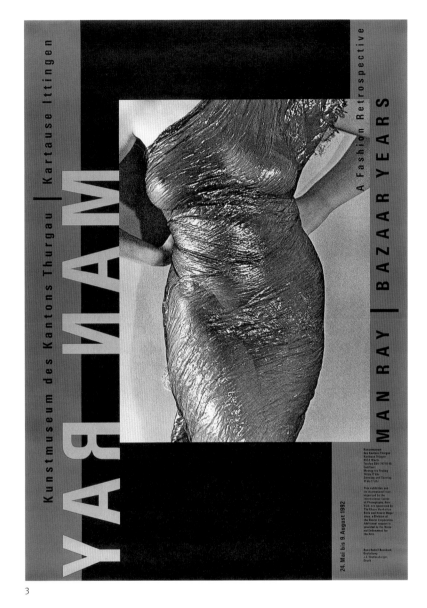

3

Abb. 1 Das auf dem zehnten Teil der Plakatbreite aufgebaute Modul von 90,5×90,5 mm und das kleinere Modul mit 45,25 mm Seitenlänge.

Abb. 2 Das Liniennetz, das alle Teile des Plakats – die Grösse der Abbildung, die Texte und die schwarze Fläche – ordnet.

Abb. 3 Plakat Man Ray, Bazaar Years, Kunstmuseum des Kantons Thurgau, Kartause Ittingen, Offsetdruck, dreifarbig (Foto Heinz Unger).

Fig. 1 The module of 90.5 × 90.5 mm built on the tenth part of the poster's width and the smaller module with side length of 45.25 mm.

Fig. 2 The network of lines which organizes all parts of the poster – picture size, texts and black area.

Fig. 3 Man Ray poster, Bazaar Years, Art Museum of the Canton of Thurgau, Kartause Ittingen, three-colour offset printing (Photo Heinz Unger).

Einladungskarten, Kartause Ittingen

Format 210 × 147 mm, Proportion 1:1,414

Das Format ist in zwölf Felder von je 66×33 mm mit 3 mm Abstand und 3 mm Rand eingeteilt (Abb. 2). Kopiert man die Schauseiten der Ausstellungskarten ineinander, entsteht (in der Reihenfolge Cécile Wick, Richard Avedon, Wladimir Spacek) folgendes Bild (Abb. 3): Die Künstlernamen, die auf die Breite eines Rasterfeldes gesperrt sind, laufen auf der Mittelwaagrechten über das ganze Format hin. Die Abbildungen in der Breite eines Rasterfeldes beschreiben eine Drehbewegung im Uhrzeigersinn, stehen jedoch nicht strikt in einem Rasterfeld. Der Stand der Titelzeilen richtet sich nach den Abbildungen der jeweils nächsten Karte: ‹Fotoarbeiten› (Wick) nach der Unterkante der Fotografie von Richard Avedon, ‹Porträts› (Avedon) nach der Oberkante der Fotografie von Wladimir Spacek, ‹Innenzeit› (Spacek) nach der Unterkante der Fotografie von Cécile Wick. Die grossen Textgruppen auf der Rückseite stehen an demselben Ort wie die Fotografien. Die kleinen Textgruppen richten sich, wie die Ausstellungstitel, nach der Abbildung der jeweils nächsten Karte. Die Gestaltung aller vier Karten folgt einer präzisen Partitur, dennoch entsteht der Eindruck einer spielerisch arrangierten Typografie.

Invitation cards, Kartause Ittingen

Size 210 × 147 mm, proportion 1:1.414

The format is divided into twelve areas of 66 × 33 mm with 3 mm intervals and 3 mm margin (Fig. 2). When the recto sides of the exhibition cards are copied into one another, there appears (in the sequence Cécile Wick, Richard Avedon, Vladimir Spacek) the following image (Fig. 3): the artists' names, spaced across the width of a grid field, run across the central horizontal of the whole format. The images in the width of a grid field describe a turning motion in clockwise direction but do not stand strictly in a grid field. The positions of the headlines are determined by the images of the following cards: 'Fotoarbeiten' ('Photographic works' – Wick) after the lower edge of Richard Avedon's photograph, 'Portraits' (Avedon) after the upper edge of the photograph of Vladimir Spacek, 'Innenzeit' ('Interior time' – Spacek) after the lower edge of the photograph of Cécile Wick. The large text blocks on the back occupy the same space as the photographs. The small text blocks, like the exhibition title, comply with the image of the next card in line. The design of all four cards follows a precise pattern and yet the impression is given of playfully arranged typography.

Abb. 1 (a–g) Die Ausstellungskarten sind beidseitig bedruckt, die Karte für die besonderen Veranstaltungen einseitig; alle typografischen Elemente beziehen sich auf das Rasterkonzept.
Abb. 2 Der zwölfteilige Raster mit dem Stand der Abbildungen.
Abb. 3 Das formale Konzept wird deutlich, wenn Texte und Abbildungen aller drei Karten zusammengefügt werden.

Fig. 1 (a–g) The exhibition cards are printed on both sides and the card for the particular events on one side only; all the typographical elements relate to the grid concept.
Fig. 2 The twelve-part grid with the positions of the pictures.
Fig. 3 The formal concept becomes clear when the texts and pictures of all three cards are put together.

CECILE WICK

FOTOARBEITEN

RICHARD AVEDON

PORTRAITS

INNENZEIT

VLADIMIR SPACEK

Fotoarbeiten
CECILE WICK
Kunstmuseum des Kantons Thurgau
Kartause Ittingen
Ausstellungskeller 2, 3
Grafikhaus

30. September bis 2. Dezember 1990
Geöffnet
Montag bis Freitag 14 bis 17 Uhr
Samstag, Sonntag 11 bis 17 Uhr

Eröffnung der drei Ausstellungen
Cécile Wick, Fotoarbeiten
Richard Avedon, Portraits
Vladimir Spacek, Innenzeit
Sonntag, 30. September, 11 Uhr

Einleitende Worte
Elisabeth Grossmann, Konservatorin

Öffentliche Führungen jeweils
Sonntag, 14 Uhr
14., 28. Oktober, 11., 25. November

Kunstmuseum des Kantons Thurgau
Kartause Ittingen
8532 Warth
Telefon 054-21 69 67

Portraits
RICHARD AVEDON
Kunstmuseum des Kantons Thurgau
Kartause Ittingen
Ausstellungskeller 1

30. September bis 2. Dezember 1990
Geöffnet
Montag bis Freitag 14 bis 17 Uhr
Samstag, Sonntag 11 bis 17 Uhr

Eröffnung der drei Ausstellungen
Cécile Wick, Fotoarbeiten
Richard Avedon, Portraits
Vladimir Spacek, Innenzeit
Sonntag, 30. September, 11 Uhr

Einleitende Worte
Elisabeth Grossmann, Konservatorin

Öffentliche Führungen jeweils
Sonntag, 14 Uhr
14., 28. Oktober, 11., 25. November

Kunstmuseum des Kantons Thurgau
Kartause Ittingen
8532 Warth
Telefon 054-21 69 67

Innenzeit
VLADIMIR SPACEK
Kunstmuseum des Kantons Thurgau
Kartause Ittingen
Kreuzgang

30. September bis 2. Dezember 1990
Geöffnet
Montag bis Freitag 14 bis 17 Uhr
Samstag, Sonntag 11 bis 17 Uhr

Eröffnung der drei Ausstellungen
Cécile Wick, Fotoarbeiten
Richard Avedon, Portraits
Vladimir Spacek, Innenzeit
Sonntag, 30. September, 11 Uhr

Einleitende Worte
Elisabeth Grossmann, Konservatorin

Öffentliche Führungen jeweils
Sonntag, 14 Uhr
14., 28. Oktober, 11., 25. November

Kunstmuseum des Kantons Thurgau
Kartause Ittingen
8532 Warth
Telefon 054-21 69 67

Veranstaltungen Oktober / November 1990

experimentelle **Musik**

experimenteller **Tanz**

experimentelles **Theater**

1a, b   c, d   e, f   g

2   3

INNENZEIT

CECILE WICK RICHARD AVEDON VLADIMIR SPACEK

PORTRAITS

FOTOARBEITEN

Ausstellungskataloge Markus Dulk, Gisela Kleinlein

Format 210 × 297 mm, Proportion 1:1,414, 40 und 36 Seiten

Obschon die Arbeiten der in einer Doppelausstellung gezeigten Künstler nichts gemeinsam haben, sollten die beiden Kataloge einerseits ähnlich gestaltet sein, andrerseits sich in Einzelheiten unterscheiden. So sind etwa die Flächen auf den Umschlägen im gleichen Grauton gedruckt, aber in der Form verschieden. Beim Katalog für Markus Dulk wurde die Univers, beim Katalog für Gisela Kleinlein die Synchron von Scangraphic verwendet.

Beiden Katalogen liegt das gleiche symmetrische Gitter zugrunde, das auf der fortwährenden Teilung des Papierformats im Verhältnis 1:1,414 basiert (Abb. 1a–f). Die Gliederung des Papierformats weist somit die gleichen Proportionen auf wie das Katalogformat. Nicht nur die Spaltenbreiten sind unterschiedlich, sondern auch die Einzüge der ersten beiden Zeilen eines Absatzes an der rechten Satzkante – beim Katalog Gisela Kleinlein auch der Raum für die textbegleitenden Abbildungen – sowie die Länge der über die linke Satzkante hinausragenden Anfangszeilen (Abb. 2, 3). Das Zeilenregister ist mit 7,2 mm vom unteren Blattrand aus bis an den oberen Blattrand geführt, der Text nimmt fast die ganze Blatthöhe ein.

Die Abbildungsgrössen der Werke von Markus Dulk richten sich entweder nach zwei senkrechten Linien (so dass sich aus der gegebenen Breite durch die Proportion des Bildes die Höhe ergibt), oder nach zwei waagrechten (so dass sich aus der gegebenen Höhe die Breite ergibt). Bei den Abbildungen im Katalog Gisela Kleinlein richten sich beide Dimensionen nach dem Liniengitter, da fotografische Raumaufnahmen meistens geringfügig beschnitten werden können.

Exhibition catalogues Markus Dulk, Gisela Kleinlein

Size 210 × 297 mm, proportion 1:1.414, 40 und 36 pages

Although the works of the two artists shown in this double exhibition have nothing in common, the two catalogues needed to be similarly designed, while differing in detail. For example, the solid areas on the two covers are of the same grey tone but different in shape. Univers was the typeface used in the catalogue for Markus Dulk, Scangraphic Synchron for Gisela Kleinlein.

The same symmetrical grid forms the basis of both catalogues. It is based on the continuous division of the paper size in the ratio of 1:1.414 (Fig. 1a–f). Thus the division of the page size follows the same proportions as the catalogue format. Not only are the column widths different but so are the indents of the first two lines of a paragraph at the right-hand edge of the typesetting and the length of the first line extending beyond the left-hand margin. In the Gisela Kleinlein catalogue the space allocated for the pictures accompanying the text is also different (Fig. 2, 3). At 7.2 mm the type line register (interline spacing) follows from the lower edge of the page to the upper edge, the text taking in almost the entire height of the page.

The sizes of the pictures of works by Markus Dulk are related either to two vertical lines (thus giving the height from the width through the proportion of the picture) or two horizontals (giving the width from the height). With the pictures in the Gisela Kleinlein catalogue, both dimensions are related to the grid lines, since spatial photographic room shots generally do not allow for much cropping.

Abb. 1 (a–f) Das Liniengitter basiert auf der fortlaufenden Teilung des Blattformats im Verhältnis 1:1,414.

Abb. 2 Satzspiegelschema des Katalogs Markus Dulk. Der Satzspiegel ist aus der Mitte heraus nach rechts versetzt, so dass die Symmetrie aufgehoben wird.

Abb. 3 Satzspiegelschema des Katalogs Gisela Kleinlein. Der Satzspiegel steht in der Blattmitte, die vorstehenden Anfangszeilen sowie die kleinen Abbildungen geben den Textseiten asymmetrischen Charakter.

Fig. 1 (a–f) The grid is based on the continuous division of the page size in the proportion 1:1.414.

Fig. 2 Type area diagram of the Markus Dulk catalogue. The area is displaced to the right from the centre, to emphasize its symmetry.

Fig. 3 Type area diagram of the Gisela Kleinlein catalogue. The area is in the middle of the page, where the projecting first lines and the small illustrations give the text pages an asymmetric character.

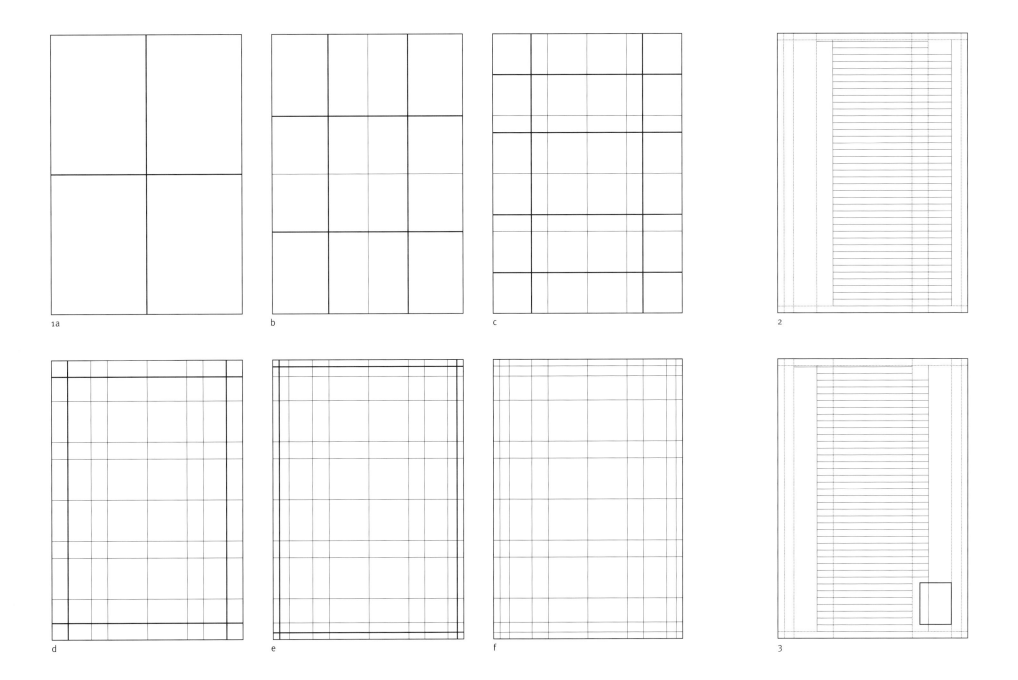

1a b c 2

d e f 3

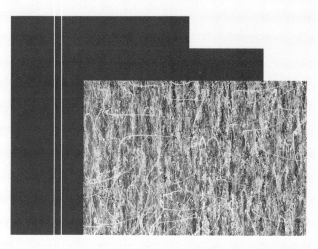

MARKUS DULK

GISELA KLEINLEIN

4

5

Abb. 4 und 5 Die beiden Katalogumschläge.

Abb. 6 bis 10 Katalog Markus Dulk: vier Doppelseiten sowie eine Doppelseite mit ausklappbarem Blatt (obere Reihe, S. 85-87).

Abb. 11 bis 16 Katalog Gisela Kleinlein: Vier Textseiten mit begleitenden Archivabbildungen, drei Doppelseiten mit Abbildungen aus der Ausstellung, eine Doppelseite Anhang (untere Reihe, S. 85-87).

Fig. 4 and 5 The two catalogue covers.

Fig. 6 to 10 Markus Dulk catalogue: four double pages and one with gatefold (top row, pp. 85-87).

Fig. 11 to 16 Gisela Kleinlein catalogue: four text pages with accompanying archive pictures, three double pages with pictures from the exhibition and one double page from the appendix (lower row, pp. 85-87).

1988 Tod des Empedokles, Öl auf Papier, 60 × 42 cm   Galerie Georg Nothelfer, Berlin
1988 Astma, Öl auf Papier, 60 × 42 cm   Galerie Georg Nothelfer, Berlin
1991 Schlussnofer, Öl auf Papier, 59,5 × 80,5 cm

6

«... wie Reisen im Kopf»

ELISABETH GROSSMANN

7

11

Bedienungsanleitung in die Irre

BEATRIX RUF

12

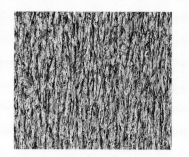

1990/91 Echo II Acryl, Ölkreide auf Baumwolle, 165 × 180 cm

1990 Nordland II Acryl auf Baumwolle, 165 × 185 cm

8

Das die Fläche überziehende Liniengeflecht zeigt zwar nicht mehr die Zellenstruktur früherer Bilder – aber noch es verrät seine Enstehung aus der Gestik des Schreibens heraus. Am Anfang stand so oder so das leere Papier – die Mühe, darauf den ersten Strich zu setzen, als Beginn eines langwierigen Schaffensprozesses. Wie dieser auf einem immer dichter beschriebenen Manuskriptblatt im ständigen Verwerfen und Neubeginnen schließlich sinnliche Anschaulichkeit gewinnt, läßt umgekehrt das vollendete Bild die geleisteten Kräfte, die zu ihm hinführten, spürbar werden. Der Künstler selber braucht dafür die Metapher vom leeren Glas, das, einmal gefüllt, von neuem geleert wird – und nun doch etwas ganz Anderes ist als zuvor, indem sein Inhalt dem, der es ausgetrunken hat, neue Kraft zuführte und so in ihm weiterlebt.

Denn Grau ist nicht gleich Grau – in diesem Fall keine neutrale Grundierung, sondern das Ergebnis einer stetigen malerischen Verdichtung, einer Konzentration auf das Wesentliche, dank welcher der vielschichtige Farbauftrag so etwas wie atmende Sinnlichkeit gewinnt. Und so sind die in ihm geborgenen Energien, die sich nun in spontaner Gestik befreien, alle erlittene Mühsal zur reinen Linie verwandelnd. Schon der Titel des Bildes verweist einmal mehr auf Ovids in ihrem mythischen Gehalt zeitlos-aktuelle «Metamorphosen», wo das Schicksal der Nymphe Echo in körperlosen Lauten weiterlebt.

Die Dialektik von Vorder- und Hintergrund, die dem Bild seine Spannung verleiht, spiegelt ebensosehr seine Entstehung wie sie ihm eine Vielzahl von möglichen Deutungen eröffnet. Es ist der Grund des Seins, von dem und aus dem heraus sich das tägliche Leben entfaltet, so ist die Erfahrung der Welt, deren Verinnerlichung und Vergeistigung in den bewegten Augenblick mündet, so ist die Erdenschwere, aus der sich die vitale Daseinsfreude befreit. Und so ist nicht zuletzt die Mühsal der (künstlerischen) Arbeit, die schließlich mit dem Glück der Vollendung belohnt wird.

9

Ohne Titel 1991 Eisen, Kerbun, 134,5 × 134,5 × 41,5 cm

Ohne Titel 1990 Sperrholz, Pigment, Tusche, 58 × 105 × 37,5 cm

13

Ohne Titel 1990 Eisen, Polyester, 125 × 165 × 27 cm Sammlung Galerie Carla Stützer, Köln

Ohne Titel 1990 Eisen, Polyester, 150 × 160 × 43 cm Sammlung Jürgen Bolz, Mülheim/Ruhr

14

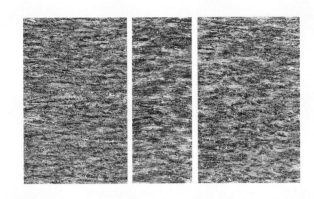

1990/91 Wintergarten Acryl auf Baumwolle, dreiteilig, 185 × 120, 185 × 70, 185 × 120 cm

10

Ohne Titel 1991 Eisen, Paraffin, 75 × 190 × 190 cm

15

16

Ausstellungskatalog Thomas Müllenbach

Format 210 × 305 mm, Proportion 1:1,454, 64 Seiten

In dieser Ausstellung wurden in sich geschlossene Gruppen von Zeichnungen mit jeweils gleichem Papierformat sowie einige Objekte und eine Rauminstallation gezeigt. Die Gestaltung des Katalogs basiert, ausgehend von den drei Formatgruppen der Zeichnungen und von der Proportion 4:5 der Raumaufnahmen, auf den einfachsten proportionalen Grundlagen.

Das Papierformat ist seitlich in acht Teile von 26 mm und in der Höhe in sechzehn Teile von 19 mm gegliedert; kleine Reste bleiben unberücksichtigt (Abb. 1). Dieses Modul bestimmt die Breite und die Höhe der Textspalten. Der Grundtext ist 11 Punkt Bembo, der Zeilenabstand beträgt 5,74 mm (Abb. 2, 3). Die Abbildungen der Rauminstallation und der Objekte sind an der Oberkante des dritten Moduls angeschlagen, ihre Breiten betragen vier, fünf und sieben Module (Abb. 6). Die Zeichnungen sind je nach ihrer Höhe an der Oberkante des zweiten, dritten oder vierten Moduls angeschlagen (Abb. 7). Alle Texte und Abbildungen sind seitlich in die Formatmitte gestellt. Die Zeichnungen der Grösse 190×117 cm sind mit 10%, die Zeichnungen der Grösse 88×62 cm mit 15% ihrer wirklichen Dimension abgebildet. Die Zeichnungen der dritten Gruppe, die mit der Schere frei aus grösseren Papierbogen geschnitten sind, haben variable Grössen von etwa 40×48 cm und sind mit rund 20% ihrer wirklichen Grösse abgebildet.

Exhibition catalogue Thomas Müllenbach

Size 210 × 305 mm, proportion 1:1.454, 64 pages

In this exhibition, self-contained groups of drawings with uniform paper sizes were shown, together with a few objects and a room installation. The design of the catalogue is based on the simplest proportional data, proceeding from the three paper sizes of the drawings and the 4:5 proportion of the room shots.

The page size is divided laterally into eight parts of 26 mm and vertically into sixteen parts of 19 mm, no account being taken of small remainders (Fig. 1). This module governs the width and height of the text columns. The main text is in 11 pt Bembo with line spacing of 5.74 mm (Fig. 2, 3). The pictures of the room installation and the objects are aligned against the upper edge of the third module, their widths being of four, five and seven modules (Fig. 6). The drawings, depending on their height, are aligned against the upper edge of the second, third or fourth module (Fig. 7). All texts and pictures are laterally positioned in the centre of the format. Drawings with original sizes of 190 × 117 cm and 88 × 62 cm are reproduced at 10% and 15% of their respective sizes. Drawings of the third group, cut freehand with scissors from large sheets of paper, have variable sizes of around 40×48 cm and are reproduced at 20% of their real size.

Abb. 1 Das Katalogformat 210×305 mm ist in 128 Einheiten oder Module von 26×19 mm eingeteilt (kleine Reste bleiben unberücksichtigt).

Abb. 2 und 3 Satzspiegelschemen in der Breite von vier Modulen für die Einleitung und in der Breite von fünf Modulen für den Text zu Müllenbachs Arbeiten.

Abb. 4 Umschlag, Klappbroschur. Farben: Schwarz und Braun.

Abb. 5 Einleitung, Textbreite vier Module.

Abb. 6 Textseite, auf die Breite von fünf Modulen gesetzt.

Fig. 1 The catalogue size of 210×305 mm is divided into 128 units or 'modules' of 26 × 19 mm, without regard to any small remainders.

Fig. 2 and 3 Type area diagrams in the width of four modules for the Introduction and five for the texts accompanying Müllenbach's works.

Fig. 4 Cover, booklet with flap. Colours: black and brown.

Fig. 5 Introduction, text width equals four modules.

Fig. 6 Text page set to the width of five modules.

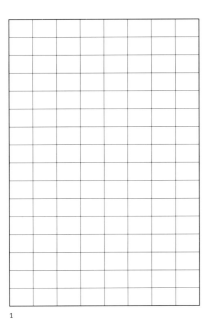

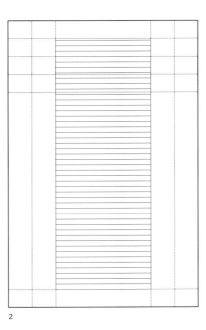

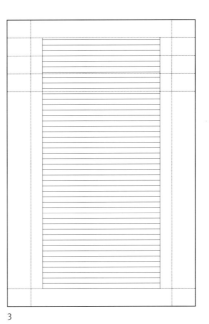

1

2

3

THOMAS MÜLLENBACH QUERLÄUFER

4

5

6

»QUERLÄUFER«

In Virginia Woolfs Roman »Die Fahrt zum Leuchtturm« verliert die besch:weise ausweisende Malerin Lilly Briscoe ein für allemal den Glauben an die Unschuld einer Küchentische: »Daran war Andrew [Ramsay] schuld. Sie hatte ihn gefragt, woven die Bücher seines Vaters handelten. »Vom Subjekt und Objekt und dem Wesen der Wirklichkeit«, hatte er geantwortet, und als sie sagte, Himmel, sie habe keine Ahnung, was das bedeute, »dann stellen Sie sich einen Küchentisch vor«, hatte er geantwortet, »wenn Sie selbst gar nicht da sind«.

Auch für Thomas Müllenbach hat der Küchentisch längst seine Unschuld verloren. Als Künstler der Gegenwart ist er im Umgang mit den Dingen und ihren Permutationsmöglichkeiten auf verschiedenem Ebenen vertraut. Die Realität ist längst nicht mehr jener gesicherte Haltegriff, der die Dinge als solche definiert und sie den vereinbarten Funktionen zuführt: auch das System ist aus den Fugen geraten. Die Frage ist nicht nur, ob ein Küchentisch ein Küchentisch ist, sondern auch wann und wo er ein Küchentisch ist. Und falls er ist, wann und wo, was daraus folgert.

[...]

ELISABETH GROSSMANN

VOM FALSCHEN BILD IN DER WAHREN LINEATUR DER ZEICHNUNG

[...]

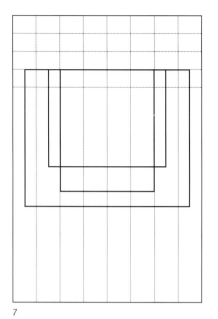

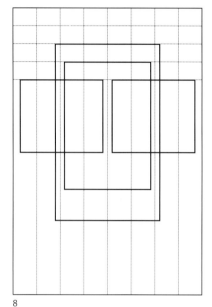

7

8

Ohne Titel, 1988
Graphit auf Papier
130×112 cm

Courtesy Brandstetter & Wyss, Zürich

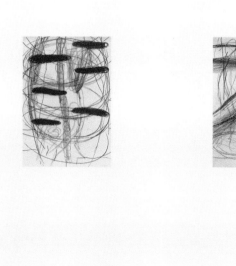

11

12

Abb. 7 Schema für die Abbildungen der Raumaufnahmen und Objekte. Die Breiten richten sich nach dem Modul, ihre Höhen nach dem Verhältnis des Planfilmformats 4×5 Inch (Zoll).

Abb. 8 Die Zeichnungen sind je nach ihrer Grösse am zweiten, dritten oder vierten Modul angeschlagen und seitlich in die Mitte gestellt.

Abb. 9 bis 13 Fünf Doppelseiten mit Abbildungen.

Fig. 7 Diagram for the illustrations of room shots and the objects. The widths relate to the module and the heights to the ratio of the flat film size of 4×5 Inches.

Fig. 8 Depending on size, the drawings are pushed up against the second, third or fourth module and laterally centred.

Fig. 9 to 13 Five double pages with illustrations.

Querlaufer, 1992
Linoleum, Teppich, Eisen
320 x 400 x 200 cm

Drei Doppelgriffe, 1992
Schaumstoff
95 x 28 x 16 cm

(Raumaufnahme Kartause Ittingen)

Sitzstück, 1991
Schaumstoff, Blech, Gummi
12 x 35 x 13 cm

9

10

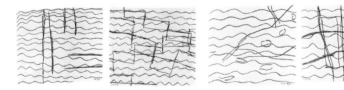

13

**Lotte Schilder Bär, Christoph Bignens (Hg.): Hüllen füllen
Katalogbuch**

Format 240 × 300 mm, Proportion 1:1,25, 184 Seiten

Das Rastersystem dieses Katalogbuches geht von der Teilung der Blattbreite in Halbe, Drittel, Viertel und Fünftel aus (Abb. 1). Die Differenz der Drei- und der Vierteilung = 20 mm ergibt den Papierrand im Bund, die Differenz der Vier- und der Fünfteilung = 12 mm den Spaltenabstand (Abb. 2). Die Breite der Hauptspalten beträgt 74 mm; zwei Spalten inklusive Zwischenraum nehmen zwei Drittel der Blattbreite = 160 mm ein (Abb. 3). Der dreispaltige Text gliedert die Blattbreite in Viertel von 60 mm; der Bund beträgt hier, wie der Spaltenabstand, 12 mm; eine vierte Spalte, die bis zum Papierrand reicht, ist nur für Abbildungen verwendbar (Abb. 4, 7). Der vierspaltige Text gliedert die Blattbreite in Fünftel von 48 mm; der Bund beträgt 48 mm; eine fünfte Spalte ist nur für Abbildungen verwendbar (Abb. 5, 8). Die Legendenspalten führen über den unteren Satzspiegelrand hinaus (Abb. 3).

Die in den Abbildungen 6 bis 8 dargestellten Rastersysteme zeigen nur rudimentär die möglichen Abbildungsgrössen. Die Rasterfelder korrespondieren zwar mit dem Zeilenregister der Hauptspalten von 5 mm, decken sich aber seitlich nur teilweise mit den Textspalten. Dieses stark divergierende Spalten- und Rastersystem erzeugt eine Vielzahl räumlicher Differenzierungen und somit eine gewisse Unruhe – positiv ausgedrückt: Lebendigkeit – des Seitenbildes. In der Rezeption ist das Rastersystem denn auch nur schwer nachzuvollziehen, um so mehr, als es sehr frei gehandhabt wurde.

Grundtext 8,5 Punkt Frutiger schmalhalbfett, Zeilenabstand 5 mm; Bildlegenden, Anmerkungen und Anhangtexte 6,1 Punkt, Zeilenabstand 3,75 mm. Die Titel der Textbeiträge und die Rubriktitel sowie die Auszeichnungen in den Bildlegenden sind in Franklin Gothic gesetzt.

**Lotte Schilder Bär, Christoph Bignens (ed.): Filling packs
catalogue book**

Size 240 × 300 mm, proportion 1:1.25, 184 pages

The grid system of this catalogue book comes from the division of the page width into two, three, four and five parts (Fig. 1). The difference between the third and fourth divisions gives the width of the inner margin (20 mm) and the difference between the fourth and fifth gives the space between columns (12 mm) – see Fig. 2. The width of the main column is 74 mm and two columns including the space between them add up to 160 mm, which is two-thirds of the page width (Fig. 3). The three-column text divides the page width into quarters of 60 mm; here the inner margin, like the space between columns, is 12 mm. A fourth column, which reaches to the edge of the paper, can be used only for illustrations (Figs 4, 7). Four-column text divides the page width into fifths of 48 mm with a 48 mm inner margin; here a fifth column is also usable only for illustrations (Figs 5, 8). The columns for captions extend beyond the lower edge of the type area (Fig. 3).

The grid systems shown in Figures 6 to 8 give only a rudimentary idea of the possible sizes of illustrations. The grid fields certainly correspond with the type line register of the main columns (5 mm) but laterally they only partly cover the text columns. This strongly divergent column and grid system produces a multitude of spatial differences and thereby a certain disquiet (more positively called 'liveliness') in the page image. The grid system is hard to appreciate, all the more so since it is very freely treated.

Main text 8.5 pt Frutiger bold condensed, interline spacing 5 mm; captions, notes and appendices 6.1 pt, interline spacing 3.75 mm. The headings for the text contributions and the sub-headings, together with the display matter in the captions, are set in Franklin Gothic.

Abb. 1 Teilung der Blattbreite mit Diagonalen in Zweitel, Drittel, Viertel und Fünftel (siehe Abb. 12, Seite 179).
Abb. 2 Das aus der Blattteilung abgeleitete Spaltensystem.
Abb. 3 Satzspiegelschema mit Zeilenregister für die Haupttexte und die in einer schmalen, etwas höheren Spalte untergebrachten Bildlegenden.

Fig. 1 Diagonal division of the page width into two three, four and five parts (see Fig. 12, p. 179).
Fig. 2 The system of columns derived from the division of the page.
Fig. 3 Type area diagram with type line register for the main texts and captions, the latter being accommodated in a narrow, rather higher column.

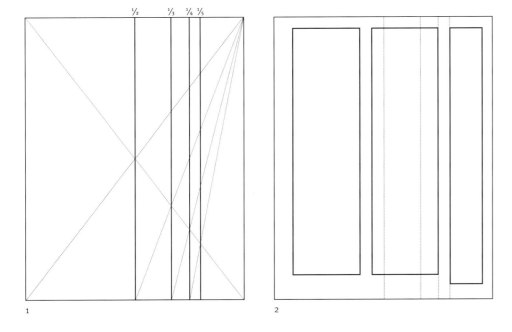

1

2

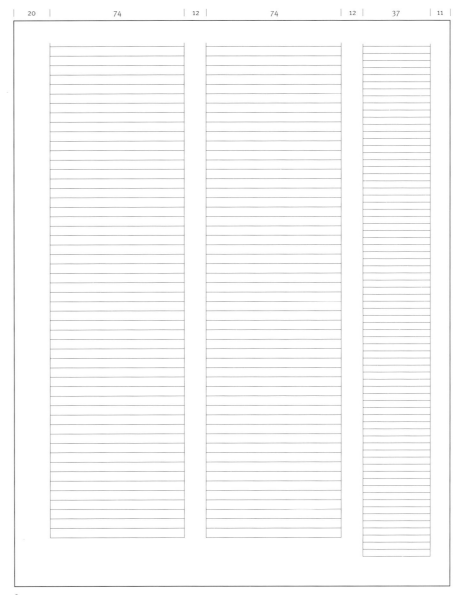

3

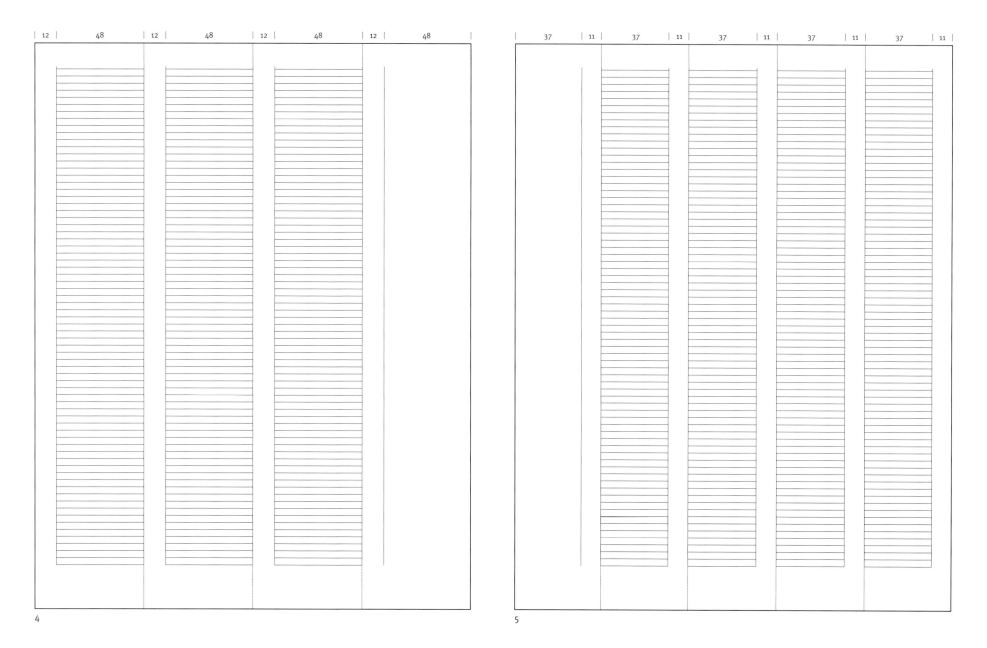

Abb. 4 Satzspiegelschema mit drei Spalten für die Anmerkungen zu den Haupttexten, für die Zeittafel und die Bibliografie.

Abb. 5 Satzspiegelschema mit vier Spalten für die Legenden, die Anmerkungen zu den Nebenartikeln und das Register.

Fig. 4 Type area diagram with three columns for notes on the main texts, chronological tables and bibliography.

Fig. 5 Type area diagram with four columns for the captions, notes on the subsidiary articles and line register.

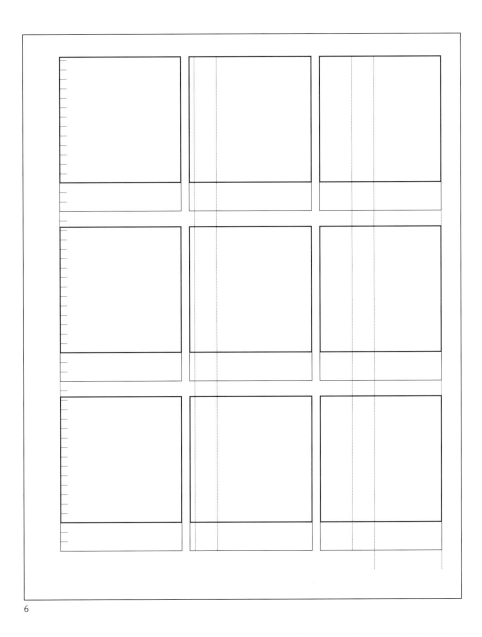

6

7

Abb. 6 Der erste Abbildungsraster (mit quadratischen oder hochrecht-eckigen Feldern) korrespondiert mit dem Zeilenregister der Haupttexte.

Abb. 7 Der zweite Abbildungsraster, der ebenfalls mit dem Zeilenregi-ster der Haupttexte korrespondiert, deckt sich mit den Textspalten in Abbil-dung 4.

Fig. 6 The first illustration grid, with square or upright rectangular fields, corresponds with the type line register of the main texts.

Fig. 7 The second illustration grid, also corresponding with the type line register of the main texts, covers the text columns in Fig. 4.

Hüllen füllen.

9

Abb. 8 Der dritte Abbildungsraster deckt sich mit den Textspalten in Abbildung 5 und korrespondiert mit dem Zeilenregister der Haupttexte.

Abb. 9 bis 11 Fünf zusammenhängende Seiten der Titelei mit allen herausgeberischen Angaben zum Buch und zur Ausstellung über Verpackungsdesign.

Abb. 12 und 13 Zwei Doppelseiten mit Einführungstexten.

Fig. 8 The third illustration grid covers the columns in Fig. 5 and corresponds with the type line register of the main texts.

Fig. 9 to 11 Five successive preliminary pages with all the publisher's information on the book and the packaging design exhibition.

Fig. 12 and 13 Two double pages with introductory texts.

Ver Packungs Design zwischen Bedarf und Verführung

Hüllen füllen. Verpackungsdesign zwischen Bedarf und Verführung
Herausgegeben von Lotte Schilder Bär und Christoph Bignens
Erscheint anlässlich der Ausstellung im Museum für Gestaltung Zürich vom 28. Mai bis 31. Juli 1994

10

11

Einleitung

Lotte Schilder Bär

12

13

14

15

18

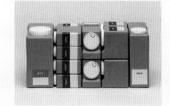

19

Abb. 14 Doppelseite aus der Bildfolge ‹Warenkorb›.

Abb. 15 bis 17 Doppelseiten aus einem der drei umfangreichen Haupttexte, davon eine Doppelseite mit Anmerkungen.

Abb. 18 bis 20 Eine Fülle von Verpackungsmaterial umgibt uns …

Fig. 14 Double page from the 'goods basket' series of pictures.

Fig. 15 to 17 Double pages from one of the three comprehensive main texts, including one with notes.

Fig. 18 to 20 A wealth of packaging material surrounds us …

16

17

Technologische und ökologische Stationen

20

Erhard Wagner, Christoph Schubert-Weller:
Erd- und Höhlenhäuser

Format 300 × 218 mm, Proportion 1:1,376, 136 Seiten

Das Format ist in 36 Rechtecke von 50 × 36 mm eingeteilt, die weiter in kleinere Rechtecke von 25 × 18 mm und 12,5 × 9 mm gegliedert sind. Diese Primärstruktur regelt die Form der den Grundrissen unterlegten Flächen. Am unteren Papierrand bleibt ein Rest von 2 mm (Abb. 3).

Die deutschen und die englischen Textspalten folgen sich wechselweise (Abb. 1). Bei 82 mm und 62 mm Spaltenbreite sowie 6 mm und 20 mm Abstand ergibt sich auf den linken Seiten ein äusserer Papierrand von 28 mm und auf den rechten ein äusserer Papierrand von 48 mm. Mit der Höhe 47 mm (11 Zeilen des englischen Textes) und 76 mm Breite haben die textbegleitenden Abbildungen die Proportion des Goldenen Schnitts (Abb. 2). Drei Rasterfelder haben bei 7 mm Abstand (einer Blindzeile entsprechend) die Höhe der englischen Textspalten; ein viertes Rasterfeld reicht bis zum oberen Papierrand.

Die Projektbeschriebe sind deutsch und englisch in je zwei Spalten von 60,5 mm Breite gesetzt. Für die Abbildungen dieses Teils des Buches gilt ein spezieller Raster (Abb. 4). Die Breite eines Rasterfeldes entspricht mit 82 mm der Spaltenbreite des deutschen Textes; drei Rasterfelder ergeben Papierränder von 14 mm im Bund und 28 mm aussen. Die Höhe der Rasterfelder entspricht 9 Zeilen des deutschen Textes oder 50 mm; drei Felder mit 10 mm Abstand ergeben die ganze Spaltenhöhe. Auch diese Rasterfelder haben, annähernd wenigstens, die Proportion des Goldenen Schnitts. Zusätzlich sind zwei halbseitige Rasterfelder von 127 mm Breite und in der Gesamthöhe des Satzspiegels eingeführt.

Deutsche Grundtexte 9,5 Punkt Syntax halbfett, Zeilenabstand 6 mm; englische Grundtexte 8,5 Punkt Syntax normal, Zeilenabstand 4,5 mm. Projektbeschriebe 8,5 Punkt Syntax halbfett (deutsch) und normal (englisch), Zeilenabstand 4,5 mm. Legenden 6,5 Punkt Syntax halbfett und normal, Zeilenabstand 3 mm. Titel und Überschriften Franklin Gothic. Alle Zeilenregister korrespondieren mit der Primärstruktur.

Erhard Wagner, Christoph Schubert-Weller:
Earth and Cave Architecture

Size 300 × 218 mm, proportion 1:1.376, 136 pages

The page is divided into 36 rectangles of 50 × 36 mm, each one subdivided into smaller rectangles of 25 × 18 and 12.5 × 9 mm. This basic structure governs the form of the areas subject to the ground plan. There is a remainder of 2 mm at the foot of the page (Fig. 3).

The columns of German and English texts are in alternating sequence (Fig. 1). With 82 mm and 62 mm column width and respective intervals of 6 mm and 20 mm, there is an outer margin of 28 mm on left-hand pages and 48 mm on right-hand pages. With a height of 47 mm (11 lines of the English text) and a width of 76 mm, the illustrations accompanying the text have the proportion of the Golden Section (Fig. 2). Three grid fields with 7 mm interval (equal to one blank line) have the height of the English text columns. A fourth grid field reaches to the top edge of the paper.

The project descriptions in German and English each occupy two columns of 60.5 mm width. A special grid is used for the illustrations of this part of the book (Fig. 4). At 82 mm, the width of a grid field equals that of a column of German text; three grid fields produce margins of 14 mm on the inside and 28 mm on the outside of the page. The height of the grid fields equals nine lines of German text or 50 mm; three fields with intervals of 10 mm give the complete column height. These grid fields, too, have the proportion of the Golden Section, or at least an approximation. Additionally, two half-page grid fields of 127 mm width and the full height of the type area are introduced.

Main German text 9.5 pt Syntax bold, interline spacing 6 mm; English 8.5 pt Syntax normal, interline spacing 4.5 mm. Project descriptions 8.5 pt Syntax bold (German) and normal (English), interline spacing 4.5 mm. Captions 6.5 pt Syntax bold and normal, interline spacing 3 mm. Titles and headlines in Franklin Gothic. All type line registers correspond to the primary structure.

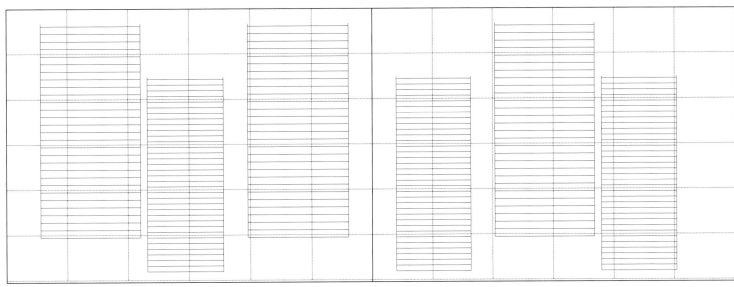

1

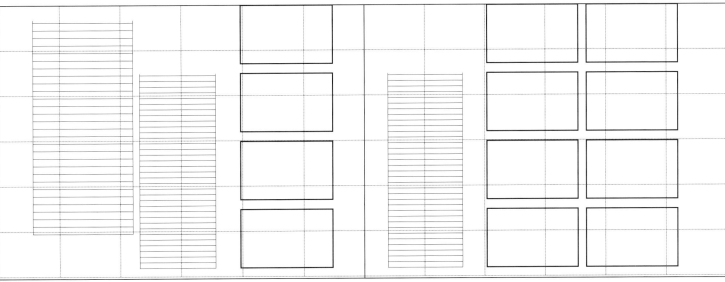

2

Abb. 1 Schema einer Doppelseite mit je drei Spalten für die deutschen und englischen Grundtexte. (Alle schematischen Darstellungen und Abbildungen im Massstab 1:3.)

Abb. 2 Schema einer Doppelseite mit dem Raster für die textbegleitenden Abbildungen.

Fig. 1 Diagram of a double page with three columns each for the main German and English texts. (All schematic diagrams and figures to the scale 1:3.)

Fig. 2 Diagram of a double page with the grid for the illustrations accompanying the text.

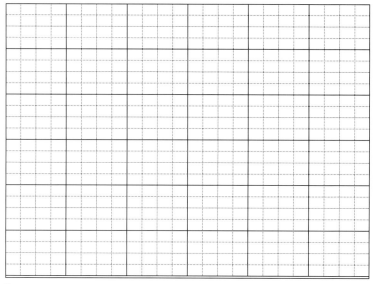

3

**Erd- und Höhlenhäuser   von   Peter Vetsch
Earth and Cave Architecture**

5

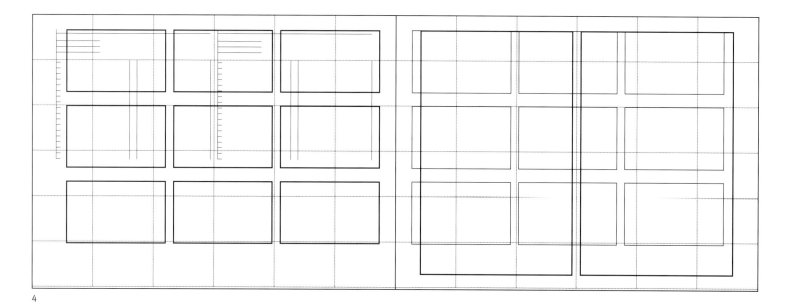

4

Abb. 3 Eine Primärstruktur gliedert das Seitenformat in 36 Module, die ihrerseits in zwei weiteren Schritten feiner unterteilt sind.

Abb. 4 Das Rastersystem für die Projektbeschriebe. Auf der linken Seite das Zeilenregister für die deutschen und englischen Texte. Auf der rechten Seite die zwei seitenhalbierenden Rasterfelder.

Fig. 3 A basic structure divides the page area into 36 modules, which are then subdivided in two further steps.

Fig. 4 The grid system for the project descriptions. On the left, the type line register for the German and English texts. On the right, the two page-halving grid fields.

Erhard Wagner Christoph Schubert-Weller   Erd- und Höhlenhäuser   von   Peter Vetsch   Verlag Niggli AG
Earth and Cave Architecture

Mitarbeit am Buchkonzept, Text- und Bildredaktion, Typografie
Collaboration on book concept, textual and illustrative editing
Typografie
Hans Rudolf Bosshard
Lektorat Publisher's adviser
Kurt Raggenbach
Fotos der Werke von Peter Vetsch
Photographs of Peter Vetsch's works
Francesca Giovanelli
Werner Koschig
Karin Vonow
Elsi Wepf
Peter Vetsch
Englische Übersetzung English Translation
Margy Walter
Lithografie, Druck Offset films, Printing
Heer Druck AG, Sulgen
Papier Paper
Hanno'Art Top Silk, 150 g/m²
Bindearbeit Binding
Buchbinderei Schumacher AG, Schmitten + Bern

© 1994 by Verlag Niggli AG, CH-8583 Sulgen, Switzerland
ISBN 3-7212-0282-1
Printed in Switzerland

Idealtyp des Erd- und Höhlenhauses als Einzelhaus geworden ist. Der Grundriss sowie die konstruktiven und räumlichen Details sind fein ausgearbeitet und haben eine Perfektion erreicht, in der sich die mehr als zehnjährige Erfahrung des Architekten in Planung und Ausführung dieser naturnahen Bauten ausdrückt.

Mit dem Haus Umbricht in Untersiggenthal knüpft der Architekt noch einmal an das Konzept des eingeschossigen erdüberdeckten Hauses an, das sich hauptsächlich nach Süden öffnet, also an das Haus Raven in Ascona und das Haus in Arni.

Ein langgehegter Wunsch Peter Vetschs geht endlich in Erfüllung, als sich die Möglichkeit bietet, an der Lättenstrasse in Dietikon eine grössere Anlage mit neun Häusern zu bauen (Abb. 13).

Kunst- und architekturgeschichtlicher Standort

Bei der Bestimmung des kunst- und architekturgeschichtlichen Standorts der Bauten von Peter Vetsch geht es nicht darum, diese in eine darwinistische Entwicklungsreihe der jüngsten und vergangenen Baugeschichte zu stellen. Es geht vielmehr darum, aufzuzeigen, welche Raum- und Formideen in der Kunst- und Architekturgeschichte wirksam waren, die über das scheinbar alles andere verdrängende Raumerlebnis des Kastens mit seinen rechten Winkeln hinausgeht.

Neue Formen oder vermeintlich neue Formen in der Architektur haben Zeitgenossen schon immer befremdet, verunsichert und zum Widerspruch herausgefor-

Arni houses: a one-story, earth-covered structure facing primarily southward.

A long-cherished wish of Peter Vetsch finally became reality when an opportunity opened up to build a larger settlement of nine houses on the Lättenstrasse in Dietikon (Fig. 13).

Position in art and architectural history

An attempt at positioning Peter Vetsch's work in art and architectural history is not concerned with placing it in a Darwinian chain of development between past and present architectural history. It's more a question of demonstrating what ideas of space and form in art and architectural history have been effective in going beyond the apparently overwhelming spatial experience of the box with all its right angles.

New forms, or allegedly new forms in architecture have always sparked a certain indignation, uncertainty or opposition in contemporaries. The cultural philosopher from Basel, Jacob Burckhardt, expected the downfall of architecture by the end of the last century. In his "Letters to an Architect" he complains that in building a new church in Paris an attempt was made at arriving at a new form, instead of retaining the proven and established old form, such as the Romanesque.

Great architects succumb to the temptation of suddenly turning away from it all after carrying their systematic, logical, and sound thinking to a conclusion – and putting their entire rational life's work in question by turning towards something hitherto imponderable. In four decades of work, Le Corbusier achieved worldwide

dert. Der Basler Kulturphilosoph Jacob Burckhardt erwartete für die Jahrhundertwende gar den Untergang der Architektur. In den «Briefen an einen Architekten» klagt er darüber, dass man beim Neubau einer Kirche in Paris neue Formen versucht habe, statt bei den bewährten älteren, etwa romanischen, zu bleiben.

Grosse Architekten erliegen oft der Versuchung, am Ende ihres systematischen, logischen Denkens plötzlich eine Kehrtwendung zu vollziehen und mit der Hinwendung zum Unwägbaren ihr sonst so rationales Lebenswerk in Frage zu stellen. Le Corbusier hat in vier Jahrzehnten mit seiner Baulehre, die er vorwiegend aus mediterranen Formen abgeleitet hat, und mit dem Proportionsschlüssel «Modulor» rationale Grundlagen für eine neue Ordnung erarbeitet und damit Weltruhm erlangt. Trotzdem hat er mit dem Bau der Wallfahrtskirche von Ronchamp (Abb. 14–16) eine Hinwendung zum scheinbar Irrationalen und Undurchschaubaren vollzogen.

Als der spanische Architekt Antoni Gaudí zwischen 1900 und 1910 die Anlehnung an die damals herrschenden Stile des traditionellen Eklektizismus aufgab, wurde er von einer feindseligen und gleichgültigen Umwelt isoliert. Die Gaudísche Aussage, dass «Originalität darin besteht, zum Ursprung zurückzukehren», setzt voraus, die Natur neu zu entdecken und kennenzulernen, um sie mit der Hand des Künstlers zum zweiten Mal erschaffen zu können. Die Casa Milà in Barcelona ist ein plastischer Ausdruck des Konzeptes, Natur in Architektur zu verwandeln (Abb. 17, 18).

acclaim with his architectural doctrine, derived largely from Mediterranean forms, with which he built up a new order on a rational basis, using the proportional key "modulor". But nevertheless his building the chapel of Ronchamp (Fig. 14–16) represents his embrace of the apparently irrational and opaque.

When the Spanish architect Antoni Gaudí gave up his dependence on the then reigning styles of traditional eclecticism in the years between 1900 and 1910, he was isolated by a hostile and indifferent environment. The Gaudian statement that "orginality consists of returning to the origins" presupposes a rediscovery and renewed acquaintance with nature, in order to recreate it a second time with the hand of an artist. His Casa Milà in Barcelona is a graphic expression of this concept of transforming nature into architecture (Fig. 17, 18).

Thus the irrational, the departure from the norm always managed to cause confusion in the archeological and art history sciences. The Pastum researcher Friedrich Kraus reported how shocked some archaeologists were after taking the first exact measurements of a temple at Olympia, which had collapsed after an earthquake. The various measurements of the arrangement and the relationships between parts did not coincide with the abstracted classical canon which had up to then been considered an unalterable law of art.

These few examples demonstrate that when buildings are not created according to certain accepted ideals and classical canons, the results have always aroused a disturbing sense of strange-

13 Neun Wohnhäuser, Dietikon, Modellfoto
   Community of nine homes in Dietikon, model photo
14 Le Corbusier, Wallfahrtskirche in Ronchamp, 1950–1955
   Le Corbusier, pilgrimage church in Ronchamp, 1950–1955
15 Le Corbusier, Wallfahrtskirche in Ronchamp, rückseitige Fassade
   Le Corbusier, pilgrimage church in Ronchamp, back facade
16 Le Corbusier, Wallfahrtskirche in Ronchamp, das schiffsrumpfförmige Dach
   Le Corbusier, pilgrimage church in Ronchamp, hull-shaped roof
17 Die kegelförmigen Felsen des Montserrat, dieser Berg mit dem Kloster der Schwarzen Jungfrau hatte für Gaudí grosse symbolische Bedeutung
   Round cliff formations in Montserrat, this mountain with its Convent of the Black Virgin was powerfully symbolic to Gaudí
18 Antoni Gaudí, Casa Milà in Barcelona, 1905–1910 erbaut, mit der wellenförmigen Hausfront
   Antoni Gaudí, Casa Milà in Barcelona, built 1905–1910, with its wave-shaped front exterior

Abb. 5 bis 11 Der Innentitel und die folgende Doppelseite mit Druckvermerk und Inhaltsverzeichnis; Doppelseite mit textbegleitenden Abbildungen. Folgende Seiten: Projektbeschriebe.

Fig. 5 to 11 Title page and subsequent double page with imprint and list of contents; double page with pictures accompanying text. Following pages: project descriptions.

Wohnhaus Gander, Hüttwilen, 1988

Grundstück: 980 m²
Wohnfläche: 180 m²
Kubatur: 1600 m²

Der Südhang am Rande des Bauerndorfes Hüttwilen eignet sich ideal zur Bebauung mit einem Höhlenhaus. Das in Einzelteile gegliederte Bauvolumen nimmt Bezug auf die verschiedenen Geländehöhen am Rebhang. Das Wohnhaus gliedert sich in einen nach Süden orientierten Teil mit den Haupträumen und mit Aussicht auf das Dorf und einen nordseitigen, höher gelegenen Teil mit Garagen, Nebenräumen, Korridor und Treppe. Die Schlafräume sind um ein zentrales Bad, das zu beiden Zimmern hin verglast und von oben belichtet ist,

angeordnet. Das ganze Haus ist unterkellert und beinhaltet eine Einliegerwohnung im Untergeschoss mit Zugang zum Garten. Die einzelnen Räume sind als selbständige kubische Formen in den Hang hinein modelliert. Eine Quelle im Rebberg wurde im Eingangsbereich als Wasserfall integriert. Ein Teich im Innern des Hauses setzt sich im Garten fort.

Die Spritzbetonkonstruktion ist mit Polyurethanschaum isoliert und nicht erdüberdeckt. Die Innenkuppeln sind innen abisoliert und mit Abrieb versehen.

Gander house, Hüttwilen, Switzerland, 1988

Size of lot: 980 m²
Living space: 180 m²
Cubature: 1600 m²

The southern slope on the outskirts of the farming village Hüttwilen is perfectly situated for the construction of a cave dwelling. The building is divided into separate parts, taking advantage of the varying heighths and angles of the vineyard slope. The main rooms are oriented towards the south with a view of the village; the higher northern side is taken up by garages, side rooms, hallway and stairs. Both bedrooms are grouped around a central bathroom, which has glassed lightwells to the room as well as natural overhead lighting. The entire house has

a cellar foundation, including a separate apartment with its own access to the garden. The individual rooms are moulded into the slope as independent cubic forms. A natural spring in the vineyard slope is integrated as waterfall in the entrance area. A pond inside the house extends into the garden beyond.

The sprayed concrete construction is insulated with Polyurethane foam and does not have an earth covering. The interior domes are insulated from within and coated with abraded particles.

54

68 Blick vom Rebberg gegen das Dorf Hüttwilen
    View from the vineyard to the village of Hüttwilen
69 Innenhof, Strassenseite
    Interior courtyard, street side

55

8

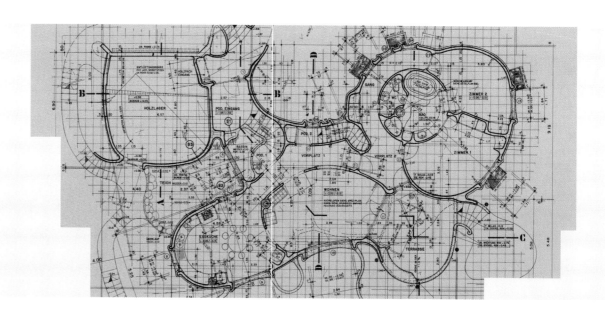

Wohnhaus Gander, Hüttwilen
Gander house, Hüttwilen
70 Grundriss Erdgeschoss
    Ground floor plan

56

57

9

Wohnhaus Cander, Hüttwilen
Corner house, Hüttwilen
71 Fassade, talseitig
    Facade, valley side
72 Treppenhaus mit Teich
    Stairway with pond
73 Talseitige Fassade mit Untergeschoss
    Facade on valley side, with basement

58

59

10

Neun Wohnhäuser, Dietikon
Nine houses, Dietikon
111–113 Innenhof mit Biotop
         Inner courtyard with biotope pond area
114 Eckhaus 9 mit Haus 6 im Hintergrund
     Corner house 9 with house 6 in the background
115 Eckhaus 9, Strassenseite, dahinter Häuser 8 und 7
     Corner house 9, street side, with houses 8 and 7 behind
116, 117 Ansicht der Siedlung von Nordosten
          View of the community from the northeast
118 Querschnitt durch die Häuser 4 bis 7
     Cross-section of houses 4 to 7

88

89

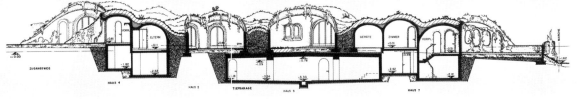

11

Jan Krieger: Das kleine Haus – eine Typologie

Format 220 × 265 mm, Proportion 1:1,207, 136 Seiten

Für kleine Häuser ein kleines Buch! – Und doch soll es nicht allzu niedlich sein, auch wenn eine Spur Ironie (wie auf dem Umschlag, Abbildung Seite 25) nicht schadet. Das Format ist vorerst in vier Teile geteilt (Abb.1a). Dann ist in der linken oberen Ecke ein $\sqrt{2}$-Rechteck platziert (Abb. 1b), dessen untere Kante bei 155 mm an der Mittelwaagrechten gespiegelt wird und eine Linie bei 110 mm ergibt (alle Masse sind gerundet und von der oberen Papierkante aus gemessen). Das gleiche Vorgehen gilt für die Linie bei 45 mm, die eine gespiegelte bei 220 mm ergibt (Abb. 1c), und für das Goldene-Schnitt-Rechteck in Abbildung 1d, wo eine Linie bei 223 mm und ihre gespiegelte bei 42 mm resultieren (Abb.1e). Unter das erste $\sqrt{2}$-Rechteck wurde noch ein zweites, liegendes, gestellt (Abb.1f), das eine Linie bei 233 mm und ihre gespiegelte bei 32 mm erzeugt (Abb.1g). Abbildung 1h zeigt die drei zur Entwicklung der Flächengliederung verwendeten Rechtecke.

Die folgenden Zeichnungen zeigen die Gliederung des Formats mit senkrechten Linien (Abb. 2a–e). Vier der zehn Teile zu 22 mm (Abb. 2a) ergeben die Spaltenbreite = 88 mm (Abb. 2f). Der Raum für die Abbildungen umfasst neun Teile = 198 mm (Abb. 2b). Dieser Raum ist seinerseits in acht Teile zu 24,75 mm gegliedert; diese Linien regeln den seitlichen Stand der Abbildungen (Abb. 2c). Die Linien der beiden Teilungen ergeben, kombiniert, eine Art Interferenzmuster (Abb. 2d). Die Abbildung 2e zeigt die gesamte Flächengliederung.

Die Reproduktionen – Risse, Schnitte, Perspektivzeichnungen und Fotografien – orientieren sich an einer horizontalen und einer vertikalen Linie. Wenn es, wie beispielsweise bei Häusern mit zentralsymmetrischem Grundriss, formal sinnvoll ist, sind die Abbildungen auch einmal achsen- oder zentralsymmetrisch angeordnet. Der Umgang mit dem Abbildungsraster ist insgesamt sehr frei.

Die Überschriften sind in Franklin Gothic 13 Punkt und 9,5 Punkt gesetzt. Grundschriften Frutiger schmalhalbfett und schmal normal 8,5 Punkt, Zeilenabstand 5,04 mm; Anhangtexte 7 Punkt, Zeilenabstand 4,2 mm.

Jan Krieger: The Little House – a Typology

Size 220 × 265 mm, proportion 1:1.207, 136 pages

For small houses, a small book! And yet not too cute, even if a hint of irony does no harm (as on the cover, see picture p. 25). The page area is first divided into four parts (Fig.1a). A rectangle of $\sqrt{2}$ is then placed in the top left corner (Fig.1b). Its lower edge at 155 mm is mirrored on the central horizontal and produces a line at 110 mm (all measures are rounded off and drawn from the upper edge of the paper). The same procedure applies for the line at 45 mm, which produces a mirroring at 220 mm (Fig.1c), and for the Golden Section rectangle in Figure 1d, where a line at 223 mm and its mirroring at 42 mm result (Fig.1e). Below the first $\sqrt{2}$ rectangle a second is placed in landscape style (Fig.1f), producing a line at 233 mm and a mirroring at 32 mm (Fig.1g). Figure 1h shows the three rectangles used for the development of the area division.

The succeeding drawings show the division of the page with vertical lines (Fig. 2a–e). Four of the ten parts of 22 mm (Fig. 2a) give the column width of 88 mm (Fig. 2f). The space for the illustrations comprises nine parts, making 198 mm (Fig. 2b). This space in turn is divided into eight parts of 24.75 mm and these lines govern the lateral positions of the illustrations (Fig. 2c). The lines of the two divisions, when combined, produce a kind of interference pattern (Fig. 2d). Figure 2e shows the complete division of the area.

The reproductions – sketches, sectional drawings, perspective drawings and photos – are orientated to a horizontal and a vertical line. When it makes sense, as in the case of houses with a centrally symmetrical ground plan, the illustrations are also arranged symmetrically on an axis or centre. On the whole, very free use is made of the illustration grid.

Headings are set in Franklin Gothic 13 pt and 9.5 pt. Main texts Frutiger condensed bold and normal 8.5 pt, interline spacing 5.04 mm; appendix texts 7 pt, interline spacing 4.2 mm.

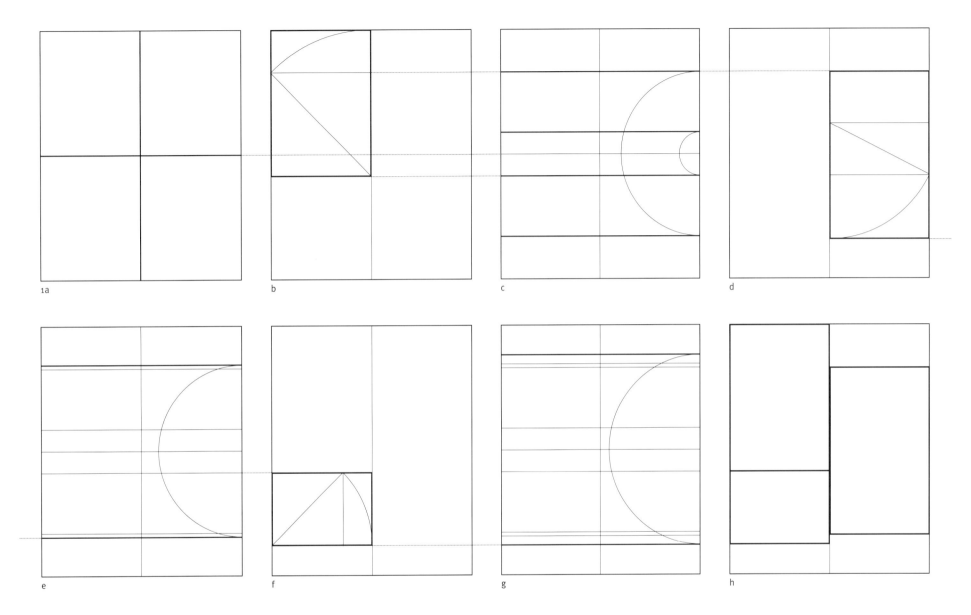

1a   b   c   d

e   f   g   h

Abb. 1 (a–h) Ein ungewöhnlicher und etwas komplizierter Weg, wie man zu einem Rastersystem gelangt: Gliederung des Papierformats unter Verwendung von Rechtecken mit den Proportionen 1:1,414 und 1:1,618.

Fig. 1 (a–h) An unusual and rather complex way of obtaining a grid system: division of the page size by means of rectangles with the proportions 1:1.414 and 1:1.618.

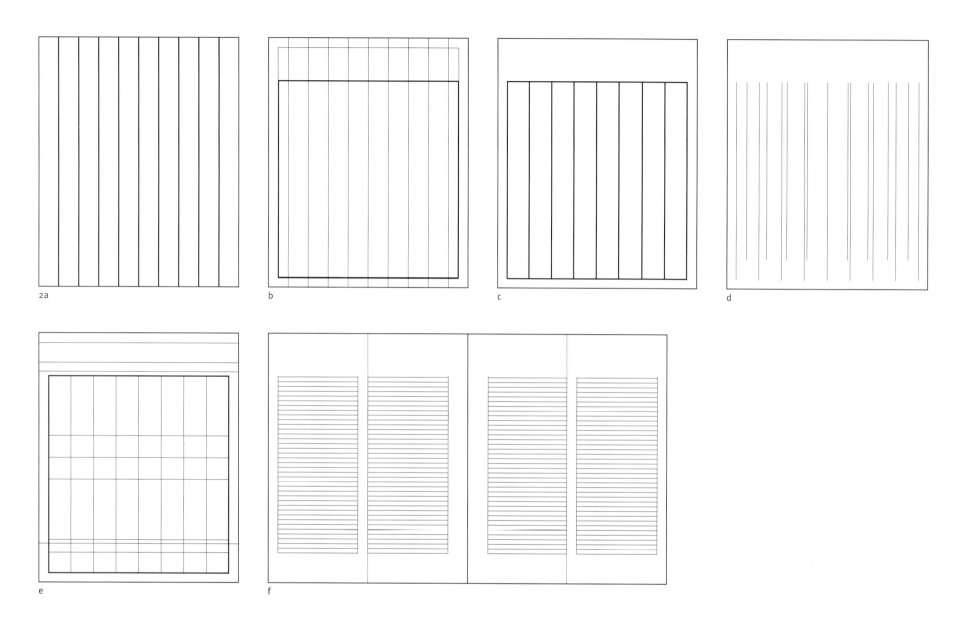

2a b c d

e f

Abb. 2 (a–f) Gliederung des Formats durch vertikale Linien. Die beiden unterschiedlichen Teilungen – die eine regelt die Breite der Textspalten (a), die andere den Stand der Abbildungen (b, c) – ergeben ein Interferenzmuster (d). Die fertige Gliederung der Fläche (e). Schema der Textspalten (f).

Fig. 2 (a–f) Division of the page by vertical lines. The two different kind of division, one governing the text column width (a) and the other the position of the pictures (b, c), produce an interference pattern (d). Full area division (e); text column diagram (f).

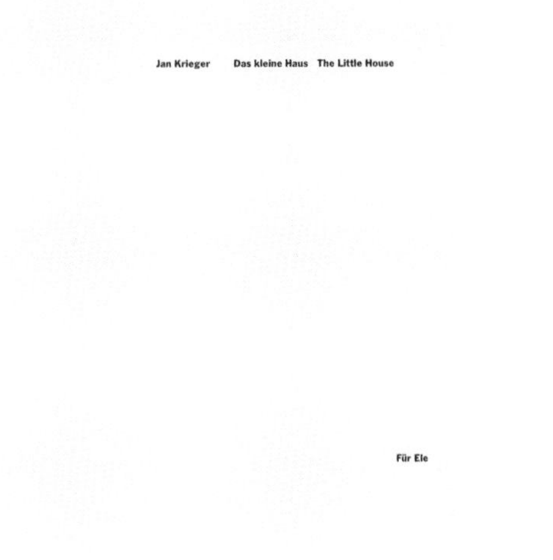

3

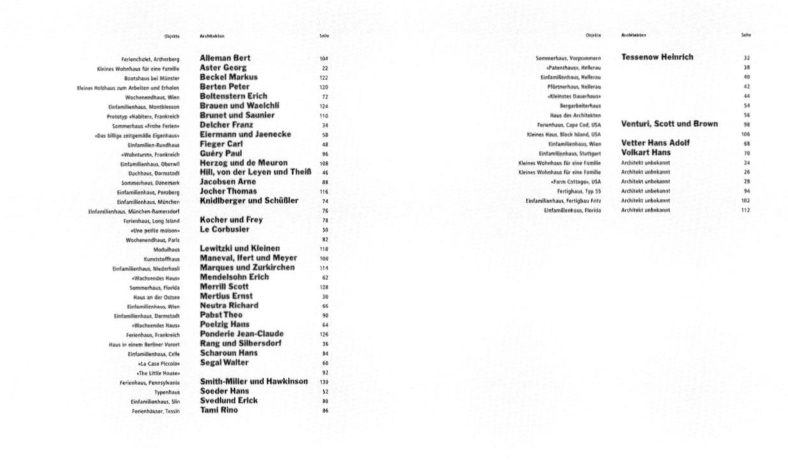

4

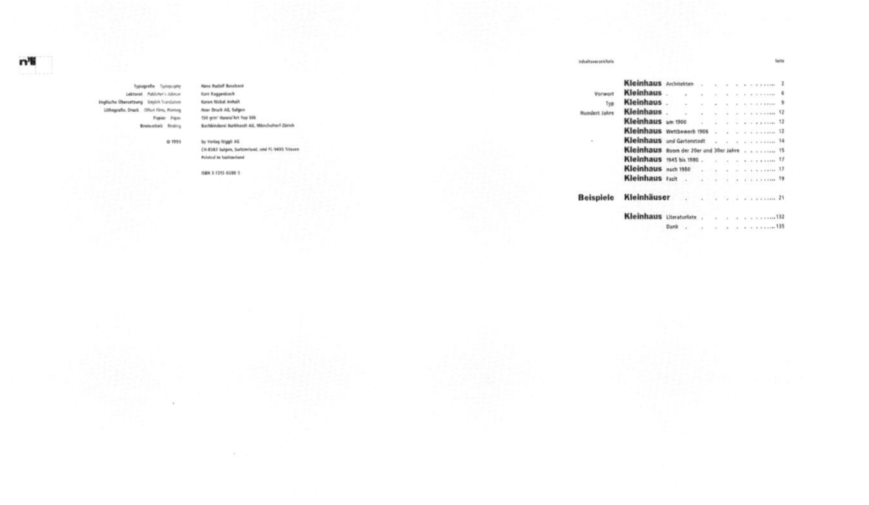

5

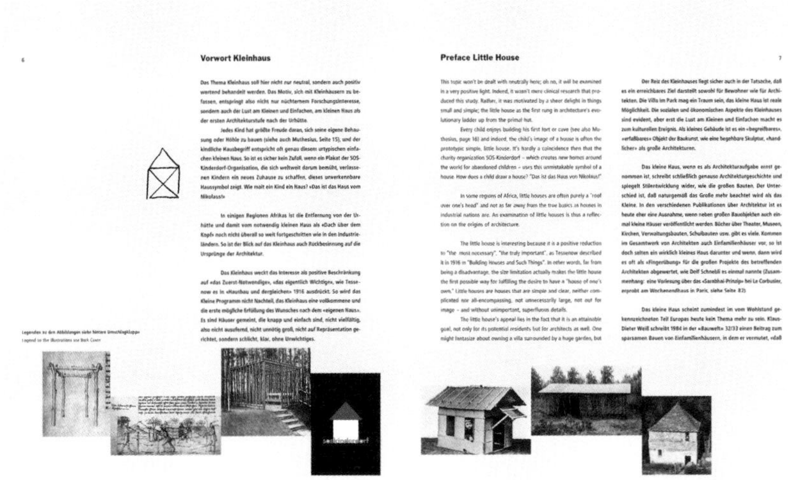

6

Abb. 3 bis 6 Die ersten sieben Seiten: Titelblatt mit Widmung, drei Doppelseiten mit der Liste der Architekten und Bauten, mit Copyright und Inhaltsverzeichnis und mit dem Vorwort.

Fig. 3 to 6 The first seven pages: title page with dedication, three double pages with list of architects and buildings, copyright and contents list, foreword.

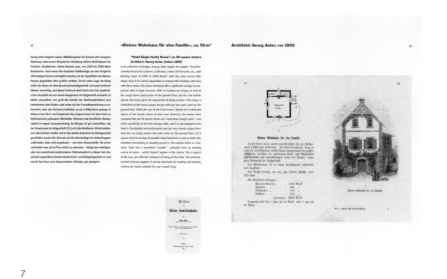

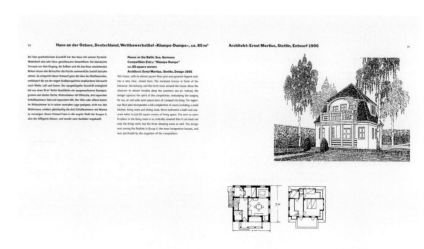

7

8

11

12

Abb. 7 bis 13 Projektbeschriebe. Jedes Haus ist auf nur zwei Seiten mit wenigen Sätzen sowie mit Planzeichnungen und (soweit es möglich war) mit Fotos vorgestellt.

Fig. 7 to 13 Project descriptions. Each house is shown on only two pages with only a few sentences, plan drawings and (where possible) photos.

9

«Une petite maison», Vevey am Genfersee, ca. 70 m²

"Une petite maison", Vevey on Lake Geneva
ca. 70 square meters
Architect: Le Corbusier, 1923

Einfamilienhaus, Wettbewerb «Wachsendes Haus», Bauwelt-Musterschau Berlin, ca. 70 m²

Single-family House, Competition:
"The Extendable House", Bauwelt-Model House
Exhibition) in Berlin, ca. 70 square meters
Architect: Erich Mendelsohn, 1932

10

Kleines Haus mit Nebengebäude, Block Island, Rhode Island, USA, ca. 95 m²

Little House with Annex, Block Island, Rhode
Island, USA, ca. 95 square meters
Architects: Venturi, Scott, Brown & Assoc., 1979

13

Josef Küng: Albert Manser, Bauernmaler. Eine Monografie

Format 240 × 277 mm, Proportion 1 : 1,155, 200 Seiten

Grossformatige Bilder müssen beim Reproduzieren gewöhnlich stark verkleinert werden, kleinformatige sollten in einem grösseren Massstab abgebildet werden. Eine mit dem kleinen Faktor 1,118 ermittelte geometrische Reihe* auf der Grundlage 100 mm Breite für die kleinsten Abbildungen diente zur Grössenbestimmung für alle Abbildungen (Abb. 1a). Wegen der vielen kleinen Formate wurde die Reihe umgekehrt, so dass die Abbildungsgrössen schneller ansteigen (Abb. 1b). Durch Runden ergaben sich Breiten von 100, 122, 144, 162, 180, 194, 206 und 216 mm; die grösste Breite leicht gekürzt. Die Grössen 162, 180 und 194 mm sind gleichzeitig Abbildungs- und Satzspiegelbreiten. Um den Stand in der Höhe nicht für alle Abbildungen einzeln festlegen zu müssen, sind sie in Gruppen (beispielsweise eine Gruppe mit Höhen zwischen 106 und 125 mm) an Linien mit 36, 46, 56 und 66 mm Abstand vom oberen Blattrand angeschlagen (Abb. 3). Diese Masse korrespondieren mit der x-Höhe der zweispaltigen Texte.

Sechs Quadrate bilden eine Grundfigur für die Gestaltung aller Teile des Buches. Die senkrechte Achse ist um 2 mm aus der Mitte gegen den Bund hin versetzt (Abb. 2a). Eine horizontale Linie, auf der die Zeilen des Titelbogens stehen, gliedert die Satzspiegelhöhe im Verhältnis 1 : 2 und deckt sich annähernd mit der Mitte der Abbildungen (Abb. 3).

Grundtext deutsch 11 Punkt Janson, Zeilenabstand 7 mm, Breite 162 mm (Abb. 2b). Übersetzungen 9,5 Punkt, Zeilenabstand 5 mm, zwei Spalten zu 84 mm +12 mm Abstand = 180 mm (Abb. 2c). Bibliografie, Ausstellungsverzeichnis, Glossar 9,5 Punkt, Zeilenabstand 5 mm, drei Spalten zu 58 mm + 2 × 10 mm Abstand = 194 mm (Abb. 2d). Werkverzeichnis 9,5 Punkt, Zeilenabstand 3,5 mm, dreispaltig (Abb. 13). Proportional zur Abnahme der Spaltenbreiten sind auch die Einzüge und die Spaltenabstände reduziert. Der Satzspiegel des deutschen Grundtextes ist gegenüber den breiteren mehrspaltigen Satzspiegeln aus optischen Gründen in der Höhe gekürzt.

Josef Küng: Albert Manser, Peasant Painter. A Monograph

Size 240 × 277 mm, proportion 1 : 1.155, 200 pages

Large pictures generally have to be greatly reduced for reproduction, while small ones have to be shown to a bigger scale. A geometrical series* obtained with the small factor of 1.118 on the basis of 100 mm wide for the smallest pictures serves to specify the sizes of all pictures (Fig. 1a). Owing to the many small sizes, the series is reversed so that the picture dimensions increase more rapidly (Fig. 1b). With rounding off, the widths produced are 100, 122, 144, 162, 180, 194, 206 and 216 mm, the last being slightly reduced. The sizes 162, 180 and 194 mm are at the same time both picture and type area widths. In order not to have to lay down the vertical positions of all illustrations individually, they are aligned in groups of different heights (e. g. 106 to 125 mm) with lines at distances of 36, 46, 56 and 66 mm from the upper edge of the page (Fig. 3). These measurements correspond with the x-height of the two-column texts.

Six squares form a basic figure for the design of all parts of the book. The vertical axis is displaced by 2 mm from the centre towards the inner margin (Fig. 2a). A horizontal line on which the lines of the title page stand divides the type area height in the ratio of 1 : 2 and approximately covers the centre of the pictures (Fig. 3).

Main German text 11 pt Janson, line spacing 7 mm, width 162 mm (Fig. 2b). Translations 9.5 pt, line space 5 mm, two columns of 84 mm + 12 mm interval = 180 mm (Fig. 2c). Bibliography, exhibition index, glossary 9.5 pt, line space 5 mm, three columns of 58 mm + 2 × 10 mm interval = 194 mm (Fig. 2d). Index of works 9.5 pt, line space 3.5 mm, three columns (Fig. 13). Proportionally to the reduction of column widths, the indents and column intervals are also reduced. The type area of the main German text has been reduced in height compared with the wider multicolumn type areas for optical reasons.

* Bei geometrischen Reihen entsteht jedes Glied aus seinem Vorgänger durch Multiplikation mit einem gleichbleibenden Faktor. So ergibt der Faktor 2 die Reihe 1, 2, 4, 8, 16 ... Der ungewöhnlich kleine Faktor 1,118 ist der Proportion eines der vierundzwanzig gesetzmässigen Rechtecke entlehnt – dadurch liegen die Abbildungsgrössen beziehungsweise ihre Differenzen relativ nahe beieinander.

* In a geometrical series, each number consists of its predecessar multiplied by a fixed amount. Thus the factor 2 give the series 1, 2, 4, 8, 16 ... The unusually small factor of 1.118 is taken from the proportion of one of the 24 regular rectangles. This means that the differences between successive picture sizes are relatively small.

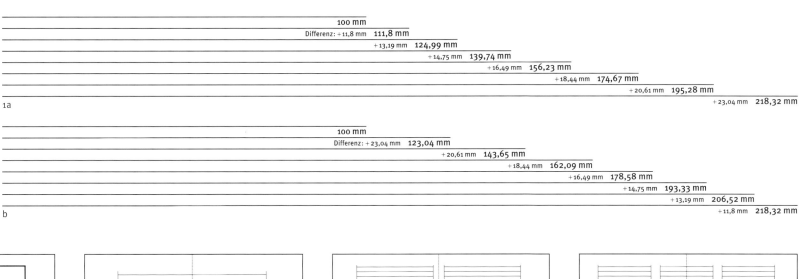

100 mm
Differenz: +11,8 mm 111,8 mm
+13,19 mm 124,99 mm
+14,75 mm 139,74 mm
+16,49 mm 156,23 mm
+18,44 mm 174,67 mm
+20,61 mm 195,28 mm
+23,04 mm 218,32 mm

1a

100 mm
Differenz: +23,04 mm 123,04 mm
+20,61 mm 143,65 mm
+18,44 mm 162,09 mm
+16,49 mm 178,58 mm
+14,75 mm 193,33 mm
+13,19 mm 206,52 mm
+11,8 mm 218,32 mm

b

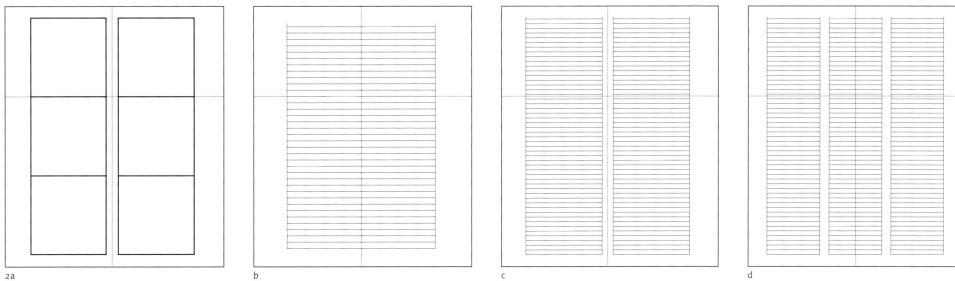

2a
b
c
d

Abb. 1 (a, b) Die Skala der Abbildungsbreiten. Die Folge der Differenzen wurde umgekehrt, so dass die kleinen Abbildungen grösser werden und die Kurve nach oben abflacht.

Abb. 2 (a–d) Gestaltungsbasis ist eine Grundstruktur aus sechs Quadraten, ihr entspricht der zweispaltige Satzspiegel (a, c). Der Satzspiegel des deutschen Grundtextes ist schmäler als die Grundstruktur und in der Höhe gekürzt (b). Der dreispaltige Satzspiegel für Biografie, Ausstellungsverzeichnis, Glossar und Bibliografie ist breiter als die Grundstruktur (d).

Fig. 1 (a, b) The scale of picture widths. The sequence of differences is reversed, making the small pictures bigger and the graph curve flattening towards the top.

Fig. 2 (a–d) The basis of the design is a structure of six squares corresponding to the two-column type area (a, c). The type area for the main German text is narrower than the basic structure and reduced in height (b). The three-column type area for biography, index of exhibitions, glossary and bibliography, is wider than the basic structure (d).

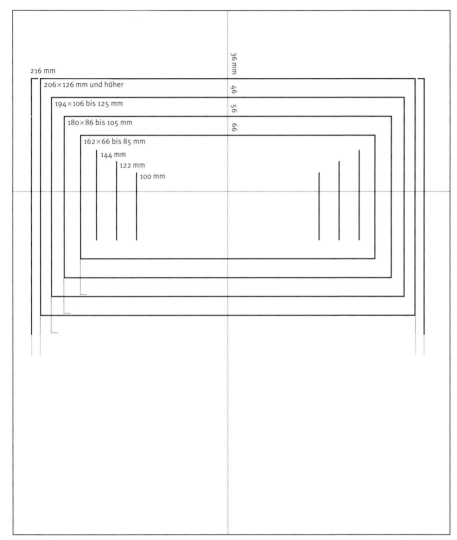

«Mein erstes Bild»

4

1   *Mein erstes Bild* 1959
     Wasserfarbe auf Karton
     21×24 cm

Abb. 3 Der Abbildungsraster. Die senkrechte Achse ist von der Blattmitte aus um 2 mm gegen den Bund hin versetzt. Die Mittelhorizontale der Abbildungen trifft sich ungefähr mit der waagrechten Achse.

Abb. 4 bis 7 Drei Doppelseiten Titelei sowie eine Doppelseite mit Copyright, Inhaltsverzeichnis und Biografie.

Fig. 3 The illustration grid. The vertical axis is displaced from the centre towards the inner margin by 2 mm. The central horizontal of the pictures roughly coincides with the horizontal axis.

Fig. 4 to 7 Three double pages of prelims and one with copyright, Contents and biography.

Albert Manser Bauernmaler

Sinn mit Fahreimer 1970
Öl auf Pavatex
28 x 20 cm

5

Eine Monografie *von Josef Küng*

Urnäsch 1975
Öl auf Pavatex
44 x 94 cm

6

Albert Manser, 1994

7

Die Tradition der Bauernmalerei

Die Bilder

Abb. 8 bis 13 Zwei Textdoppelseiten, zwei Doppelseiten des Abbildungs-
teils, eine Doppelseite mit französischer Übersetzung sowie eine Doppelseite
des Werkverzeichnisses.

Fig. 8 to 13 Six double pages: two each of text and pictures and one each
with French translation and index of works.

Albert Manser, peasant painter A Monograph by Josef König

Grosse Devilli, Lehmmischfarbe auf Zuckerkistchen, 17 × 20 cm
Large «Devalo», sugar wafer painted with fixed coloring

The tradition of peasant painting

Swiss peasant painting in the two half-cantons of Appenzell Innerrhoden and Appenzell Ausserrhoden, as well as in the region of Toggenburg, has a long tradition and is a source of lively interest even today. The old «Sennenstreifenbilder» and «Tafelbilder» with their charming rural scenes and rich pictorial dialogue are typical of this folk art. The true origin of the Appenzell peasant painting is difficult to determine, but it may be assumed that the precursors are to be found in the traditional folk art of the region.

The earliest traces of this tradition of peasant painting appeared in the 16th century. At that time, room interiors and furniture were embellished with ornamental decorations derived from the forms of plants and animals. These were later enhanced with figurative designs. The boom in the textile industry brought the rural population additional income and enabled local families to afford such luxuries as painted furniture. It is probable that the native, as well as the occasional foreign artist, was influenced by diverse movements and styles practiced in neighbouring countries – for example, the Innerrhoder decorative and ecclesiastic painting of Austria and southern Germany. Early influences were also indigenous motifs pertaining to everyday life. This is particularly apparent in the work of Conrad Starck of Gonten (1765 – ca. 1850). He was perhaps the first to depict the «Alpaufzug» (the annual transhumance of the dairy herds to the Alpine pastures) on a wooden cabinet. He is often accredited with being the founder of Appenzell's peasant painting.

Painters of furniture in the first half of the 19th century were also often commissioned to decorate the various utensils used by the local dairy farmers. It is assumed that the artists, fascinated by these motifs, reproduced them in their own paintings. The originally very simple representations of the «Alpfahrten», or transhumance, became continually richer in form, colour and contrast. The motif of the dairy farmer's parading herd with his majestic «Leitkuhe» (lead cow), or the most handsome animals, was soon expanded to include trees, Alpine cabins, and the first implications of the surrounding landscape. Along with the works of art painted on the «Fahreimerbödeli» (the bottoms of wooden milk buckets), the first «Sennenstreifen» also appeared. These «dairy stripes» were long, narrow paintings on paper or wood, depicting the «Alpfahrt» with herdsmen and animals, all lined in order, and often representing all the cattle and mobile possessions of a farmer. It is likely that the first portraits of dairy farmers painted on the wooden plank exteriors of «Gaden» (barns) appeared at this time.

About the middle of the century, Bartholomäus Lämmler (1809–1865) took a decisive step in a new direction with his «Tafelbilder». This resulted in a noteworthy enlargement of the thematic scope of these dairy paintings. The theme of the transhumance remained the dominant motif, however, the landscape, the surrounding scenery, the «Sennen», the dairy farm and all its inhabitants, as well as the images of the daily farm routine were now integrated into a broadened format. This new form of peasant painting became increasingly welcome in the local farm homes, establishing itself «as art for the rural farmers, who now actually commissioned the painters as well». (F Rainald Fischer.) The «Tafelbilder» with dairy farming motifs achieved a virtual period of bloom in the second half of the 19th century. Johannes Zülle (1841–1938) and Johann Baptist Zeller (1877–1959) continued this tradition. The exhibition «Schweizer Volkskunst» in Basel in 1941 widened the recognition of this style of painting which was hardly known beyond the narrow region of its origin at the time.

A new generation of artists has entered into the scene of peasant painting since World War II. Whereas originally the peasant painters maintained another part-time or full-time job – very few were actually farmers – more and more painters have made a career of this folk art during the last few decades. No longer are the local farmers the important clients. Serious collectors, as well as those collecting as a hobby, have developed into the important customers. There are often cosmopolitan collectors without ties to agricultural life. The circle of interest in this art form has thus spread far beyond the county and even national borders.

Do we dare still speak of «peasant painting» in such today? The generally used connotation remains undefined and does not properly apply to the present situation. There are numerous painters merely employing the traditional subject matter, especially the cliché of the «Alpaufzug» in schematic representations. The results are often unimaginative imitations. Other painters, however, are now making strides in new directions. They are currently trying to escape the tendency to merely reproduce the accepted standard works. Actually, it is only proper to look upon peasant painting as it had developed up to the turn of the last century, as a unified art form. A clear classification of contemporary peasant painting is far more difficult.

It is likewise too early to determine the definite classification of Albert Manser among the peasant painters of Appenzell. He obviously belongs to the category of painters of the traditional Alpine dairy farming motifs. He has achieved, however, a distinctly broader form or concept of the original world of peasant painting. As a young artist, he had already incorporated new elements and grad-

Verzeichnis der Bilder
Index des tableaux
Index of paintings

Hans Rudolf Bosshard:
Typografie Schrift Lesbarkeit. Sechs Essays
Format 150 × 230 mm, Proportion 1:1,539, 194 Seiten

Das Format dieses Buches ist aus dem Fünfeck beziehungsweise dem Fünfstern entwickelt, zwei Figuren, die in allen Teilen die Proportion des Goldenen Schnitts enthalten, ohne dass das Rechteck selber diese Proportion hätte (Abb. 1). So ist es naheliegend, das Buchformat im Verhältnis des Goldenen Schnitts zu gliedern. Diese Gliederung ist nicht nur durch Zirkelschläge zu erreichen (Abb. 2), sondern auch durch fortlaufendes Multiplizieren der Blatthälfte von 75 mm mit der Goldenen-Schnitt-Zahl 0,618 (oder Dividieren durch 1,618). Gerundet ergeben sich so Teile von 28, 18, 11, 7 und noch einmal 11 mm, die sich, gespiegelt auf die linke Blatthälfte übertragen, zu einem symmetrischen Gitter ergänzen (Abb. 5, 6b). In der Höhe ist das Format auf zwei verschiedene Arten im Wechsel von 28 mm und 18 mm gegliedert (Abb. 6c, d). Alle Linien kombiniert bilden eine Struktur mit den Anhaltspunkten für den Stand der Abbildungen und zum Teil auch deren Grösse (Abb. 5, 6a). Die Abbildungen stehen, von viel weissem Raum umgeben und als Referenzabbildungen relativ klein, auf separaten, vom Zeilenregister unabhängigen Seiten.

Der Grundtext (9,5 Punkt Meta Plus) sowie die laufenden Kolumnentitel und Paginas am unteren Blattrand stehen auf einem Zeilenregister mit 5 mm Abstand (Abb. 4). Die Legenden (6,3 Punkt, Zeilenabstand 2,5 mm) sind gegenüber dem Grundtext um 11 mm zum Bund hin verschoben (Abb. 5) und auf den linken Seiten teilweise bis auf die Höhe des Kolumnentitels abgesenkt. Zitate 8 Punkt, Zeilenabstand 4 mm; Anhangtexte 6,3 Punkt, Zeilenabstand 3,5 mm.

Obwohl die Gestaltung dieses Buches sozusagen vom Goldenen Schnitt ‹durchtränkt› ist, erkennt man auf den fertigen Buchseiten nichts, was auch nur annähernd mit der traditionellen Anwendung dieses Proportionssystems etwas zu tun haben könnte.

Hans Rudolf Bosshard: Typography Type Legibility. Six essays
Size 150 × 230 mm, proportion 1:1.539, 194 pages

The page size of this book is developed from the pentagon, or rather the five-pointed star, two figures that contain the proportion of the Golden Section in all their parts, without the rectangle itself having this proportion (Fig. 1). It is therefore a natural step to divide the book format in relation to the Golden Section and to obtain this division not only through use of the compasses (Fig. 2) but also through continuous multiplication of the half-sheet of 75 mm by the Golden Section number 0.618 (or division by 1.618). When rounded off, the parts obtained are of 28, 18, 11 and 7 mm and once again 11 mm. These numbers, transferred mirror-fashion to the left-hand half of the page, extend into a symmetrical grid (Fig. 5, 6b). In its height, the page is divided in two different ways through the exchange of 28 and 18 mm (Fig. 6c, d). All the lines combined form a structure with reference points for the positioning of the pictures and to some extent for their sizing (Fig. 5, 6a). The illustrations are placed on separate pages independently of the type line register and are kept relatively small for reference use, surrounded by large amounts of white space.

The main text (9.5 pt Meta Plus) and the running column heads and page numbers at the lower edge of the page are placed on a type line register with 5 mm interval (Fig. 4). The captions (6.3 pt, interline spacing 2.5 mm) are displaced by 11 mm towards the inner margin by comparison with the main text (Fig. 5) and, on the left-hand pages, lowered to the height of the column head. Quotations 8 pt, interline spacing 4 mm; appendices 6.3 pt, interline spacing 3.5 mm.

Although the design of this book is, as it were, 'saturated' with the Golden Section, nothing can be seen on the actual pages which even approximates to the traditional use of this system of proportion.

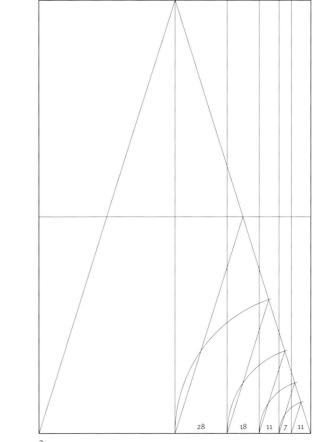

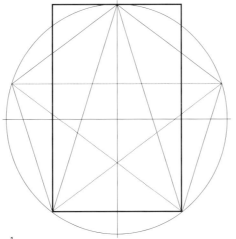

1

2

Abb. 1 Konstruktion des Buchformats aus dem Fünfeck beziehungsweise aus dem Fünfsterndreieck.

Abb. 2 Die Gliederung der Formathälfte im Goldenen Schnitt ergibt die (gerundeten) Werte 28, 18, 11 und 7 mm sowie ein Rest von 11 mm.

Fig. 1 Construction of the book size from the pentagon or the five-pointed star.

Fig. 2 Division of half the page size into the Golden Section produces the (rounded off) figures of 28, 18, 11 and 7 mm, with a remainder of 11 mm.

3

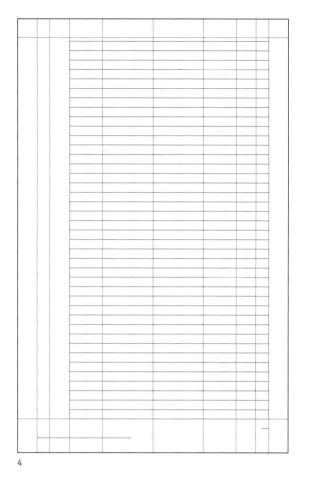

4

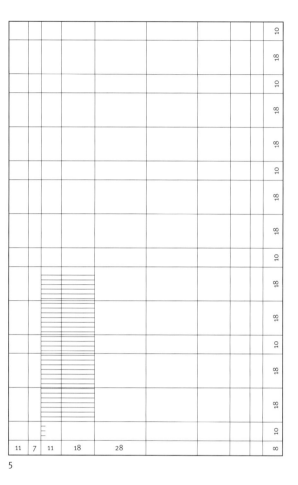

5

Abb. 3 Schutzumschlag mit Rückentitel und Klappe. Druck Dunkelbraun und Rot.

Abb. 4 Satzspiegelschema für die rechten, ungeraden Seiten; auf den linken Seiten ist der Satzspiegel (ohne Kolumnentitel) gespiegelt.

Abb. 5 Die vollständige Gliederung für den Stand der Abbildungen; eingeblendet die Legendenspalte mit dem Zeilenregister.

Abb. 6 (a–d) Die Konstruktion von Abb. 2 ist auf die linke Formathälfte gespiegelt (b); in der Höhe ist das Format in zwei verschiedenen Rhythmen mit den Abständen 18 und 28 mm gegliedert (c, d); die Kombination dieser Gliederungen ergibt das Liniennetz, das den Stand und teilweise auch die Masse der Abbildungen regelt (a).

Fig. 3 Jacket with spine title and fold. Printed in dark brown and red.

Fig. 4 Type area diagram for right-hand, odd-number pages, reflected on the left-hand pages but without column headings.

Fig. 5 Complete division for the position of the pictures; inset, caption column with text line register.

Fig. 6 (a–d) The construction of Fig. 2 is reflected in the left-hand half of the page (b); in its height the page is divided into two different rhythms with distances of 18 and 28 mm (c, d); the combination of these divisions produces the network of lines which govern the positioning of the pictures and to some extent also their sizes (a).

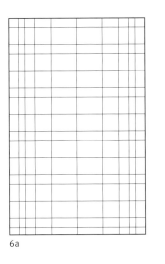

6a

c

d

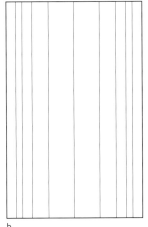

b

7

8

Lesbarkeit, Lesefreundlichkeit und typografische Gestaltung

Einleitung

Lesbar müsse Typografie sein. Müßte nicht eher Schrift lesbar sein? – im Sonderheft «elementare typographie», dem Oktoberheft 1925 der Leipziger «Typographischen Mitteilungen», aus dem von den meisten Publizisten zur Typografie immer wieder zitiert wird, schrieb Iwan Tschichold unter dem Titel «ELEMENTARE TYPOGRAPHIE» (von Tschichold in Versalien gesetzt):

Abb. 7 Doppelseitiger Innentitel, der gleichzeitig als Inhaltsverzeichnis dient. Druck Rot und Schwarz.

Abb. 8 Anfangsseiten des ersten Aufsatzes; auf der linken Seite oben das Inhaltsverzeichnis, das nur für den Aufsatz ‹Lesbarkeit, Lesefreundlichkeit und typografische Gestaltung› gilt.

Fig. 7 Double title page, also serving as Contents page. Printed in red and black.

Fig. 8 First pages of the first essay; at top of left-hand page the contents list, applying only to the essay on 'Legibility, reader-friendliness and typographic design'.

9

10

13

14

Abb. 9 bis 16 Acht Doppelseiten aus verschiedenen Aufsätzen. Der insgesamt freie Umgang mit dem Raster beim Kombinieren der Abbildungen ist offensichtlich.

Fig. 9 to 16 Eight double pages from different essays. It can be clearly seen that the design allows complete freedom in the use of the grid when combining illustrations.

11

12

15

16

Stefanie Wettstein: Ornament und Farbe

Format 220 × 280 mm, 248 Seiten

Die Linien des in 16 und 25 Felder gegliederten Formats ergeben, übereinander-kopiert, ein zentralsymmetrisches Muster mit den Massen 11, 22, 33 und 44 mm in der Breite sowie 14, 28, 42 und 56 mm in der Höhe (Abb. 1a–c). Diesen Massen sind die Zwischenräume von 11 mm und die Ränder von 22 und 14 mm des Text- und des Bildspiegels entnommen (Abb. 2a, b). Die primären Rasterfelder sind zusätzlich halbiert beziehungsweise geviertelt (Abb. 2c, d). Das Buchformat ent-spricht keiner der vierundzwanzig gesetzmässigen Proportionen.

Grundtext 8,7 Punkt Meta Plus halbfett, Zeilenabstand 5,09 mm, Spal-tenbreite 82,5 mm. Fussnoten, Legenden und Teile des Anhangs (beispielsweise das vierspaltige Register) 6,5 Punkt, Zeilenabstand 3,4 mm (Abb. 3). Inhaltsver-zeichnis, Vorwort und Teile des Anhangs 7,5 Punkt, Zeilenabstand 4,04 mm. Die Kapiteltitel sowie die Namen im Künstlerverzeichnis sind in fetten Kapitälchen gesetzt, die in dieser Schrift breiter und kräftiger sind als die Versalien. Die Farb-abbildungen sind auf Druckbogen zu 8, 12 oder 16 Seiten zusammengefasst. Die Legenden befinden sich in der rechten Spalte auf der den Abbildungen voran-gehenden Textseite. Besonders gestaltet sind die in einem Linienkreuz angeord-neten Abbildungsnummern.

Dieses Buch, eine Dissertation mit dem Untertitel ‹Zur Geschichte der Dekorationsmalerei in Sakralräumen der Schweiz um 1890›, hat – ohne dass es historisierend wirken sollte – in seinem grafischen Habitus etwas vom Charakter der Ornament-Musterbücher des 19. Jahrhunderts, etwa von Owen Jones' *Gram-matik der Ornamente* (1856, Reprint 1987).

Stefanie Wettstein: Ornament and Colour

Size 220 × 280 mm, 248 pages

The lines of the page area, which is divided into 16 and 25 fields, when super-imposed, produce a centrally symmetrical pattern with the measurements 11, 22, 33 and 44 mm in width and 14, 28, 42 and 56 mm in height (Fig. 1a–c). These measurements are taken from the intervals of 11 mm and the margins of 22 and 14 mm of the text and picture area (Fig. 2a, b). The primary grid fields are halved or quartered (Fig. 2c, d). The format of the book does not correspond to any of the 24 regular proportions.

Main text 8.7 pt Meta Plus medium, line space 5.09 mm, column width 82.5 mm. Footnotes, captions and parts of the appendix (e. g. the four-column register) 6.5 pt, line space 3.4 mm (Fig. 3). Contents list, foreword and part of the appendix 7.5 pt, line space 4.04 mm. Chapter headings and names in the index of artists are set in bold small capitals, which in this typeface are wider and more powerful than the full capitals. The colour illustrations are assembled on sheets to make 8, 12 or 16 pages. The captions are in the right-hand column of the text page preceding the illustrations. Illustration numbers are fitted into a cross-shape in an original manner.

The book, a dissertation with the subtitle 'On the History of Decorative Painting in Swiss Religious Rooms around 1890' has something of the air of the ornament specimen books of the 19th century, such as Owen Jones's *The Gram-mar of Ornament* (1856) – though without any deliberate historicizing.

Abb. 1 (a–c) Die Gliederung der Fläche in 16 und 25 Teile ergibt ein sym-metrisches Linienmuster.

Abb. 2 (a–d) Der Satzspiegel (a) und der Abbildungsspiegel (b) über-nehmen die Grössen 11, 14 und 22 mm der Flächengliederung. Die primären Rasterfelder gehen ebenfalls von dieser Gliederung aus, einige dieser Felder sind zusätzlich halbiert und geviertelt (c, d).

Fig. 1 (a–c) Division of the area into 16 and 25 parts produces a symme-trical pattern.

Fig. 2 (a–d) The type area (a) and the illustation framework (b) take on the 11, 14 and 22 mm sizes of the page division. The primary grid fields are also derived from this division, some of them being additionally halved or quar-tered (c, d).

1a

b

c

28

42

14

56

22   33   11   44

2a

b

c

d

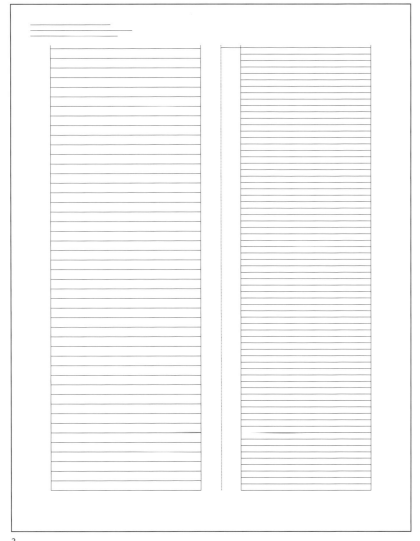

Stefanie Wettstein **ORNAMENT UND FARBE**

Niggli

Zur Geschichte der Dekorationsmalerei in Sakralräumen der Schweiz um 1890

4

Abb. 3 Schema der Textseiten. Die linke Spalte zeigt das Zeilenregister der Grundtexte mit 5,09 mm Abstand, die rechte Spalte dasjenige der Legenden und Fussnoten mit 3,4 mm Abstand.

Abb. 4 bis 8 Innentitel mit Frontispiz, Doppelseite mit Druckvermerk und Inhaltsverzeichnis, ferner eine Doppelseite mit Grundtext, eine Doppelseite mit Legendenspalte und Abbildungen sowie eine Doppelseite mit textbegleitenden Abbildungen.

Fig. 3 Diagram of the text pages. The left-hand column shows the type line register of the main text with 5.09 mm interval, the right-hand one that of the captions and footnotes with 3.4 mm interval.

Fig. 4 to 8 Title page with frontispiece and four double pages: imprint and contents list, part of main text, one with caption column and pictures and one with pictures accompanying the text.

ORNAMENT UND FARBE IN THEORIE UND PRAXIS
Ein Überblick über ein knappes Jahrhundert Dekorationsmalerei in der Schweiz

KUNST UND GESCHÄFT
Leben, Werkstatt und Arbeit der Dekorationsmaler um die Jahrhundertwende

9

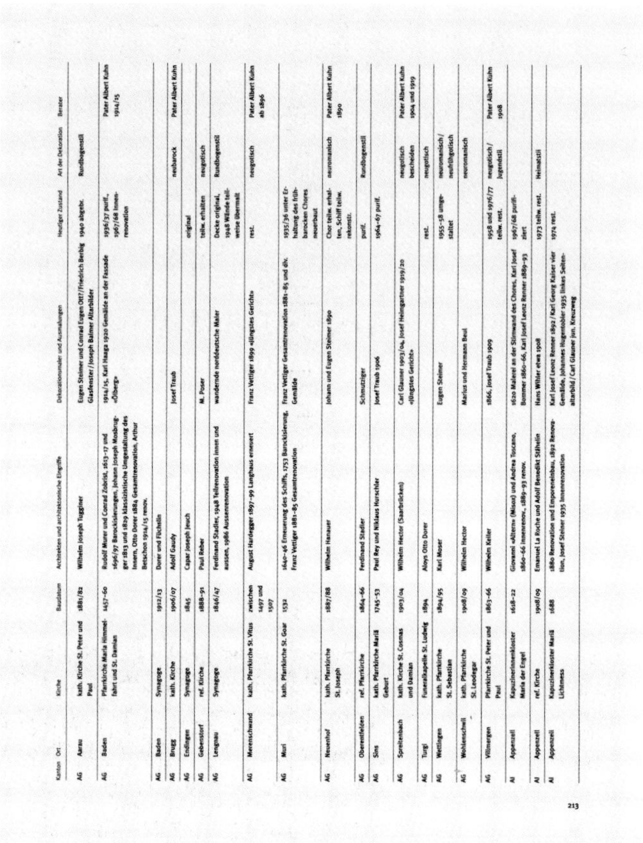

10

Abb. 9 und 10   Zwei Einzelseiten mit dem Künstlerverzeichnis und mit der Liste ausgemalter Sakralbauten.

Abb. 11 bis 14   Vier Doppelseiten des Tafelteils.

Fig. 9 and 10   Two single pages with lists of artists and painted religious rooms.

Fig. 11 to 14   Four double pages of the Table section.

11

12

13

14

J. Christoph Bürkle (Hg.): Junge Schweizer Architekten

Format 220 × 304 mm, Proportion 1:1,376, 216 Seiten

Das umfangreiche Bildmaterial aus vierzehn Architekturbüros musste möglichst zu einem optisch einheitlichen Erscheinungsbild kompiliert werden. Bald nach Beginn der Arbeit erwies es sich als notwendig, den Raster feiner zu gliedern als ursprünglich vorgesehen, so dass die fotografischen Aufnahmen ohne grössere Beschnitte wiedergegeben werden konnten. Einzelne Beiträge erforderten wegen des speziell konzipierten Bildmaterials oder auch (dies vor allem beim Beitrag einer Zürcher Architektengemeinschaft, siehe Abb. 12 bis 18) wegen der prozessorientierten Arbeitsweise eine eigene Präsentationsform.

Zu Beginn des Buches ist – als Übersicht sowie als Einstimmung in die Szene ‹Junge Schweizer Architektur› – je ein Werk der beteiligten Architekten und Architekturbüros farbig abgebildet; die Abbildungen in den darauf folgenden Einzelbeiträgen sind durchwegs schwarzweiss gedruckt. Die Einzelbeiträge werden – einem illustrierten Inhaltsverzeichnis gleich – eingeleitet durch kleine Abbildungen der vorgestellten Bauten und Projekte. Der Einführungstext sowie die Erläuterungen zu den Bauten sind von Skizzen, Riss- und Schnittzeichnungen, Situationsplänen und Fotografien begleitet und abgerundet durch Biografien, Werkverzeichnisse und Bibliografien. Alle Texte sind deutsch und englisch wiedergegeben. Der Raster besteht aus relativ kleinen Feldern von 20 × 20 mm mit 8 mm Abstand und 16 mm allseitigem Papierrand. Die Rasterfelder sind zusätzlich mit 6+8+6 mm unterteilt (Abb. 1).

Vorwort 8,3 Punkt Akzidenzgrotesk halbfett, Zeilenabstand 4,664 mm, Breite von vier Rasterfeldern = 104 mm (Abb. 2). Einführungen zu den Architekten und Projekten 7,2 Punkt, Zeilenabstand 3,708 mm, Breite von drei Rasterfeldern = 76 mm (Abb. 7). Biografien, Werkverzeichnisse, Bibliografien 6,3 Punkt, Zeilenabstand 3,114 mm, Breite zwei Rasterfelder = 48 mm (Abb. 18).

J. Christoph Bürkle (ed.): Young Swiss Architects

Size 220 × 304 mm, proportion 1:1.376, 216 pages

It was necessary to accommodate the voluminous illustrative material from fourteen architectural studios to give the best possible, optically unified overall appearance. Soon after beginning work on the job it became apparent that the grid would need to be finer than originally anticipated, especially so that the photographic illustrations could be reproduced without drastic cropping. Some contributions (especially that of a Zurich-based architectural cooperative, see Fig. 12 to 18) demanded a form of presentation of their own to the specially planned pictorial material and also their process-oriented way of working.

The book starts with one work each from the architects and studios concerned in colour, for the sake of the overview of the scene of 'Young Swiss architects', while all the pictures in the subsequent contributions are printed in black-and-white. The individual contributions are introduced, rather like an illustrated contents list, by means of small pictures of the buildings and projects concerned. The introductory text and commentaries on the buildings are accompanied by sketches and sectional drawings, situation plans and photographs, and rounded off by biographies, lists of works and bibliographies. All texts are in both German and English. The grid consists of relatively small fields of 20 × 20 mm with 8 mm interval and 16 mm margin all round. The grid fields are additionally divided with 6+8+6 mm (Fig. 1).

Foreword 8.3 pt Akzidenz Grotesk medium, interline spacing 4.664 mm, width of four grid fields = 104 mm (Fig. 2). Introductions to the architects and projects 7.2 pt, interline spacing 3.708 mm, width of three grid fields = 76 mm (Fig. 7). Biographies, lists of works and bibliographies 6.3 pt, interline spacing 3.114 mm, width of two grid fields = 48 mm (Fig. 18).

Abb. 1 Das Rastersystem mit Feldern von 20×20 mm und 8 mm Abstand sowie einer weiteren Feingliederung.

Abb. 2 Satzspiegelschema für das Vorwort. Das Register mit 4,664 mm Zeilenabstand korrespondiert (wenn auch mathematisch nicht exakt) mit den Rasterfeldern und mit den kleinen Abbildungen auf der ersten Seite der einzelnen Beiträge. Im Vergleich dazu das Zeilenregister der beiden anderen verwendeten Schriftgrade.

Fig. 1 The grid system with fields of 20×20 mm and 8 mm interval plus another fine division.

Fig. 2 Type area diagram for the Foreword. The register with 4.664 mm interline spacing corresponds with the grid fields and the small illustrations at the beginning of each contribution. For comparison, the type line register of the two other type sizes used.

1

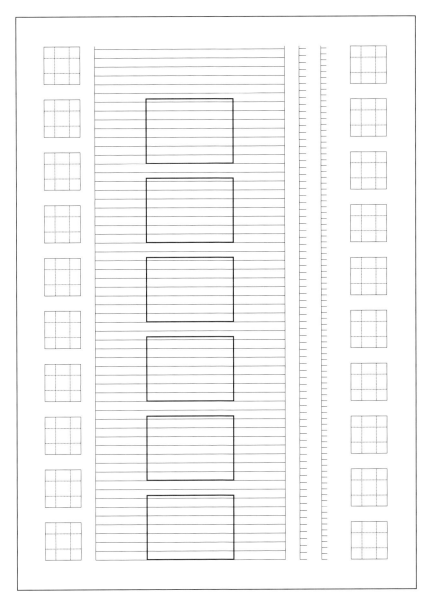

2

Abb. 3 und 4 Umschlag, Klappbroschur (vergleiche Abbildung Seite 16); Schmutztitel.

Abb. 5 und 6 Innentitel mit Inhaltsverzeichnis; Einzelseite aus dem einleitenden Farbteil.

Fig. 3 and 4 Cover, brochure flap (cf. picture p. 16); half-title.

Fig. 5 and 6 Title page with contents list; single page from the introductory colour section.

Junge Young
Schweizer Swiss
Architekten Architects

Valerio Olgiati, Zürich

Projekt für den Wiederaufbau des Souk von Beirut | Redevelopment of the Souk of Beirut, Project | 1994

7

8

Abb. 7 Satzspiegelschema für die einführenden Texte zu den einzelnen Architekturbüros.

Abb. 8 bis 11 Eingangsseite, Doppelseite mit Einführungstext und zwei Doppseleiten des Beitrags eines Architekten.

Fig. 7 Type area diagram for the introductory texts to each architect's studio.

Fig. 8 to 11 First page and three double pages, one with introductory text, two with an architect's contribution.

Logieter und Intelligent

[text illegible]

Sociable and Intelligent

[text illegible]

St. Peter et Vaux-Liveigny, church [1984–88]

Unterwerk Vorderprättigau, Saxeris (Baulngenieur: Jürg Conzett), 1992/94

[text illegible]

Power Substation Vorderprättigau, Saxerls (Construction Engineer: Jürg Conzett), 1992/94

[text illegible]

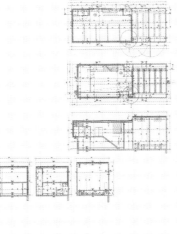

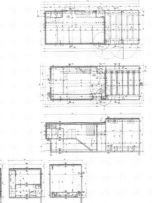

Abb. 12 bis 18 Der Beitrag einer Zürcher Architektengemeinschaft: Eingangsseite, eine Doppelseite mit Einführungstext, vier Doppelseiten mit Abbildungen und Beschrieb ihrer Arbeitsweise, eine Doppelseite mit Biografien, Werkverzeichnis und Bibliografie.

Fig. 12 to 18 Contribution of a Zurich architects' cooperative: first page, double page with introductory text, four double pages with pictures and an account of their working methods and one with biographies, list of works and bibliography.

Marc Angélil, Sarah Graham, Reto Pfenninger, Manuel Scholl

Theorie und Praxis.

Theory and Practice.

Zusammenarbeit/Transfers.

Cooperation/Transfers.

14

Marc Angélil, Sarah Graham, Reto Pfenninger, Manuel Scholl

Offenheit.

Openness.

Projekt/Arbeitsleben.

Process/Work Work.

15

Marc Angélil, Sarah Graham, Reto Pfenninger, Manuel Scholl

Schichtungen/Strukturen.

Stratifications/Structures.

Bezüge/Kontexte.

References/Contexts.

17

Marc Angélil, Sarah Graham, Reto Pfenninger, Manuel Scholl

Biografien

Werkverzeichnis

Bibliografie

Biographies

List of Works

Bibliography

18

Arthur Rüegg (Hg.): Das Atelierhaus Max Bill 1932/33

Format 272 × 220 mm, Proportion 1:1,236, 108 Seiten

Das Material zu diesem Buch über ein Haus der frühen Moderne in Zürich wurde von zwei Studierenden im Wahlfach ‹Konstruktive Konzepte der Moderne› an der Eidgenössischen Technischen Hochschule ETH in Zürich erarbeitet. Die Studien, Entwurfszeichnungen, Pläne und Fotografien waren bis zum Zeitpunkt seines Erscheinens noch weitgehend unveröffentlicht. Max Bill wurde vor allem als Maler und Bildhauer bekannt, jedoch verstand er sich zeitlebens primär als Architekt. Seit seinem Studium am Bauhaus in Dessau wandte er im Privatgebrauch und in vielen typografischen Arbeiten die radikale Kleinschreibung an. Diese programmatische Haltung wurde jedoch in dieser Publikation, ausgenommen in Zitaten und im Aufsatz von Jakob Bill, nicht übernommen. Ebensowenig finden sich Anklänge an Bills Typografie, vielmehr wurde versucht, durch die zurückhaltende Typografie der Einfachheit und Kargheit von Bills Architektur nahezukommen.

Dem Grundformat wurde ein Quadrat und das gesetzmässige Rechteck mit der Proportion 1:1,118 eingeschrieben (Abb. 2a, b), ferner das Rechteck mit der Proportion 1:1,236, der Proportion des Grundformats, das auf die Breite des Quadrats verkleinert wurde (Abb. 2c). Die verbleibenden Räume, links 52 mm und oben 42 mm, wurden sodann in sechs Teile geteilt. Daraus resultierten die (gerundeten) Werte 18 mm und 34 mm am linken sowie 18 mm und 8 mm am rechten Papierrand als Grundstruktur für die Ermittlung der Textspalten und der verschiedenen Raster (Abb. 3a). Die Räume oben und unten wurden frei in Schritten von 7 mm bestimmt (Abb. 3a–c). Der Raster ist variabel, vielfach kombinierbar und frei angewandt (Abb. 4a–f).

Grundtext 7,5 Punkt Akzidenzgrotesk halbfett, Zeilenabstand 4,5 mm, Breite 93 mm, Spaltenabstand 8 mm; Zitate, Projektbeschriebe und Anhangtexte 6,6 Punkt, Zeilenabstand 3,6 mm, Breite 72 mm, Spaltenabstand 6 mm; Legenden und Fussnoten (normale Akzidenzgrotesk) 6,3 Punkt, Zeilenabstand 3 mm, Breite 52,5 mm.

Arthur Rüegg (ed.): The Max Bill Studio House 1932/33

Size 272 × 220 mm, proportion 1:1.236, 108 pages

The material for this book about a house in Zurich in the early modern style was worked out by two students in the optional faculty 'Constructive Concepts of Modern Architecture' at the Federal Technical College (Eidgenössische Technische Hochschule) in Zurich. The studies, sketches, plans and photos were still largely unpublished at the time of the book's appearance. Max Bill was known mainly as a painter and sculptor, but in his lifetime he thought of himself primarily as an architect. Since studying at the Bauhaus in Dessau, he adhered to the radical German spelling reform of 'kleinschreibung' (no capital letters) both in the private sphere and in many typographical works. That style is not followed, however, in the book under review, except in quotations and in the contribution by Jakob Bill. Likewise, there are few echoes of Bill's typographic style. On the contrary, an attempt is made to echo the simplicity and austerity of Bill's architecture with restrained typography.

A square and the conventional rectangle with the proportion 1:1.118 are inserted into the basic page area (Fig. 2a, b), also the rectangle with the proportion 1:1.236, matching those of the page area but reduced to the width of the square (Fig. 2c). The remaining space, 52 mm at the left and 42 mm at the top, was then divided into six parts. From this there resulted the (rounded-off) figures of 18 and 34 mm at the left-hand edge of the paper and 18 and 8 mm at the right, as basic structure for the determination of text columns and the various grids (Fig. 3a). The spaces above and below were freely established in steps of 7 mm (Fig. 3a–c). The grid is variable, freely applied and suitable for a variety of combinations (Fig. 4a–f).

Main text 7.5 pt Akzidenz Grotesk medium, interline spacing 4.5 mm, width 93 mm, column interval 8 mm; quotations, project descriptions and appendices 6.6 pt, interline spacing 3.6 mm, width 72 mm, column interval 6 mm; captions and footnotes (Akzidenz Grotesk normal) 6.3 pt, interline spacing 3 mm, width 52.5 mm.

1

2a

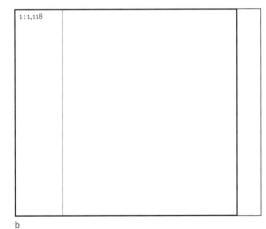

b

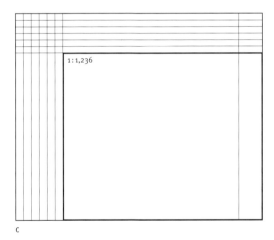

c

Abb. 1 Schutzumschlag, Vorder- und Rückseite mit hinterer Klappe. Farben: Schwarz, Hellgrau, Dunkelgrau und Rot. (Massstab 1:3)

Abb. 2 (a–c) Dem Grundformat ist ein Quadrat eingeschrieben, sodann ein Rechteck mit der Proportion 1:1,118 sowie ein Rechteck mit der Proportion 1:1,236, der Proportion des Buches.

Fig. 1 Jacket, front and back with fold. Colours: black, light grey, dark grey and red. (Scale 1:3).

Fig. 2 (a–c) A square is inserted into the basic page size, then a rectangle with the proportions 1:1.118 and a rectangle of 1:1.236, matching the proportions of the book.

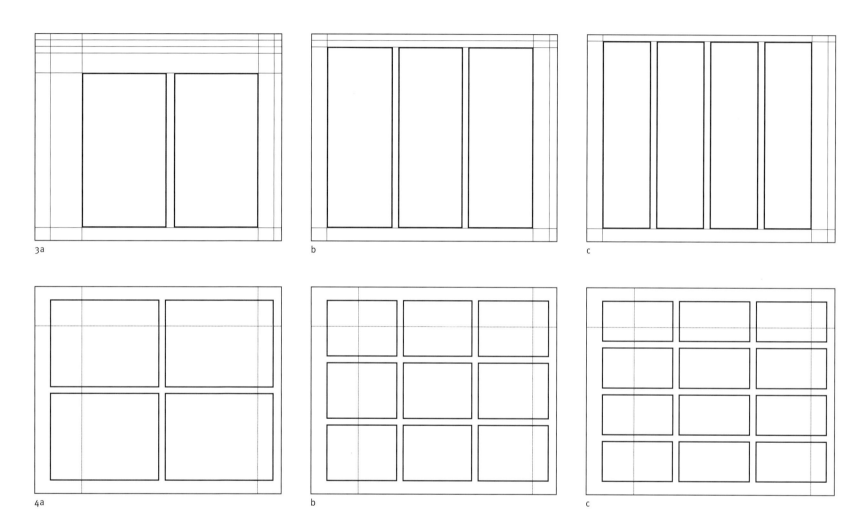

3a   b   c

4a   b   c

Abb. 3 (a–c) Systematischer Aufbau der mehrspaltigen Satzspiegel mit unterschiedlichen Höhen. Der vierspaltige Satzspiegel gilt nur für die Legenden, zeigt also die Bereiche, in denen diese stehen können.

Abb. 4 (a–f) Die sechs grundlegenden Abbildungsraster. Das System ist sehr flexibel und lässt durch Kombinieren zahllose Varianten von Abbildungsgrössen zu.

Abb. 5 Doppelseite mit dem Innentitel; auf der linken Seite Dank, Copyright und Inhaltsverzeichnis. (Massstab 1:3)

Fig. 3 (a–c) Systematic build-up of the multicolumn type area with different heights. The four-column type area applies only to captions, showing where they can be placed.

Fig. 4 (a–f) The six basic grids for illustrations. The system is flexible, allowing for innumerable variations of picture sizes through combinations of fields.

Fig. 5 Double page with title page; at left acknowledgements, copyright and list of contents. (Scale 1:3)

Für die finanzielle Unterstützung dieser Publikation bedanken wir uns
bei folgenden Institutionen:
Grülli Stiftung, Zürich
Präsidialabteilung der Stadt Zürich
Departement Architektur der ETH Zürich

Typografie   Hans Rudolf Bosshard, Zürich
Lithografie, Druck   Hesz Druck AG, Sulgen
Binderbeit   Buchbinderei Schumacher AG, Schmitten + Bern

Copyright der Werke von Max Bill
Copyright   © 1997 Bidrechte ProLitteris, Zürich
               © 1997 Verlag Niggli AG, Schweiz | Liechtenstein
               and by the authors
               Printed in Switzerland

ISBN 3-7212-0300-3

Das Atelierhaus Max Bill 1932|33

Ein Wohn- und Atelierhaus in Zürich-Höngg
von Max Bill und Robert Winkler

Herausgegeben von Arthur Rüegg
Professur für Architektur und Konstruktion an der
ETH Zürich

Mit Beiträgen von
Jakob Bill
Christiane Glanzmann
Kaspar Thalmann
Arthur Rüegg

5

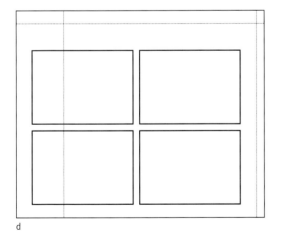

d

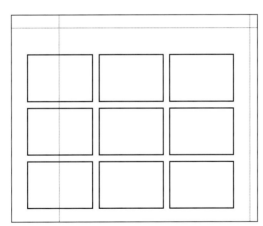

e

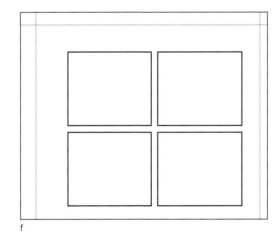

f

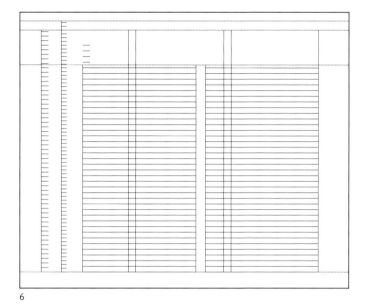

6

7

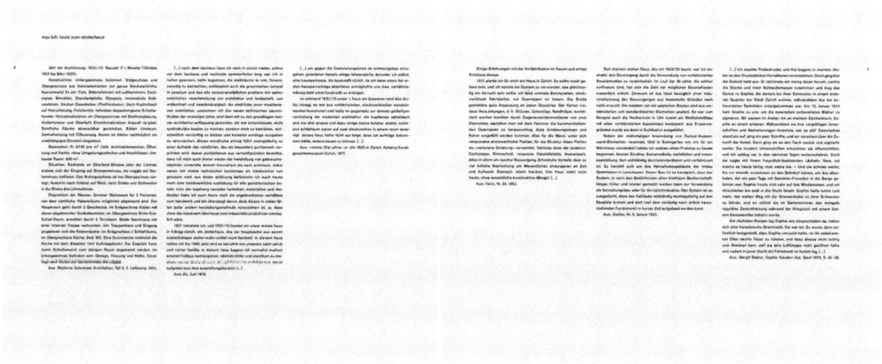

8

Abb. 6 Das Satzspiegelschema mit dem Zeilenregister für den Grundtext, im Vergleich dazu die Zeilenregister der drei- und vierspaltigen Texte. (Massstab 1:3)

Abb. 7 bis 10 Drei Doppelseiten mit Vorwort, Texten von Max Bill und mit der Einleitung; Anfangsseiten der Dokumentation des Atelierhauses. (Massstab 1:4,5)

Abb. 11 Doppelseite mit axonometrischen Zeichnungen zu ausgeführten Projekten von Max Bill. (Massstab 1:3)

Fig. 6 Diagram of type area with type line register for the main text; for comparison, the line register of the three-column and four-column texts. (Scale 1:3)

Fig. 7 to 10 Three double pages with Foreword, texts by Max Bill and Introduction; first pages of the documentation of the Studio House. (Scale 1:4.5)

Fig. 11 Double page with axonometric drawings of projects carried out by Max Bill. (Scale 1:3)

Dokumentation des Atelierhauses und des Konstruktionssystems

Christiane Glenzmann, Kaspar Thalmann

Darstellung des ursprünglichen Zustandes des Atelierhauses, seines konstruktiven Aufbaus und seiner Veränderungen anhand von Dokumenten aus den Nachlässen von Max Bill, Robert Winkler und Karl Kieser sowie eigener Rekonstruktionszeichnungen. Die Beschreibung bezieht sich auf den Zustand um 1940.

Luftaufnahme von Höngg mit Blick gegen die Limmatstadt. Das Haus Bill liegt in der Einfamilienhauszeile hinter dem Krankenheim Brombach und vor der Thomasstadt Frankental, März 1965 (Photoarchiv Swissair, Regensdorf).

11

«Konkrete Konstruktion?» – Zum Atelierhaus Bill
Arthur Rüegg

9

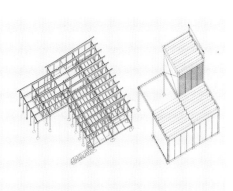

10

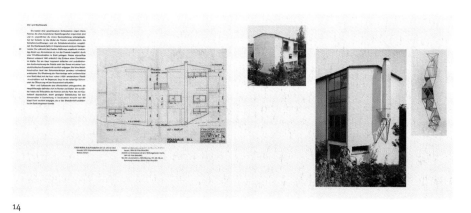

12

13

14

15

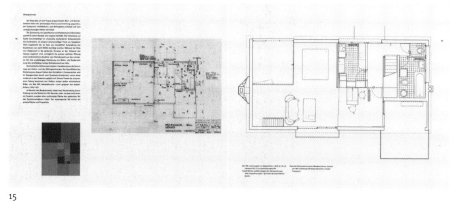

Abb. 12 bis 16 Doppelseiten aus der Dokumentation des Atelierhauses und des Konstruktionssystems. (Massstab 1:4,5)

Abb. 17 Doppelseite mit einem Bild von Max Bill und einer axonometrischen Zeichnung des Atelierhauses. (Massstab 1:3)

Fig. 12 to 16 Double pages from the documentation of the Studio House and of the construction system. (Scale 1:4.5)

Fig. 17 Double page with a picture by Max Bill and an axonometric drawing of the Studio House. (Scale 1:3)

Das Atelierhaus Max Bill 1932/33

Farben

Die früher selten benutzte und später demontierte dreiteilige Schiebewand dominiert als einziges farbiges Element den Wohnbereich. In der farblichen Differenzierung der einzelnen Holzblätter kommt die dynamische Eigenschaft des beweglichen Raumteilers zum Ausdruck. Während bei der Schiebewand das Spiel der Farben mit einer räumlichen Verlagerung der Teile vonstatten geht, entfaltet sich im Bild «progression in fünf quadraten» (1942–71) von Max Bill eine visuelle Dynamik durch die nach unten zunehmende Teilung der Farbflächen.

Die drei Hauptflügel der Schiebewand sind gegen den Essplatz hin in abgedunkeltem Ultramarinblau, Tomatenrot und grünlichem Gelb gehalten, während die Rückseite schwarz gestrichen ist. Sie heben sich von der neutralen Durchgestaltung der räumlichen Umgebung ab. Sämtliche Wände, Decken, Fensterinnenseiten, Einbaukästen und Radiatoren sind weiss gestrichen. Der sandfarbene, fein gesprenkelte Linoleumbelag der Böden unterstützt die gesamthaft neutrale Erscheinung des Innenraums. Innerhalb des hellen Volumens kommen so die räumlichen Eingriffe, die Bilder und Plastiken, das Möbelensemble und die Wechselwirkung zwischen den verschiedenen Öffnungen zum Tragen.

Die Verschlüsselung der reinen Form- und Farbklänge ist Bill fremd. 1936 schreibt er in «konkrete gestaltung»: «[...] ebenso wie die klaren, sauberen musikalischen formen dem hörenden angenehm sind, dem wissenden in ihrem aufbau freude bereiten, sollen die reinen, klaren formen und farben den betrachter optisch erfreuen.»

Die innen weissgestrichenen Fensterrahmen erhalten aussen einen schwarzen Anstrich. Die somit zu den hellen Fassaden kontrastierenden dunklen Fensterflächen verstärken die räumliche Wirkung der Komposition.

Max Bill: «progression in fünf quadraten», 1947–70 (Ausführung 1970). Öl auf Leinwand, 300 × 60 cm. Sammlung Jakob Bill.

Axonometrie mit Rekonstruktion der farbigen Schiebebühne. Zustand um 1943 (Zeichnung Christiana Glanzmann, Kaspar Thalmann).

Das elementare Ausdrucksmittel der Malerei, aus: Theo van Doesburg, Grundbegriffe der neuen gestaltenden Kunst, München 1925.

Negativ Positiv
– +

17

16

**Gerd Fleischmann, Hans Rudolf Bosshard, Christoph Bignens:
max bill: typografie reklame buchgestaltung**

Format 226 × 278 mm, Proportion 1:1,236, 304 Seiten

Das etwa von 1928 an bis in die fünfziger Jahre hinein geschaffene, sehr innovative und trotzdem wenig bekannte typografische Werk von Max Bill ist in seiner Vielfalt formal uneinheitlich und zeitverhaftet. Bill prägte seinerseits aber auch ganz entschieden zumindest den schweizerischen Zeitstil in der Typografie sowie im Industrial Design. Der vor allem in der frühen Reklamegrafik stark divergierenden Billschen Typografie sollte in diesem Buch eine Entsprechung zur Seite gestellt werden, ohne Bill nachzuahmen.

Die Grundstruktur des Buches besteht aus einem zentralsymmetrischen Netz, dessen Linien im Verhältnis des Goldenen Schnitts stehen (Abb. 1a–c). Die gegenüberliegenden Satzspiegel der Haupttexte – rund die Hälfte des Umfangs – sind jedoch asymmetrisch, und erst noch mit ungleichen seitlichen Rändern, im Format positioniert (Abb. 2). Die linken Papierränder, die für kleinere textbegleitende Abbildungen in unterschiedlichen Grössen bestimmt sind, haben in sich ebenfalls eine symmetrische Struktur (Abb. 4). Zusammen mit dem achtzigseitigen Abbildungsteil ist das Buch aber im wesentlichen asymmetrisch angelegt. Die Spalten der Quellentexte wiederum stehen symmetrisch auf der Doppelseite (Abb. 3), ebenso die Textspalten des Werkverzeichnisses und des Personenregisters (Abb. 5). Die Anordnung und die Grössen der Abbildungen – deren Proportionen natürlicherweise durchwegs gegeben sind – halten sich nur sehr locker an das symmetrische Liniennetz.

Autorentexte: Grundschrift 9,4 Punkt Meta Plus normal, Zeilenabstand 5 mm, Breite 127 mm (die Zitate von Max Bill sind in 8 Punkt Meta Plus halbfett gesetzt); Anmerkungen 7,7 Punkt, Zeilenabstand 4 mm; Bildlegenden 7,7 Punkt, Zeilenabstand 3,75 mm (Breite individuell). – Quellentexte: Grundtext 8 Punkt Meta Plus halbfett, Zeilenabstand 5 mm, Breite 84 mm, Spaltenabstand 12 mm; Überschriften 8,2 Punkt Meta Plus fett; Legenden aus den Abbildungen 7 Punkt Meta Plus normal, Zeilenabstand 3,25 mm, Breite 56 mm (Flattersatz), Spaltenabstand 6 mm. – Biografie 8,3 Punkt Meta Plus normal, Zeilenabstand 5 mm, Breite 127 mm (Flattersatz). – Werkverzeichnis, Bibliografie 7,7 Punkt Meta Plus normal, Zeilenabstand 4 mm, Breite 85 mm (Flattersatz), Spaltenabstand 10 mm. – Personenregister 7,7 Punkt Meta Plus normal, Zeilenabstand 4 mm, Breite 44 mm, Spaltenabstand 6 mm. – Titelschrift Akzidenzgrotesk halbfett.

**Gerd Fleischmann, Hans Rudolf Bosshard, Christoph Bignens:
max bill: typography advertising book design**

Size 226 × 278 mm, proportion 1:1.236, 304 pages

Max Bill's very innovative and yet little known typographical work, produced from 1928 and into the Fifties, is so varied as to lack unity of form and is rooted in its times. Nevertheless, Bill had a quite decisive influence, at least on the Swiss typographic style of the period and on industrial design. In this book, Bill's typography, strongly divergent above all in his early advertising graphics, is meant to be matched without being imitated.

The basic structure of the book consists of a centrally symmetrical network of lines with the proportion of the Golden Section (Fig. 1a–c), although the facing type area of the main text, making up about half of its contents, is asymmetrical, starting with its unequal side margins (Fig. 2). The left-hand margins, intended for smaller illustrations in a variety of sizes to accompany the text, have a symmetrical structure in themselves (Fig. 4). However, the book is mainly planned asymmetrically, including its 80-page illustration section. Again, the columns of the source texts stand symmetrically on the double page (Fig. 3), as do the text columns of the index of works and list of names (Fig. 5). The arrangement and sizes of the illustrations, whose proportions are of course already given throughout, conform only very loosely to the line network.

Authors' texts: main text 9.4 pt Meta Plus normal, interline spacing 5 mm, width 127 mm (with the longer quotations from Max Bill in 8 pt Meta Plus medium); notes 7.7 pt, interline spacing 4 mm; captions 7.7 pt, interline spacing 3.75 mm (width variable). – Source texts: main text 8 pt Meta Plus medium, interline spacing 5 mm, width 84 mm, column interval 12 mm; headings 8.2 pt Meta Plus bold; captions from the pictures 7 pt Meta Plus normal, interline spacing 3.25 mm, width 56 mm (unjustified), column interval 6 mm. – Biography 8.3 pt Meta Plus normal, interline spacing 5 mm, width 127 mm (unjustified). – Index of works and Bibliography 7.7 pt Meta Plus normal, interline spacing 4 mm, width 85 mm (unjustified), column interval 10 mm. – List of names 7.7 pt Meta Plus normal, interline spacing 4 mm, width 44 mm, column interval 6 mm. – Headline face Akzidenz Grotesk medium.

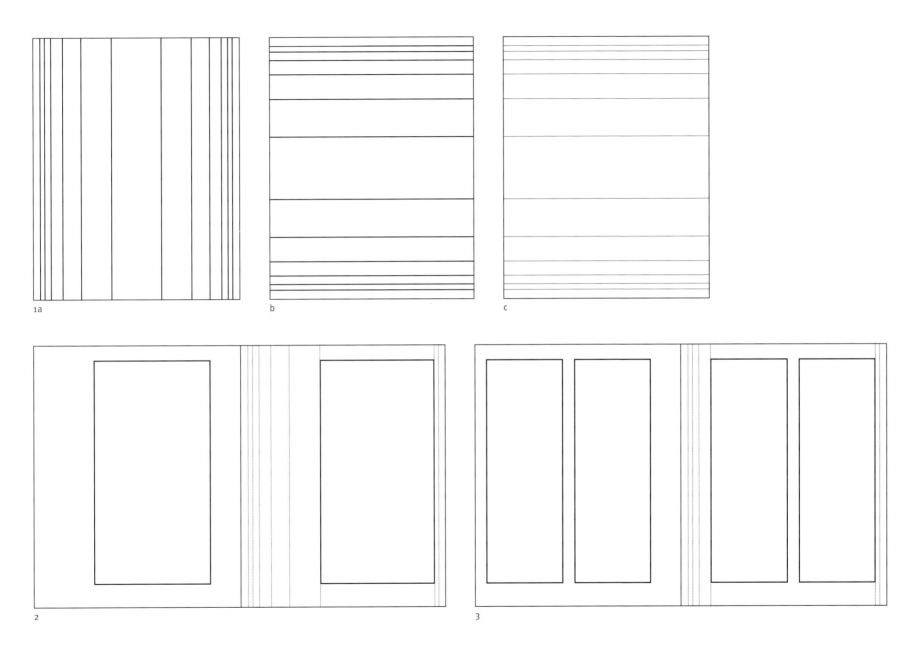

1a   b   c

2   3

Abb. 1 (a–c) Gliederung der Grundfläche mit einem im Goldenen Schnitt proportionierten zentralsymmetrischen Liniennetz.

Abb. 2 Schema des Satzspiegels für die Autorentexte. Die Spalten sind asymmetrisch und erst noch mit seitlich ungleichen Papierrändern in das Format gestellt.

Abb. 3 Schema des Satzspiegels für die Quellentexte von Max Bill. Hier sind die Spalten auf der Doppelseite symmetrisch angeordnet.

Fig. 1 (a–c) Division of the page area with a centrally symmetrical network of lines proportioned to the Golden Section.

Fig. 2 Diagram of the type area for the authors' texts. The columns are asymmetric and positioned on the page with laterally unequal margins.

Fig. 3 Diagram of type area for the Max Bill source texts. Here the columns are arranged symmetrically on the double page.

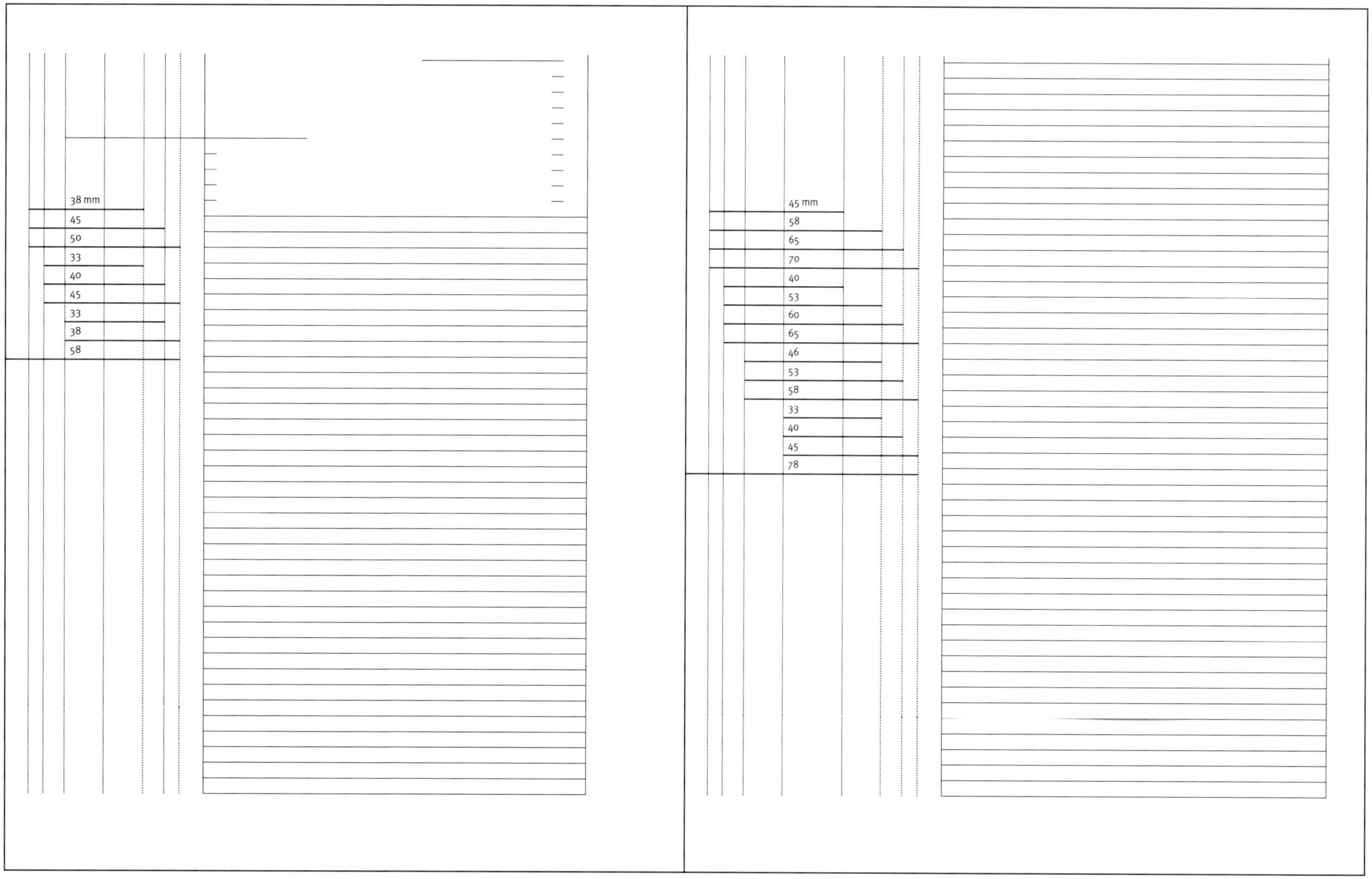

38 mm
45
50
33
40
45
33
38
58

45 mm
58
65
70
40
53
60
65
46
53
58
33
40
45
78

4

Abb. 4 Satzspiegelschema mit Zeilenregister der Autorentexte. Die Papierränder links von den Kolumnen sind in sich (wie schon die ganze Blattbreite) symmetrisch gegliedert.

Abb. 5 Satzspiegelschema und Zeilenregister des Werkverzeichnisses und des Personenregisters.

Abb. 6 Schutzumschlag mit Rückentitel.

Fig. 4 Type area diagram with type line register for the authors' texts. The margins to the left of the columns are symmetrical in themselves, as is the whole width of the page.

Fig. 5 Type area diagram and type line register for the index of works and list of names.

Fig. 6 Jacket with title on back.

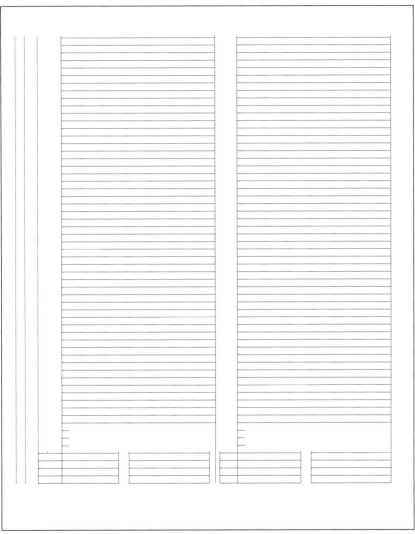

5

6

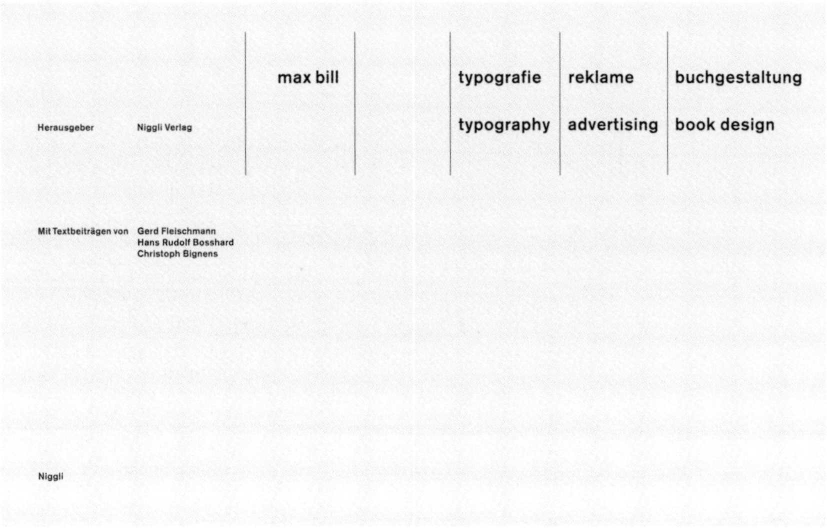

max bill | **typografie** | **reklame** | **buchgestaltung**

Herausgeber Niggli Verlag | **typography** | **advertising** | **book design**

Mit Textbeiträgen von Gerd Fleischmann
Hans Rudolf Bosshard
Christoph Bignens

Niggli

7

8

9

Abb. 7 Innentitel.

Abb. 8 und 9 Doppelseiten mit dem auf einer rechten Seite beginnenden deutschen und dem auf der folgenden, linken Seite beginnenden englischen Autorentext.

Abb. 10 Doppelseite mit einer von Max Bill 1932 gestalteten ganzseitigen Zeitungsanzeige.

Fig. 7 Title page.

Fig. 8 and 9 Double page with authors' text in German beginning on a right-hand page and in English beginning on the following left-hand page.

Fig. 10 Double page showing a full-page newspaper advertisement designed by Max Bill in 1932.

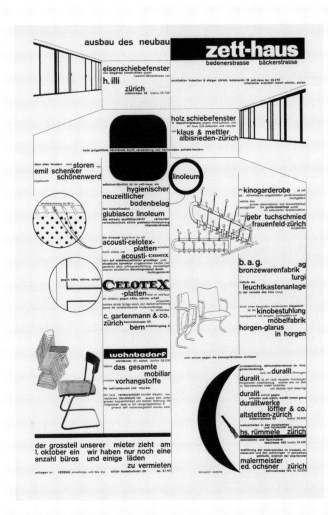

Zett-Haus, ganzseitige Anzeige Nr. 5.
Neue Zürcher Zeitung, 18. September 1932.

werden bildlich und sprachlich erläutert und gewürdigt. Die in diesen Reklamen häufiger auftretenden grafischen Zeichen wie Kreis, Wolke, Mondsichel, Zickzacklinie und Pfeil gehen wiederum auf Kandinskys und Klees Kunst zurück. Die gleichen Zeichen tauchen dann in Bills späterer Kunst wieder auf.[52] Indem sie dies tun, vollbringen sie zwischen den beiden Kulturniveaus verblüffende Bocksprünge: high – low – high! Auch Bildwitz, der ansonsten in der konstruktiven Schweizer Gebrauchsgrafik eher einen schweren Stand hatte, ist in Bills Anzeigenserie auszumachen. Etwa dort, wo am Ende eines dicken Balkens aus dem Setzkasten unerwartet ein breiter Pinsel steht. Die formalen Überraschungen in Picassos kubistischen Collagen sind einmal als «Joker» bezeichnet worden.[53] Bill verstand es ebenfalls, diesen im richtigen Moment auszuspielen. Etwa dort, wo er überraschende Rhythmuswechsel in seine Schriftentwürfe einführt, oder wo er mit zwei identischen Metallkelchen eine Bestrahlungslampe baut, oder wo er wie bei seinem Höngger Atelierhaus ein unmodernes Satteldach auf ein modernes Gebäude setzt. Als typisches «Joker»-Objekt ist sein quadratisches Tischmodell, das sich zu einem Kreis aufklappen läßt, noch zu erwähnen.

Die Anzeigenfolge ist auch sprachlich von Interesse. Bekannt ist, daß Le Corbusier gelegentlich die Texte für die Inserate der von ihm mitherausgegebenen Zeitschrift *L'Esprit Nouveau* selber schrieb. Diejenigen für das Zett-Haus dürften mit großer Wahrscheinlichkeit von Max Bill, dem deklarierten Reklameberater der Verbag, stammen. Für das Verständnis der avantgardistischen Kultur sind sie ohnehin aufschlußreich, weil sie die angeblichen Vorzüge des Neuen Bauens beispielhaft hervorheben. Für einen Teil der in der Zett-Haus-Reklame erwähnten Firmen wie bag Turgi, Delva, Heinrich Illi und Wohnbedarf ag konnte Max Bill in der Folge weitere, zum Teil wiederum umfangreiche gebrauchsgrafische Aufträge ausführen.

Wassily Kandinsky: «Das Langformat begünstigt die Gesamtspannung der wenig gespannten Einzelformen», aus: *Punkt und Linie zu Fläche.*

Max Bill: *betonungen aus dem gelben*, 1946, Öl auf Leinwand, aus: *Max Bill*, Katalog Albright-Knox Art Gallery, Buffalo, 1974.

125

max bill: typografie reklame buchgestaltung

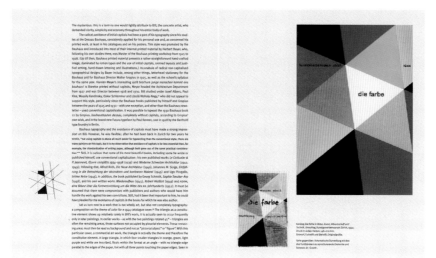

11

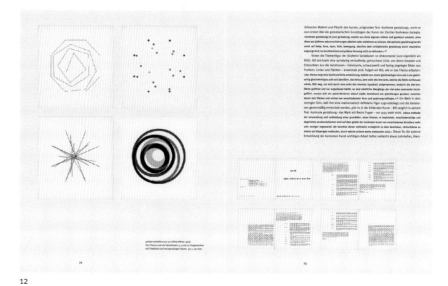

12

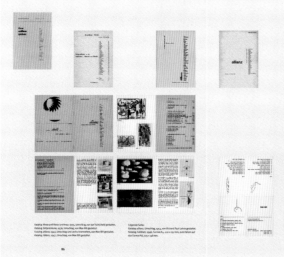

13

14

Abb. 11 bis 14 Vier Doppelseiten mit Autorenbeiträgen, eine davon zeigt den bebilderten Anmerkungsteil.

Abb. 15 und 16 Zwei Doppelseiten mit Quellentexten von Max Bill aus den Jahren 1930 und 1946.

Abb. 17 bis 22 Sechs Doppelseiten aus dem Tafelteil mit Reklame aus den dreissiger Jahren und Plakaten für Ausstellungen eigener Werke aus den sechziger Jahren.

Fig. 11 to 14 Four double pages with authors' contributions, one of them showing the illustrated section for notes.

Fig. 15 and 16 Two double pages with source texts by Max Bill from the years 1930 and 1946.

Fig. 17 to 22 Six double pages from the plate section with advertisements from the Thirties and posters for exhibitions of own works from the Sixties.

15

16

17

Prospekt Wohnbedarf Zürich, 4 Seiten, geschlossenes Format
213 × 105 mm, 1931

Prospekt für die Wohnausstellung des Wohnbedarf Zürich
in der Werkbundsiedlung Neubühl, 12 Seiten, geschlossenes
Format 214 × 95 mm, 1931

Werbedrucksachen

184

18

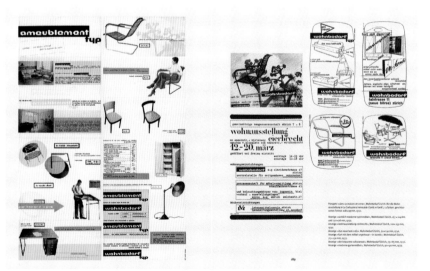

19

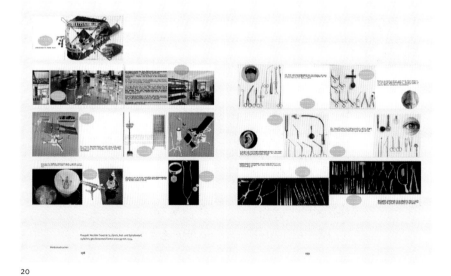

Prospekt Wohnbedarf Zürich, für die Wohn-
ausstellung in Le Corbusiers Immeuble Clarté in Genf, 12 Seiten, geschlossenes Format 208 × 99 mm, 1932

Anzeige «amtlich explorata typenvorlage», Wohnbedarf Zürich, 163 × 124 mm
und 132 × 96 mm, 1932.
Anzeige «wohnausstellung eierbrecht», Wohnbedarf Zürich, 242 × 155 mm,
1932.
Anzeige «das neue bett sitzt», Wohnbedarf Zürich, 210 × 140 mm, 1932.
Anzeige «fort mit dem mittel-argebauer – im kasten», Wohnbedarf Zürich,
215 × 136 mm, 1932.
Anzeige «der bequeme sofa-sessel», Wohnbedarf Zürich, 235 × 85 mm, 1932.
Anzeige «moderne gartenmöbel», Wohnbedarf Zürich, 90 × 90 mm, 1933

Werbedrucksachen

189

20

Prospekt Wohlfart Teweli & Co. Zürich, Arzt- und Spitalbedarf,
14 Seiten, geschlossenes Format 210 × 99 mm, 1934

Werbedrucksachen

198   199

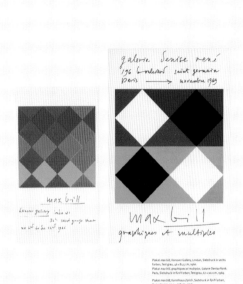

Plakat max bill, Hanover Gallery, London, Siebdruck in sechs
Farben, Text grau, 46 × 81,5 cm, 1966.
Plakat max bill, graphiques et multiples, Galerie Denise René,
Paris, Siebdruck in fünf Farben, Text grau, 67 × 102 cm, 1969.
Plakat max bill, Kunsthaus Zürich, Siebdruck in fünf Farben,
Text schwarz, 90,5 × 128 cm, 1968.

Plakate

228   229

22

Plakat wohnbedarf zürich, Buchdruck, Linolschnitt, Klischees
und Satz, 90,5 × 128 cm, 1932.
Plakat »exposition dans la maison de verre (Gent)«, Buchdruck,
Linolschnitt, Klischees und Satz, 90,5 × 128 cm, 1932.

Plakate

228

Plakat Aero Shell, Flüssig-Triple-Shell die Sommer-Oele, Fettsorf, Text,
kaloriert, Gouache, Bleistift, Farbstift, 28,5 × 29,5 cm, 1936.
Plakat jetzt Shell Sommer-Oele, Buchdruck, Linolschnitt und Satz,
60 × 47 cm, 1935.
Plakat gegen Insekten tox Shell, Buchdruck, Linolschnitt und Satz,
60 × 47 cm, 1935.
Austruck für ein Plakat für Shell tox, Buchdruck, Linolschnitt,
60 × 47 cm, 1935.

229

21

Hans Rudolf Bosshard: Der typografische Raster

Format 295 × 236 mm, Proportion 1:1,25, 200 Seiten

Zum vorliegenden Buch einige kurze Erläuterungen: Zuerst wurden die Arbeiten bestimmt, die aufgenommen werden sollten. Danach wurde entschieden, dass die vielen Schemazeichnungen und Abbildungen wenn immer möglich im Massstab 1:2 oder 1:4 dargestellt beziehungsweise reproduziert werden sollten. Dies würde das Verifizieren der Masse und das Nachprüfen der weiteren Ausführungen erleichtern. In einigen Fällen mussten aber dann doch (zur besseren Raumkonzeption) andere Massstäbe eingesetzt werden. Aus solchen Überlegungen heraus entstand die Form des Buches, ein relativ stumpfes Querformat mit der Proportion 4:5, die das (geöffnete) Buch etwas weniger geschmeidig und elegant erscheinen lässt. Im Querformat konnten die zwei Sprachspalten auf einer Seite untergebracht sowie ein besserer Überblick über die Abbildungen gewonnen werden. Der Massstab 1:2 ergab mit dem höchsten Abbildungsformat die Höhe der Textspalten und (nicht zuletzt) ein respektabel dimensioniertes Buchformat, das – als Handbuch schon fast zu gross – eher ein Schaubuch wurde.

Das grosse Modul von 59×59 mm verdeutlicht lediglich die Blattproportion, auf die Gestaltung hat es keinen Einfluss. Das kleine Modul von 12×12 mm, das in keiner Weise mit dem grossen korrespondiert, regelt die Masse praktisch aller grafischen Elemente; kleine Reste am unteren und rechten Blattrand bleiben unberücksichtigt. Ein regelrechter Raster mit getrennt stehenden Feldern liegt diesem Buch – wie vielen anderen hier gezeigten – nicht zugrunde.

Einleitung und Objektbeschreibungen: Haupttexte 9 Punkt Meta Plus halbfett, Zeilenabstand 5,02 mm, Breite 108 mm, Spaltenabstand 12 mm; Legenden und Anmerkungen 7,15 Punkt, Zeilenabstand 3,7 mm, Breite 84 mm, Spaltenabstand 6 mm. – Theoretische Texte im Anhang: 9,1 Punkt Meta Plus normal; Legenden und Anmerkungen 7,2 Punkt.

Hans Rudolf Bosshard: The Typographic Grid

Size 295 × 236 mm, proportion 1:1.25, 200 pages

Here are some brief comments on the present book. First, the decision was made about which works to include. Then it was decided to show or reproduce the many plan drawings and illustrations to a scale of 1:2 or 1:4 wherever possible, so as to facilitate the verification of measurements and the checking of further details. In some cases, this meant changing the scale for the sake of a better concept of space. Considerations such as these led to the shape of the book, a relatively truncated landscape format with the proportion 4:5 which makes the book, when opened, appear rather less supple and elegant. The landscape format allowed the German and English texts to appear on the same page and provided a better overview of the illustrations. The scale of 1:2 produced the height of the text columns to match the highest picture shape and (not least) a properly dimensioned book size, resulting in a display book more than a handbook, for which it would be almost too big.

The large module of 59 × 59 mm simply clarifies the proportion of the page and has no influence on the book's design. The small module of 12 × 12 mm, which does not correspond in any way with the large one, governs the measurements of practically all the graphic elements. No account is taken of small remainders at the foot and the right of the page. This book, like many of those which it shows, is not based on a regular grid with separated fields.

Introduction and descriptions of objects: Main text 9 pt Meta Plus medium, interline spacing 5.02 mm, width 108 mm, column interval 12 mm; captions and notes 7.15 pt, interline spacing 3.7 mm, width 84 mm, column interval 6 mm. – Theoretical texts in the Appendix: 9.1 pt Meta Plus normal; captions and notes 7.2 pt.

Abb. 1 (a–c) Das Modul von 59×59 mm verdeutlicht die Proportion 4:5. Aus dem Modul von 12×12 mm sind zwei Spalten für den Grundtext und drei Spalten für die Legenden und Anmerkungen abgeleitet.
Abb. 2 Satzspiegelschema mit dem Zeilenregister.
Abb. 3 (a–d) Die Überlegungen zum geeignetsten Abbildungsmassstab führten zu dieser Form des Buches und beeinflussten die Gestaltung.
Abb. 4 Schema für die Abbildungen im Massstab 1:2. Das höchste Format mit 305 mm ergab die Kolumnenhöhe. Die liegenden Rechtecke geben die Ausmasse des Katalogs Alfred Leuzinger wieder.

Fig. 1 (a–c) The module of 59×59 mm clarifies the proportion of 4:5. Two columns for the main text and three for the captions and notes are derived from the 12×12 mm module.
Fig. 2 Type area diagram with the type line register.
Fig. 3 (a–d) Considerations of the best scale for the illustrations led to the format of the book and influenced its design.
Fig. 4 Diagram for illustrations in scale 1:2. The highest size, at 305 mm, gave the column height. The landscape-style rectangles repeat the measurements of the Alfred Leuziger catalogue.

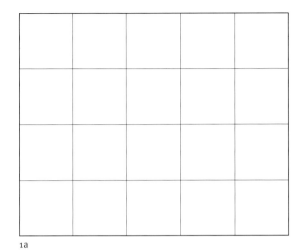

1a

b

c

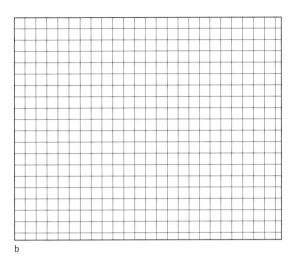

2

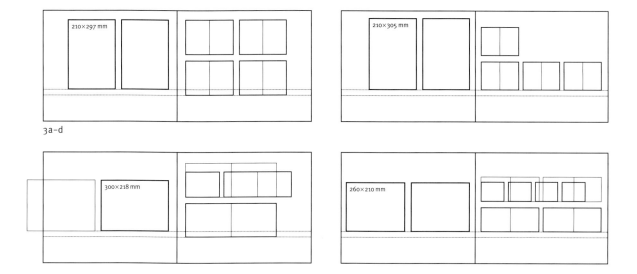

210×297 mm

210×305 mm

3a–d

300×218 mm

260×210 mm

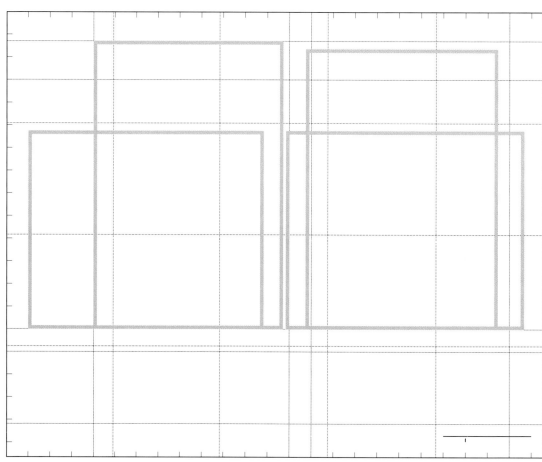

Theoretischer Anhang

Theoretical appendix

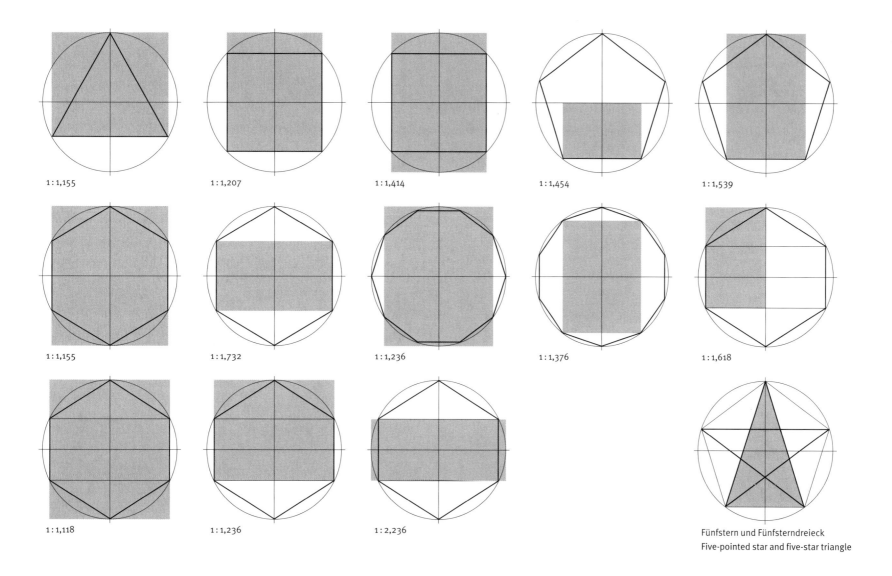

1:1,155 1:1,207 1:1,414 1:1,454 1:1,539

1:1,155 1:1,732 1:1,236 1:1,376 1:1,618

1:1,118 1:1,236 1:2,236

Fünfstern und Fünfsterndreieck
Five-pointed star and five-star triangle

Abb. 1 Aus den regulären Vielecken Dreieck, Quadrat, Fünfeck, Sechseck und Zehneck sowie aus dem nicht regelmässigen Goldenen Sechseck (mit eingeschriebenem Doppelquadrat) und ihren Umkreisen sind die irregulären Proportionen abgeleitet, so unter anderem das DIN- oder Normalformat aus dem Quadrat und der Goldene Schnitt aus dem Goldenen Sechseck. – Das Fünfeck mit dem Fünfstern und dem Fünfsterndreieck enthält in allen seinen Teilen die Proportion des Goldenen Schnitts.

Fig. 1 The irregular proportions are derived from the regular polygons – triangle, square, pentagon, hexagon and decagon and from the irregular Golden Hexagon (with inserted double square) and their outlines. Among others the DIN sizes are thus derived from the square and the Golden Section from the Golden Hexagon. – The pentagon with five-pointed star and the five-star triangle contain the proportion of the Golden Section in all its parts.

Proportion ist ihrem Wesen nach geometrischer und nicht arithmetischer Natur.[1] Sie basiert auf der Kreisteilung und der Geometrie der regulären (gleichseitigen) Vielecke Dreieck, Viereck, Fünfeck, Sechseck und Zehneck sowie dem ungleichseitigen Goldenen Sechseck. Diese Vielecke und das Fünfeck (mit eingeschriebenem Fünfsterndreieck), das in allen Details Verhältnisse des Goldenen Schnitts aufweist, veranschaulichen sehr schön die konstruktiven Zusammenhänge, die zu den Rechtecken mit irrationalen Seitenverhältnissen führen (Abb. 1).[2]

Die Basis der DIN- oder Normalformatreihe ist A0 = 841×1189 mm mit der Proportion $1:\sqrt{2} = 1:1{,}414$ und mit 1 m² Flächeninhalt. Bei fortlaufender Halbierung der längeren Formatseite durch Falten bleibt das Seitenverhältnis immer gleich (Abb. 2).[3] Wird das Format A4 = 210×297 mm halbiert, entsteht das Format A5 = 148×210 mm mit der Proportion 1:0,707.[4] Die präzise Proportion des Normalformats kann nicht durch die Näherung 5:7 (= 1:1,4) ersetzt werden: Die Berechnung der längeren Rechteckseite, beispielsweise auf der Basis 210 mm, ergibt die ansehnliche Differenz von 3 mm zum Format A4 (210×1,4 = 294 mm). Diese unzulängliche Berechnungsgrundlage anstelle des Faktors 1,414 würde das ganze komplexe Gefüge der DIN-Formatreihe zerstören. In der Praxis stellen sich

Proportion is essentially of a geometrical nature, not arithmetical.[1] It is based on the division of the circle and the geometry of the regular (equal-sided) polygons with three, four, five, six and ten sides and the Golden Hexagon, which does not have equal sides. These figures and the pentagon (with five-star triangle included), which shows the proportion of the Golden Section in all its details, illustrate very well the constructive connections which lead to rectangles with irrational relations between their sides (Fig. 1).[2]

The basis of the DIN or standard size range is A0 = 841×1189 mm, with the proportion $1:\sqrt{2} = 1:1.414$ and with an area of 1 m². Progressive halving of the longer side by folding over retains the same relation between the sides (Fig. 2).[3] When A4 size (210×297 mm) is halved, the A5 size (148×210 mm) is produced, with the proportion 1:0.707.[4] The exact proportion of the standard DIN size cannot be replaced by the approximation 5:7 (= 1:1.4) because the calculation of the longer size, for example on the basis of 210 mm, produces a noticeable difference of 3 mm from A4 size (210×1.4 = 294 mm). Replacing the factor of 1.414 by this inadequate basis of calculation would throw out the whole complex construction of the DIN size series. In practice, there are no arithmetical problems in the use

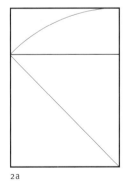
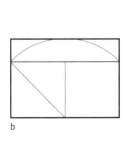

2a   b   c

Abb. 2 (a–c) Das DIN- oder Normalformat. Konstruktion des Hochformatrechtecks, Proportion 1:1,414, aus dem Quadrat (a). Konstruktion des Querformatrechtecks, Proportion 1:0,707, aus dem Halbquadrat (b). Aus dem Grundformat A0 = 841 × 1189 mm werden durch fortlaufendes Falten der längeren Papierkante die Formate A1, A2, A3, ... gewonnenen, die alle dieselbe Proportion wie das Grundformat = 1:1,414 haben (c).

Fig. 2 (a–c) The DIN or standard paper size. Construction of the upright format with the proportion 1:1.414 from the square (a). Construction of the landscape format with the proportion 1:0.707 from the half-square (b). From the basic size A0 = 841 × 1189 mm, the smaller sizes A1, A2, A3 etc. are obtained by progressive folding of the longer side of the paper. All of these sizes have the same proportion as the basic size, i.e. 1:1.414 (c).

im allgemeinen rechnerische Probleme im Umgang mit den DIN-Formaten nicht. Deren Masse sind ein für allemal festgelegt, und in Ländern mit DIN-Normung gehören sie weiterhin, nicht nur in Fachkreisen, zum Allgemeinwissen.

Die Proportion des Goldenen Schnitts hat ebenfalls ihre ganz besonderen Eigenschaften. Wird eine Strecke (mit der Länge 1) im Verhältnis 1:1,618 unterteilt, verhält sich der Minor m zum Major M (die kleinere zur grösseren Teilstrecke) wie der Major M zur ganzen Strecke. Es gilt die Gleichung: m:M = M:1 oder 0,382:0,618 = 0,618:1 (Abb. 3a, b). Diese Streckenteilung ergibt die Zahlenfolge 0,382, 0,618, 1, die sich nach beiden Seiten (theoretisch endlos) erweitern lässt, indem je zwei aufeinanderfolgende Grössen subtrahiert beziehungsweise addiert werden (oder auch indem jede Grösse mit dem Faktor 0,618 beziehungsweise 1,618 multipliziert wird): 0,618, 0,382, 0,236, 0,146, ...; und: 0,618, 1, 1,618, 2,618, 4,236, 6,854, ... Wahrscheinlich hat das Zwingende und Geheimnisvolle dieser Gesetzmässigkeit zum Begriff *Goldener* Schnitt geführt. Die Konstruktion der Streckengliederung (Abb. 3b) lässt sich zu einem liegenden Rechteck mit der Goldenen-Schnitt-Proportion 1:0,618 erweitern. Das stehende Rechteck mit der Proportion 1:1,618 wird mit der Halbquadratdiagonale konstruiert; es setzt sich aus dem Ausgangsquadrat und einem Rechteck mit Goldenem-Schnitt-Verhältnis zusammen (Abb. 3c). Bei fortlaufendem Halbieren der längeren Papierkante durch Falten entstehen abwechselnd die Proportionen 0,809:1 ≈ 4:5 und 1:1,618 ≈ 5:8 (Abb. 3d).

of DIN sizes. Their measurements are fixed once and for all and are widely recognized in the countries concerned, even beyond the technical field.

The proportion of the Golden Section also have their own quite special characteristics. If a line of length 1 is divided in the ratio 1:1.618, the relationship between the shorter and longer parts (referred to as Minor m and Major M) is the same as that between Major M and the whole line, i.e. the ratio m:M is the same as M:1. Expressed in figures, 0.382:0.618 = 0.618:1.0 (Figs 3a, b). This division of the line produces the numerical sequence 0.382, 0.618, 1.0, which can be extended indefinitely in either direction by subtracting or adding two successive amounts (or by multiplying any of them by 0.618 or 1.618), thus: 0.618, 0.382, 0.236, 0.146 ...; and: 0.618, 1.0, 1.618, 2.618, 4.236, 6.854 ... It was probably the compulsion and mystery of this mathematical law which led to the concept of the *Golden* Section. The divided line (Fig. 3b) can be made into a landscape rectangle with the Golden Section proportion 1:0.618. The portrait-format rectangle with the proportion 1:1.618 is constructed with the diagonal of a half-square and is assembled from the initial square and a rectangle of Golden Section proportion (Fig. 3c). With progressive halving of the longer edge of the paper by folding, there is an alternating occurrence of 0.809:1 ≈ 4:5 and 1:1.618 ≈ 5:8 (Fig. 3d).

Le Corbusier created a modern version of the Golden Section with his Modulor, as he called his system of measurement and proportions.[5] He propor-

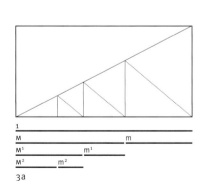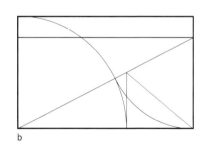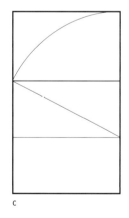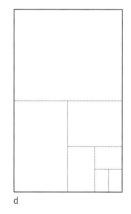

Abb. 3 (a–d) Der Goldene Schnitt. Fortlaufende Teilung einer Strecke im Verhältnis des Goldenen Schnitts: 1:M = 1:0,618, M:m = 0,618:0,382, M¹:m¹ = 0,382:0,236, M²:m² = 0,236:0,146 (a). Konstruktion des Querformats, Proportion 1:0,618, aus dem Halbquadrat (b) und Konstruktion des Hochformats, Proportion 1:1,618, aus dem Quadrat (c). Bei fortlaufendem Falten der längeren Papierkante des Goldenen-Schnitt-Rechtecks entstehen abwechselnd die Proportionen 1:1,618 ≈ 5:8 und 0,809:1 ≈ 4:5 (d).

Fig. 3 (a–d) The Golden Section. Progressive division of a line in the ratio of the Golden Section: 1:M = 1:0.618, M:m = 0.618:0.382, M¹:m¹ = 0.382:0.236, M²:m² = 0.236:0.146 (a). Construction of the landscape format in the proportion of 1:0.618 from the half-square (b) and of the upright format in the proportion of 1:1.618 from the full square (c). Progressive folding of the longer side of the paper of the Golden Section rectangle produces in alternation the proportions 1:1.618 ≈ 5:8 and 0.809:1 ≈ 4:5 (d).

Le Corbusier hat mit dem Modulor, wie er sein Mass- und Proportions-system nannte, eine zeitgemässe Version des Goldenen Schnitts geschaffen.[5] Mit dem Modulor proportionierte er alle nach 1945 errichteten Bauten, erstmals die zwischen 1947 und 1952 in Marseille erbaute Wohneinheit (Abb. 4). Ebenso hat der Architekt Le Corbusier auf der Basis seines Masssystems die Buchausgaben *Der Modulor* und *Modulor 2* typografisch eingerichtet. Das Grundmass des Modulors ist ein sechs Fuss oder 183 cm grosser Mensch.[6] Die Proportion des Goldenen Schnitts bestimmt alle von diesem Grundmass ausgehenden Grössen in Zentimetern der Roten Reihe: ..., 27, 43, 70, 113, **183**, 296, 479, 775, ... Ein zweites Grundmass von 226 cm, das der doppelten Höhe des Quadrats von 113 cm Seitenlänge (und dem Modulor-Menschen mit erhobenem Arm) entspricht, löst die Blaue Reihe aus: ..., 20, 33, 53, 86, 140, **226**, 366, 592, ... Le Corbusier soll auf dem Bauplatz nicht mehr mit einem Klappmeter, sondern mit einem Modulor-Rollband, das alle Masse enthält, hantiert haben. Die Modulor-Masse sind für die grossen Dimensionen in der Architektur auf Zentimeter gerundet. Für die wesentlich kleineren Dimensionen in der Typografie müssten sie selbstverständlich auf Millimeter oder Bruchteile von Millimetern genau bestimmt werden. Zum Betonrelief an der Unité d'habitation in Marseille schrieb Le Corbusier: «In die Scha-

tioned all his post-1945 buildings by means of the Modulor, beginning with the 'Living Unit' built in Marseille between 1947 and 1952 (Fig. 4). He also designed the typography of his books *The Modulor* and *Modulor 2* on the basis of the same system. The basic unit of the Modulor is a man six feet (183 cm) in height.[6] The proportion of the Golden Section determine all sizes proceeding from this basis in centimetres of the Red Series: ..., 27, 43, 70, 113, **183**, 296, 479, 775, ... A second basic unit of 226 cm, twice the side of a 113 cm square (or the Modulor man with uplifted arm), produces the Blue Series: ..., 20, 33, 53, 86, 140, **226**, 366, 592, ... It is said that Le Corbusier no longer used a folding rule when visiting his building sites but a Modulor tape containing all these measurements. Modulor measurements are rounded up into centimetres for the large dimensions of architecture, but for the much smaller dimensions of typography they naturally had to be expressed precisely in millimetres or fractions of a millimetre. On the concrete relief in the Unité d'habitation at Marseille, Le Corbusier wrote: "In the shuttering of the 8/13-metre reinforced concrete wall, six wooden reliefs of human figures were inserted, to form bas-reliefs on which the light plays when the shuttering has been removed. Their function is to re-emphasize that everything worked out and built in this place has been made on the *human scale*."[7]

4

Abb. 4 Der Modulor. Die Konstruktion des Modulors basiert auf einem Quadrat mit der Seitenlänge 113 cm. Die nächstgrössere Goldene-Schnitt-Zahl, 183 cm, ist das Grundmass der Roten Reihe. Das Grundmass der Blauen Reihe ist 226 cm, die Höhe des Doppelquadrats, mit den nächstkleineren Goldenen-Schnitt-Zahlen 140 und 86 cm. Die Grösse des Modulor-Menschen, 183 cm, die Höhe mit erhobenem Arm, 226 cm, die Nabelhöhe, 113 cm, und die Höhe bis zur aufgestützten Hand, 86 cm, (im Betonrelief nicht gut erkennbar) sind die «vier Hauptpunkte der menschlichen Gestalt».

Fig. 4 The Modulor. Its construction is based on a square with sides of 113 cm length. The next bigger Golden Section number, 183 cm, is the basic measurement of the Red Series, while that of the Blue Series is 226 cm, the height of the double square, made with the sum of the next smaller Golden Section numbers 140 and 86 cm. The height of Modulor Man, 183 cm, his height with arm uplifted, 226 cm, the height up to his navel, 113 cm, and the height up to his resting hand, 86 cm (not easily recognizable in the concrete bas-relief) are the "four main points of the human frame".

lung der 8/13 m großen armierten Betonwand wurden sechs Biedermänner in halbflacher Holzbildhauerei eingelassen, die bei der Ausschalung Tiefreliefs freigeben werden, auf denen das Licht spielt. Ihre Aufgabe ist es, noch einmal auszusagen, daß alles, was an diesem Ort erdacht und gebaut wurde, *im menschlichen Maßstab* erdacht und gebaut wurde.»[7]

Die Mehrzahl der vierundzwanzig Rechtecke beruht auf geometrischen Konstruktionen und weist somit irreguläre Proportionen auf. Auf die Darstellung der Konstruktionen kann verzichtet werden, da sie andernorts ausführlich behandelt wurden.[8] Die Rechtecke mit rationalen Seitenverhältnissen sind durch Quadrierung gekennzeichnet (Abb. 5). Das Diagramm und die Tabelle der Proportionen bieten eine Übersicht auf engstem Raum (Seite 168). Mit dem Diagramm lassen sich bestehende oder intuitiv entwickelte Papierformate auf ihre exakten Proportionen hin überprüfen.

Most of the twenty-four rectangles are based on geometrical constructions and therefore have irregular proportions. There is no need to illustrate these constructions here as they have been explained in detail elsewhere.[8] The rectangles with rational side relationships are characterized by squaring (Fig. 5). The diagram and the table of proportions provide an overview in miniature (page 168). With the aid of the diagram, existing or intuitively developed paper sizes can be checked for their exact proportions.

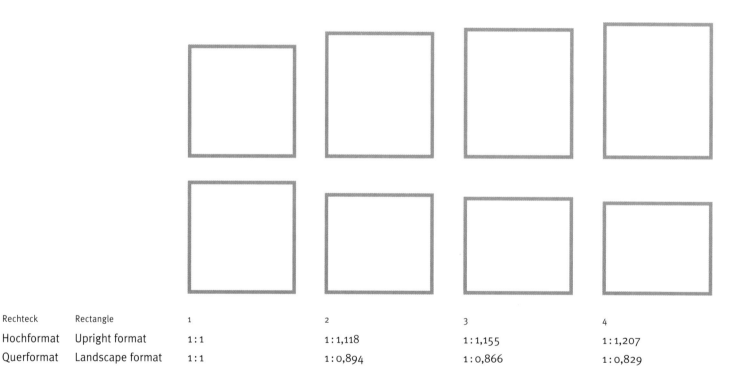

Rechteck	Rectangle	1	2	3	4
Hochformat	Upright format	1:1	1:1,118	1:1,155	1:1,207
Querformat	Landscape format	1:1	1:0,894	1:0,866	1:0,829

Abb. 5 (Seiten 164–167) Die vierundzwanzig gesetzmässigen Rechtecke, im Hoch- und im Querformat mit der konstanten Basis von 30 mm dargestellt. Bei den Rechtecken mit ganzzahligen Proportionen ist die Quadrierung eingezeichnet, die übrigen Rechtecke haben irrationale Seitenverhältnisse. Die Proportionszahlen bezeichnen Basis × Höhe.

Fig. 5 (pp. 164–167) The twenty-four regular rectangles, shown in upright and landscape formats, with the constant basis of 30 mm. The squaring is drawn in for the rectangles with whole-number proportions, while the others have irrational relationships of their sides. The figures are expressed as base × height.

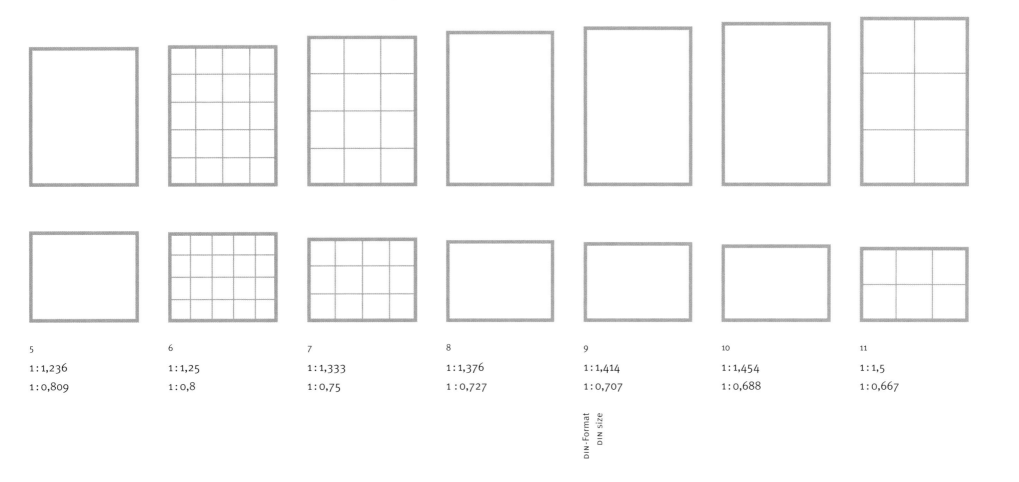

5
1:1,236
1:0,809

6
1:1,25
1:0,8

7
1:1,333
1:0,75

8
1:1,376
1:0,727

9
1:1,414
1:0,707

DIN-Format
DIN size

10
1:1,454
1:0,688

11
1:1,5
1:0,667

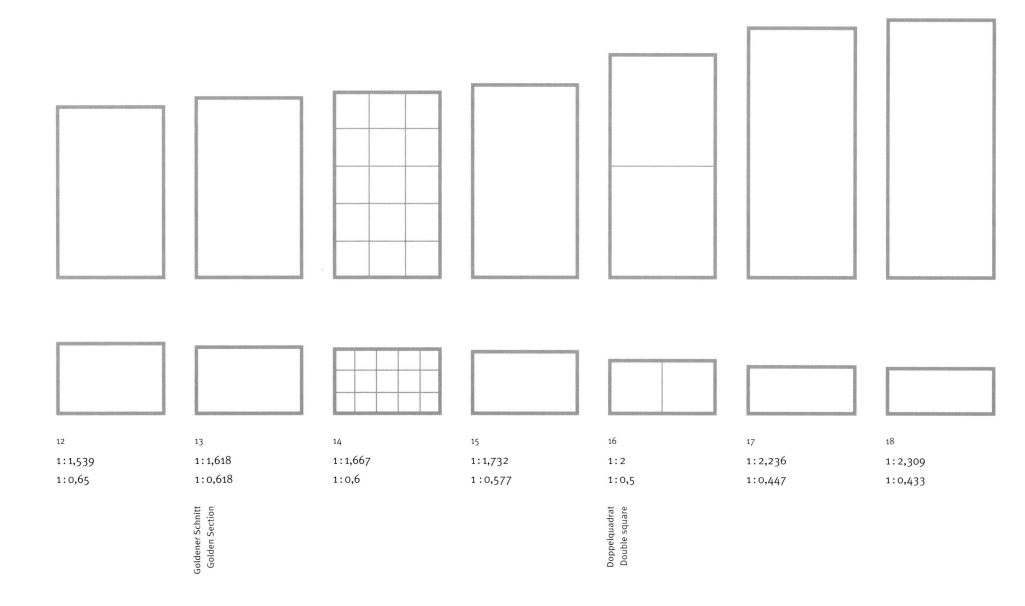

12
1 : 1,539
1 : 0,65

13
1 : 1,618
1 : 0,618

Goldener Schnitt
Golden Section

14
1 : 1,667
1 : 0,6

15
1 : 1,732
1 : 0,577

16
1 : 2
1 : 0,5

Doppelquadrat
Double square

17
1 : 2,236
1 : 0,447

18
1 : 2,309
1 : 0,433

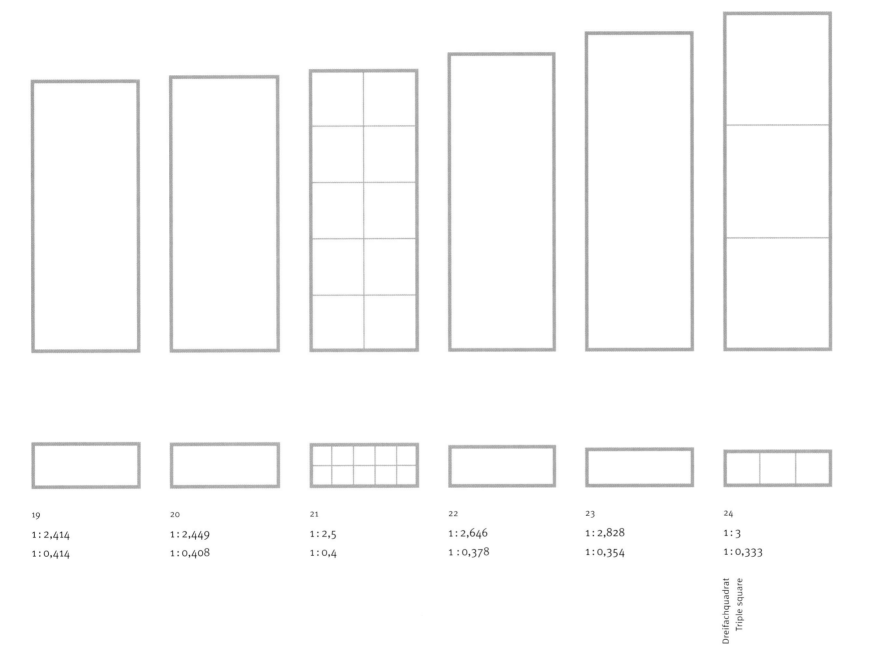

19

1 : 2,414

1 : 0,414

20

1 : 2,449

1 : 0,408

21

1 : 2,5

1 : 0,4

22

1 : 2,646

1 : 0,378

23

1 : 2,828

1 : 0,354

24

1 : 3

1 : 0,333

Dreifachquadrat
Triple square

Proportionen Hochformat
Proportions upright format

Ganzzahlige Proportionen
Whole-number proportions

Proportionen Querformat
Proportions landscape format

Proportionen Hochformat	Ganzzahlige Proportionen	Proportionen Querformat
1:1		1:1
1:1,118	≈ 8:9	1:0,894
1:1,155	≈ 6:7	1:0,866
1:1,207	≈ 5:6	1:0,829
1:1,236	≈ 4:5	1:0,809
1:1,25	4:5	1:0,8
1:1,333	3:4	1:0,75
1:1,376	≈ 3:4	1:0,727
1:1,414	≈ 5:7	1:0,707
1:1,454	≈ 2:3	1:0,688
1:1,5	2:3	1:0,667
1:1,539	≈ 2:3	1:0,65
1:1,618	≈ 5:8	1:0,618
1:1,667	3:5	1:0,6
1:1,732	≈ 4:7	1:0,577
1:2		1:0,5
1:2,236	≈ 4:9	1:0,447
1:2,309	≈ 3:7	1:0,433
1:2,414	≈ 2:5	1:0,414
1:2,449	≈ 2:5	1:0,408
1:2,5	2:5	1:0,4
1:2,646	≈ 3:8	1:0,378
1:2,828	≈ 5:14	1:0,354
1:3		1:0,333

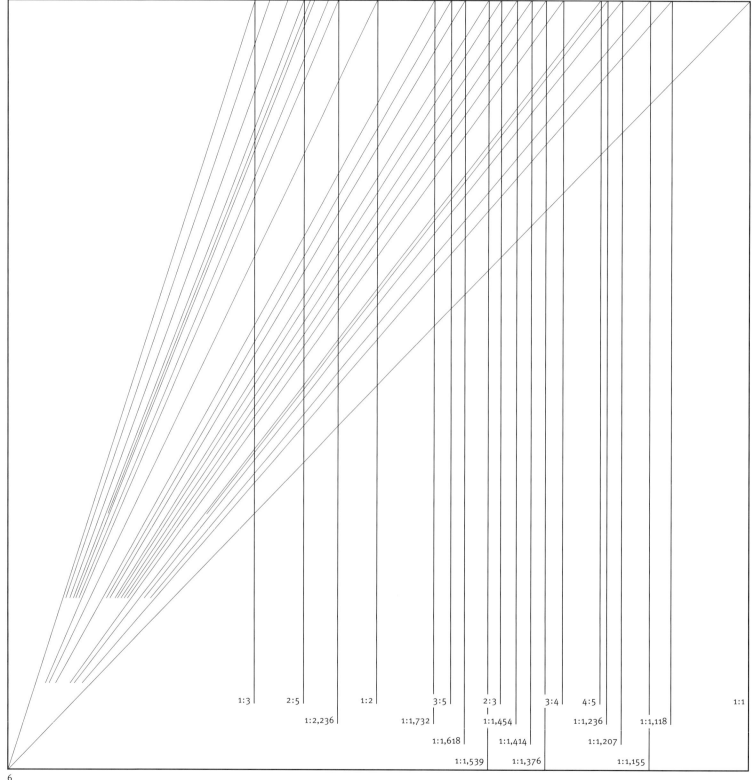

1 Wolfgang von Wersin: *Das Buch vom Rechteck*, 1956, S. 14f.

2 Eingehende Auseinandersetzung mit Proportion in Hans Rudolf Bosshard: *Mathematische Grundlagen zur Satzherstellung*, 1985, S. 118–171.

3 Dank dieser speziellen Eigenschaft, die für andere Proportionen nicht zutrifft, eignet sich das Verhältnis 1:1,414 für die Normung der Papierformate. Die Formate der A-Reihe lassen sich mit minimalem Beschnittabfall aus den ebenfalls genormten Rohbogen schneiden, so aus dem Format 610 × 860 mm 8 Nutzen A4, 16 Nutzen A5 und so weiter. Die Normung der Papierformate hat noch andere Vorteile: So wie die Papierproduktion, sind auch die Konstruktion der Druckmaschinen (Zylinderumfang und -länge) oder die Grössen der Büromaschinen und -einrichtungen (und vieles andere mehr) genormt. – Trotz unbestreitbarer Vorteile haben die Buchformate der Normung widerstanden. Dies hat sicher primär traditionell-ästhetische Gründe, liegt aber auch daran, dass mit den im Antiquariatshandel noch heute üblichen Grössenangaben wie Folio (2 Blätter oder 4 Seiten), Quart (4 Blätter oder 8 Seiten), Oktav (8 Blätter oder 16 Seiten), die auch die ungefähre Höhe der Einbände bezeichnen, schon seit Jahrhunderten eine Art Normung bestand.

4 Wird das Verhältnis 0,707:1 mit dem Faktor 1,414 erweitert, erhält man wieder das Verhältnis 1:1,414.

5 Le Corbusier: *Der Modulor*, 1953, und *Modulor 2*, 1955. Siehe dazu auch Hans Rudolf Bosshard: *Mathematische Grundlagen zur Satzherstellung*, 1985, S. 127–130.

6 Die Höhe von sechs Fuss soll der Durchschnittsgrösse der englischen Polizisten entsprechen. Zuerst ging Le Corbusier von 175 cm, der (damaligen) Durchschnittsgrösse der Franzosen aus, musste aber feststellen, dass seine Häuser zu klein und damit unbewohnbar würden. Selbst die schliesslich aufgrund der menschlichen Grösse von 183 cm festgelegte Wohnraumhöhe von 226 cm ist als absolutes Minimum zu betrachten.

7 Le Corbusier: *Der Modulor*, 1953, S. 148.

8 Konstruktionen sowie detaillierte Berechnungen siehe Hans Rudolf Bosshard: *Mathematische Grundlagen zur Satzherstellung*, 1985, S. 133–171.

1 Wolfgang von Wersin: *Das Buch vom Rechteck*, 1956, pp. 14f.

2 A detailed study of proportions is made in Hans Rudolf Bosshard: *Mathematische Grundlagen zur Satzherstellung*, 1985, pp. 118–171.

3 Thanks to this special characteristic, which does not apply to other proportions, the ratio of 1:1.414 is suitable for the standardization of paper sheet sizes. Sizes of the A series can be cut from the equally standardized mill sheets with minimum wastage: e. g. from size 610 × 860 mm one obtains 8 sheets of A4, 16 of A5 and so on. Standardization of sheet sizes has still further advantages such as the design of printing machines, the sizes of office machines and equipment, and much more. – Despite these indisputable advantages, book sizes have resisted standardization, primarily for traditional aesthetic reasons, but also because a kind of standardization has already existed for centuries with the inherited sizes of folio (2 leaves or 4 pages), quarto (4 leaves or 8 pages) and octavo (8 leaves or 16 pages). These also denote approximately the size of the bindings.

4 When 0.707 is multiplied by 1.414, the single figure 1 is again obtained.

5 Le Corbusier: *Der Modulor*, 1953, and *Modulor 2*, 1955. On this subject see also Hans Rudolf Bosshard: *Mathematische Grundlagen zur Satzherstellung*, 1985, pp. 127–130.

6 The height of six feet is supposed to be that of an English policeman on average. At first Le Corbusier worked from 175 cm, the then average height of a Frenchman, but he realized that this would make his houses too small and therefore uninhabitable. Even the living room height of 226 cm (based on a man's height of 183 cm) at which he finally arrived, should be regarded as an absolute minimum.

7 Le Corbusier: Der *Modulor*, 1953, p. 148.

8 For constructions and detailed calculations, see Hans Rudolf Bosshard: *Mathematische Grundlagen zur Satzherstellung*, 1985, pp. 133–171.

Abb. 6 Diagramm der vierundzwanzig gesetzmässigen Rechtecke. Eingezeichnet sind die wichtigsten Rechtecke mit irrationalen und die Rechtecke mit ganzzahligen Proportionen.

Fig. 6 Diagram of the twenty-four regular rectangles. The most important with irrational proportions and those with whole-number proportions are drawn in.

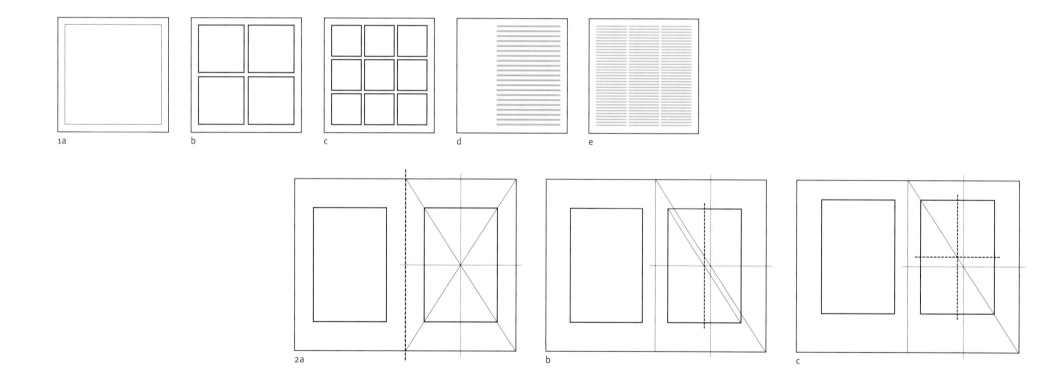

1a b c d e

2a b c

Rastersysteme

Ein typografischer Raster besteht definitionsgemäss aus mindestens vier Raster-feldern, die – auf einer x- und einer rechtwinklig zu dieser verlaufenden y-Achse angeordnet – die Fläche ebenensymmetrisch gliedern (Abb. 1b, c). Demgegen-über kann man den einfachen Satzspiegel wie auch mehrspaltigen Text, die beide in der Höhe nur durch das Zeilenregister[1] (den Zeilenvorschub) gegliedert sind, nicht im eigentlichen Sinn als Raster bezeichnen (Abb. 1d, e). Befassen wir uns aber vorerst – bezogen auf das Gestalten von Büchern – mit dem einfachen Satz-spiegel und seiner Konstruktion.

Die Proportionierung des Buches geht mit der Bestimmung von Basis und Höhe von der Einzelseite aus. Bei der Ermittlung des Satzspiegels, erst recht bei der gesamten Gestaltung eines Buches, gilt jedoch die überschaubare Dop-pelseite als formale Einheit. Das aufgeschlagene Buch ist ein spiegelsymmetri-sches Objekt, dessen Symmetrieachse entlang des Bundes verläuft. Der Einzel-seite kann zwar eine Symmetrieachse eingeschrieben werden, sie ist jedoch für die Typografie meist ohne Relevanz (Abb. 2a). Im traditionellen Buch sind die bei-den Satzspiegel einer Doppelseite, deren Proportion im Idealfall mit derjenigen des Seitenformats übereinstimmt, aus der Mitte gegen den Bund hin verschoben.

Grid systems

By definition, a typographical grid consists of at least four fields dividing the area symmetrically on an x-axis and a y-axis at right angles to it (Fig. 1b, c). On the other hand, neither the mere type area nor multi-column text, being divided in their height only by the interline spacing[1] or 'leading', can be called a grid in the true sense (Fig. 1d, e). But let us first concern ourselves with the simple type area and its construction, in relation to book design.

The proportioning of a book starts from the definition of the base and height of the single page, but for the definition of the type area and particularly for the overall design of the volume, the well-defined 'opening' or double-page is regarded as the proper formal unit. The open book has a mirror-like symmetry with its axis running up the inside margin. The single page can indeed be given an axis as well, but this is generally irrelevant in terms of typography (Fig. 2a). In the traditional book, the two type areas of a double-page, with proportion ideally conforming to those of the page area, are shifted from their centres towards the inside margin. Thus the central axes of the type areas do not correspond with the middle of each leaf, but the symmetry of the double page is given pride of place (Fig. 2b). Horizontal axes of symmetry are scarcely noticed at all and therefore

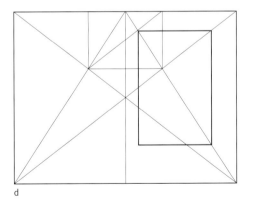
d

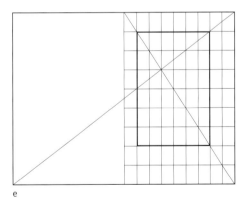
e

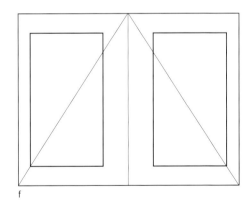
f

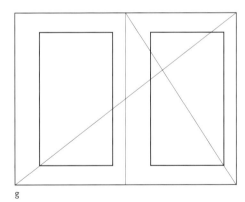
g

Abb. 1 (a–e) Einfache Rastersysteme (b, c). Die Grössen der Rasterfelder werden durch einen äusseren Rahmen bestimmt (a). Der einfache Satzspiegel sowie mehrspaltiger Text gelten nicht als Rastersysteme, da ihnen die ebenen-symmetrische Gliederung fehlt (d, e).

Abb. 2 (a–g) Konstruktion einer symmetrischen Doppelseite. Die Diago-nalen gewährleisten die proportionale Übereinstimmung von Papierformat und Satzspiegel (a–e). Zwei Beispiele ohne proportionale Übereinstimmung von Kolumne und Papierformat (f, g).

Fig. 1 (a–e) Simple grid systems (b, c). The size of the grid fields is determined by an exterior frame (a). The type area alone or multi-column text do not count as grid systems, since they do not have subdivisions (d, e).

Fig. 2 (a–g) Construction of a symmetrical double page. The diagonals ensure the proportional agreement of paper size and type area (a–e). Two examples without proportional agreement of columns and paper size (f, g).

Die Mittelachsen der Satzspiegel decken sich somit nicht mit der Blattmitte, dagegen wird die Symmetrie der Doppelseite hervorgehoben (Abb. 2b). Horizontale Symmetrieachsen werden kaum wahrgenommen, weshalb sie bei der Gestaltung meist unbeachtet bleiben. Der Satzspiegel wird (im traditionellen Buch) bewusst nicht nur zum Bund hin, sondern auch nach oben versetzt. Somit werden die Papierränder vom Bund aus in der Folge oben, aussen und unten kontinuierlich grösser. Dies galt während Jahrhunderten als Inbegriff des schönen Satzspiegels (Abb. 2c). Proportional vom Blattformat stark abweichende oder vom Bund weg zu den äusseren Papierrändern hin verschobene Satzspiegel sind symmetrisch, wirken aber etwas weniger traditionell (Abb. 2f). Sind schliesslich beide Satzspiegel nach links oder nach rechts versetzt, ist die Gestaltung der Doppelseite asymmetrisch (die Satzspiegel der Vorder- und Rückseite eines Blattes decken sich nicht). Dieser erste Schritt zur Asymmetrie wird die Gestaltung eines Buches in allen typografischen Einzelheiten bestimmen (Abb. 2g).

Symmetrische Satzspiegel sind auf einfache Art mit der Blattdiagonale und der Diagonale der Doppelseite konstruierbar, so dass Blatt- und Satzspiegelproportion identisch sind. Die beiden Diagonalen werden in ihrem Schnittpunkt im Verhältnis 1:2 geteilt beziehungsweise gedrittelt. Durch Wiederholung der gleichen Konstruktion wird der dritte Teil der Blattdiagonale noch einmal dreigeteilt. Aus dem so entstandenen neunten Teil lässt sich dann unter Berücksichtigung der Blatt- und der Bogendiagonale der Satzspiegel ermitteln (Abb. 2d). Varianten

remain generally ignored in book design. In the traditional book, the type area is not only shifted deliberately towards the inside margin but also towards the top of the page. Thus the margins become progressively larger in a clockwise direction from the inner one: top, outer, lower. For centuries this rule was regarded as natural for good book design (Fig. 2c). Type areas which have greatly different proportions from the book leaf or have been shifted away from the inner towards the outer margin may still be symmetrical but have a less conventional effect (Fig. 2f). Finally, if the two type areas are shifted to the left or right, the design of the opening becomes asymmetrical and the recto and verso sides of a leaf do not back one another up. This first step towards asymmetry will determine all the typographical details of a book's design (Fig. 2g).

Symmetrical type areas are easily constructed with the diagonal of the leaf and that of the double-page, giving identical proportions to the leaf and the type area. The two diagonals are divided at their point of intersection in the ratio of 1:2 or 1:3. Through repetition of the same construction, the third part of the leaf diagonal is divided into three once more. From the ninth part so produced, the type area is obtained with reference to the two diagonals (Fig. 2d). Variations on this construction to produce a larger type area can easily be worked out. With type areas obtained in this way, the relation of the inner to the outer margin is 1:2, as is also that of the top to the foot margin. If the proportion of the leaf is 2:3, the margins proceeding from the inner one are 1:1.5:2:3 or 2:3:4:6. Another

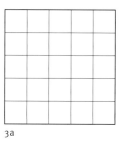 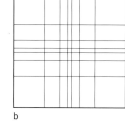 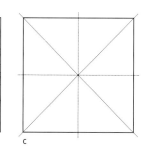

3a   b   c

Abb. 3 (a–i) Die passive Gliederung der Fläche mit einem Modul ergibt einen primitiven strukturalen Rhythmus (a). Aktive Gliederung, vierzählig symmetrisch: das bedeutet eine Figur mit vier Spiegelachsen (b, c), einzählig, nur bedingt symmetrisch (d) und asymmetrisch (e). Diesen Figuren entsprechen der passive Raster (f), der aktive, bedingt symmetrische Raster (g) sowie der asymmetrische Raster (h). Komplexere Rastersysteme: Überlagerung von zwei oder mehr Rastern (i).

Fig. 3 (a–i) The passive division of the area with a module produces a basic structural rhythm (a). Active division, symmetrical by four numbers: this means a figure with four mirror axes (b, c); single-numbered, only conditionally symmetrical (d) and asymmetrical (e). These figures correspond to the passive grid (f), the active and conditionally symmetrical grid (g) and the asymmetrical grid (h). Complex grid systems: superimposition of two or more grids (i).

dieser Konstruktion, die grössere Satzspiegel ergeben, lassen sich leicht selber finden. Bei den auf diese Weise ermittelten Satzspiegeln verhält sich der innere Papierrand zum äusseren sowie der obere zum unteren wie 1:2. Ist die Blattproportion 2:3, verhalten sich die Papierränder, vom Bund ausgehend, wie 1:1,5:2:3 oder 2:3:4:6. Eine weitere einfache Methode zur Ermittlung des Satzspiegels ist das Gliedern des Blattformats mittels eines Moduls, einer kleinen, quadratischen oder rechteckigen Grundeinheit. Wenn das Modul die gleiche Proportion wie das Papierformat hat, ist der ermittelte Satzspiegel ebenfalls proportional identisch (Abb. 2e)[2].

Wenden wir uns nun den eigentlichen Rastersystemen zu. Die Gliederung einer quadratischen Grundfläche mit kleineren, gleichgrossen Quadraten ergibt einen primitiven strukturalen Rhythmus.[3] Solche Figuren entwickeln keine Eigendynamik, sind völlig passiv (Abb. 3a). Die Gliederung in verschieden grosse Flächen dagegen ergibt rhythmisch differenzierte Strukturen. Die folgenden Figuren zeigen eine punkt- und spiegelsymmetrische Linienstruktur (Abb. 3b) mit vier Spiegelachsen (Abb. 3c), eine empfindungsmässig asymmetrische oder bedingt symmetrische[4] Linienstruktur mit einer diagonalen Spiegelachse (Abb. 3d) sowie eine asymmetrische Linienstruktur (Abb. 3e). Diese Figuren haben ihre eigenen Ausdrucksformen, ihre eigene Gestik. Rastersysteme mit quadratischen Rasterfeldern entwickeln wenig Eigendynamik. Ihre Gestaltungsmöglichkeiten sind begrenzt, und der gestalterische Umgang mit ihnen entsprechend einfach (Abb. 3f).

simple way of determining the type area is to divide up the leaf size by means of a module, which is a small square or rectangular unit. If the module has the same proportion as the paper size, the type area so obtained is also proportionally identical (Fig. 2e)[2].

Let us now turn to the actual grid systems themselves. The division of a square area into smaller squares of equal size produces a basic structural rhythm.[3] Such figures are completely passive and without any dynamic of their own (Fig. 3a). Division into areas of different sizes, on the other hand, produces rhythmically differentiated structures. The figures which follow show a dot or mirror-symmetrical structure (Fig. 3b) with four mirror axes (Fig. 3c), a perceived asymmetric or conditionally symmetrical[4] structure with a diagonal mirror axis (Fig. 3d) and an asymmetric structure (Fig. 3e). These figures each have their own forms of expression, their own sign language as it were. Grid systems with square fields develop little dynamic of their own. They have only limited and simplistic possibilities for the designer (Fig. 3f). More variable and therefore more difficult to handle are grid systems with differing components (Fig. 3g, h). The greatest flexibility of all is made possible by the superimposition of two or more grid systems (Fig. 3i)[5].

The grid provides room for play for the integration of graphic elements, primarily texts and pictures, where definite and self-chosen rules are followed. The use of a grid system preempts basic decisions about form and simplifies both

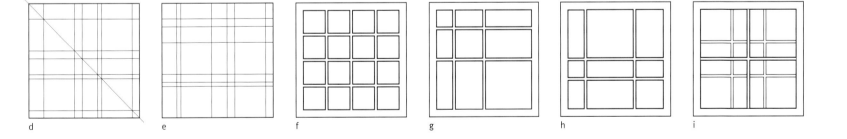

d   e   f   g   h   i

Variabler – dafür auch komplexer zu handhaben – sind Rastersysteme mit unterschiedlichen Rasterfeldern (Abb. 3g, h). Die grösste Flexibilität bieten Konzepte mit zwei oder mehr Rastersystemen, die sich überlagern (Abb. 3i)[5].

Der Raster bietet Spielraum für die Integration der grafischen Elemente, primär von Texten und Abbildungen, in dem bestimmte, selbstgewählte Regeln gelten. Mit der Verwendung eines Rastersystems werden grundlegende formale Entscheidungen vorweggenommen und kreative wie produktionstechnische Prozesse vereinfacht. Der Raster schafft Ordnung und Klarheit, erleichtert die Übersicht über die zu gestaltende Fläche und erschwert unverbindliche, konzeptionslose «Gestalterei»[6]. Der Forderung nach Flexibilität steht die Einschränkung durch die Vorwegnahme formaler Entscheidungen nur scheinbar entgegen.[7] Der Raster unterteilt das Papierformat (die Grundfläche) in quadratische oder rechteckige Felder, die durch schmale Stege (Zwischenräume) getrennt sind. Je grobmaschiger ein Rastersystem ist, um so kleiner wird der Spielraum bei der Dimensionierung und Proportionierung von Abbildungen. Feiner gegliederte Rastersysteme ermöglichen differenziertere Abbildungsgrössen und präzisere Bildausschnitte.[8] Mit funktionell konzipierten Rastern lassen sich komplexe gestalterische Vorstellungen optimal verwirklichen.

Während durch den Raster die Grössen der Abbildungen eindeutig festlegt sind, ist die optisch richtige Einfügung des Textes diffiziler. Die erste Zeile einer Kolumne sollte entweder auf der Höhe der Mittellänge (x-Höhe), auf der

the creative and the technical production processes. The grid creates order and clarity, makes it easier to survey the whole area to be designed and hinders irresponsible, non-conceptual 'playing about with design'[6]. It may seem that the preempting of decisions about form stands in the way of the need for flexibility, but this is not the case.[7] The grid divides the paper size (the basic area) into square or rectangular fields separated by narrow spaces. The broader the mesh of a grid, the less room for play there is in the dimensioning and proportioning of pictures. More finely divided grid systems allow for differentiated picture sizes and more precise cut-outs.[8] Intricate graphic ideas can be better put into practice with functionally designed grids.

While the sizes of illustrations are clearly established by means of the grid, the optically correct insertion of the text is more difficult. The first line of a column should correspond with the upper edge of the type area either at its x-height, cap height or some intermediate level. On the last line, the baseline must correspond with the lower edge of the type area (Fig. 4). If the text and the illustrations, separated only by a small space, stand next to each other, the interline spacing should agree with each single grid field, and therefore with all the pictures. The space between the fields of the grid, measured from the baseline to the x-height of the next line but one, in this case equals one blank line (Fig. 5). Where the interline spacing is greater, the simple optical space between two lines (measured from the baseline to the x-height of the next line) will suffice.[9] Where

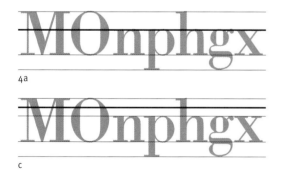

4a

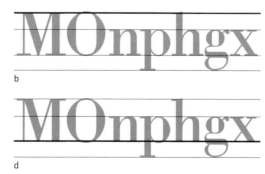

b

c

d

Abb. 4 (a–d) Die x-Höhe (a), die Versalhöhe (b) oder auch eine Höhe dazwischen (c) sollte mit der oberen Kante des Satzspiegels oder der einzelnen Rasterfelder korrespondieren. Die Schriftlinie hingegen muss in jedem Fall mit der unteren Kante des Satzspiegels oder der einzelnen Rasterfelder übereinstimmen (d).

Abb. 5 Das perfekte, aber nur schwer zu verwirklichende Rastersystem: Übereinstimmung des Zeilenregisters mit jedem einzelnen Rasterfeld des 9er- und des 16er-Rasters.

Fig. 4 (a–d) The x-height (a), the cap height (b) or another height within these limits (c) should correspond with the upper edge of the type area or of individual grid fields. The base line, on the other hand, must in every case correspond with the lower edge of the type area or of the individual grid fields (d).

Fig. 5 The perfect grid system, very difficult to attain, where the line space corresponds with each individual field of the 9× and 16× grid.

... tatsächlich habe Konrad im Zimmer seiner Frau wochenlang eine Hacke versteckt gehabt, eine ganz gewöhnliche Holzhacke, er, Konrad, habe aber seine Frau nicht mit dieser Hacke erschlagen, sagt Höller, sondern erschossen, die Hacke sei wochenlang hinter dem Krankensessel auf der Fensterbank gelegen und dort verstaubt. Als Tatzeit wird drei Uhr früh vermutet, aber es ist auch von anderen Zeiten die Rede, so heißt es im Lanner immer wieder, Konrad habe seine Frau um *vier Uhr* früh umgebracht, im Laska, um *ein Uhr*, im Stiegler, um *fünf Uhr* früh, im Gmachl um *zwei*. Niemand, auch Höller nicht, hat einen Schuß gehört. Während er selbst das Sickinger Kalkwerk als den einzigen ihm noch möglichen Ort bezeichnete, sagt Wieser, sei ihm, Konrad, Sicking in Wahrheit nach und nach und in den letzten beiden Jahren, so Fro, mit geradezu bösartiger Schnelligkeit zum Verhängnis, im Grunde ihm selber auf das Tödlichste bewußt zu einer einzigen deprimierenden Niederlage geworden, Wieser sagt auf seine Art ganz pathetisch: zur Tragödie. Während er, Konrad, schon sehr früh alles versucht habe und auch alles getan habe, in den Besitz des Kalkwerks zu kommen, das zwar immer schon in der Familie der Konrad, aber durch Erbschliche, wie Konrad einmal Fro anvertraut haben soll, zwischen den beiden Weltkriegen in die Hände von Konrads Neffen Hörhager gespielt worden sei, das Kalkwerk käuflich zu erwerben, war an die drei oder gar vier Jahrzehnte Konrads Wunschtraum gewesen, der sich, das muß gesagt werden, meinte Fro, immer schwieriger, aber dann auf einmal doch über Nacht, wie Wieser meint, verwirklichen habe lassen, Konrad habe schon in der Kindheit an der Vorstellung gearbeitet, sich einmal im Kalkwerk niederzulassen, meint Fro, von frühester Jugend an habe er den Plan, einmal in das Kalkwerk einziehen und in ihm hausen zu können, verfolgt, Besitz zu ergreifen von dem alten Mauerwerk, den Rest des Lebens in der, wie Konrad selbst einmal zu Fro gesagt haben soll, absoluten Isolierung von Sicking auf seine ihm mehr und mehr zur Notwendigkeit gewordenen intensiven Art und vor allem immer von seinem ihm tatsächlich noch immer vollkommen gehorchenden Kopfe aus zu verbrauchen, habe er sich schon früh vorgenommen, aber der unaufhörlich von seinem Neffen Hörhager in die Höhe getriebene Kaufpreis und das fortwährende Ja und Nein des Neffen, den Verkauf des Kalkwerks an Konrad betreffend, die ihn, Konrad, geradezu sadistisch anmutende fortwährende Willensänderung des Neffen, der alle Augenblicke einmal zusicherte, das Kalkwerk zu verkaufen, dann aber wieder plötzlich von einem Verkauf an Konrad nichts wissen wollte, der immer wieder drohte, er werde wohl das Kalkwerk verkaufen, aber nicht an Konrad, dann wieder versprach, das Kalkwerk nur an Konrad zu verkaufen, der an einem Tag Konrad die Zusicherung gab, das Kalkwerk zu verkaufen, am nächsten diese Zusicherung wieder zurückzog oder von einer solchen an Konrad gegebenen Zusicherung auf einmal immer wieder nichts mehr wissen wollte, dieses ständige Verkaufenwollen und Nichtverkaufenwollen, die unaufhörliche, in Wahrheit durch nichts gerechtfertigte Preishinauftreibung (Fro), von Tag zu Tag hatte das Kalkwerk einen höheren, immer einen immer noch höheren Preis, zermürbten Konrad, aber er wäre nicht er selbst gewesen, wenn er nicht gegen und vor allem gegen alle diese, wie er gesagt haben soll, unmenschlichen Widerstände, schließlich doch in den Besitz des Kalkwerks gekommen und in das Kalkwerk eingezogen wäre.

Versalhöhe oder auch auf einer dazwischenliegenden Höhe mit der oberen Kante des Satzspiegels korrespondieren. Bei der letzten Zeile *muss* die Schriftlinie (die Grundlinie) mit der Unterkante des Satzspiegels korrespondieren (Abb. 4). Wenn der Text und die Abbildungen, nur durch einen schmalen Raum getrennt, nebeneinander stehen, sollte das Zeilenregister mit jedem einzelnen Rasterfeld – und somit mit allen Abbildungen – übereinstimmen. Der Raum zwischen den Rasterfeldern, gemessen von der Schriftlinie bis zur Mittellänge der übernächsten Zeile, entspricht in diesem Fall einer Blindzeile (Abb. 5). Bei grösseren Zeilenabständen genügt auch schon der einfache optische Raum zwischen zwei Zeilen (gemessen von der Schriftlinie bis zur x-Höhe der nächsten Zeile).[9] Werden die Abbildungen in Tafeln auf separaten Seiten gesammelt, kann der Bildraster unabhängig vom Textraster konzipiert werden.[10] Damit sind die wenigen, unumgänglichen Grundgesetze der Rastergestaltung angesprochen.

the illustrations are put together in boxes on separate pages, the picture grid can be treated as a separate entity from the text grid.[10] This summary covers the few indispensable basic laws of grid construction.

The description of the systematic development of grid systems discloses the laws which underlie grid concepts (Fig. 11, pp. 180–185). Proceeding from grids with various numbers of square fields – four (1a), nine (2b), sixteen (4d) and twenty-five (8h), the basic grid systems are specified (without their mirror-image variants). As already explained above, not all of them are usable, but here we are concerned with the systematics in general, not with examples of good grid ideas.

Through the number of their fields, grid systems determine not only the sizes of the illustrations but also their proportions. Finely divided grids, or the superimposition of two or more grid systems, allow for differentiated picture

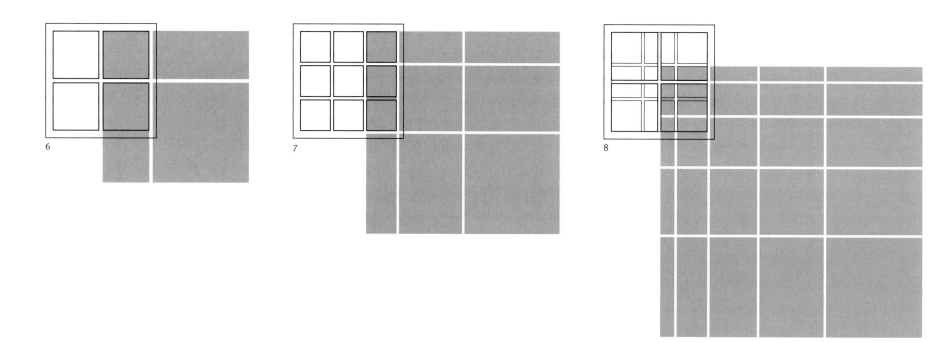

6

7

8

Abb. 6 bis 10 Untersuchung über die Vielfalt von Abbildungsgrössen und -proportionen bei Rastersystemen mit 4, 9 und 16 Rasterfeldern sowie bei der Überlagerung mehrerer Rastersysteme.

Fig. 6 to 10 Study of the multiplicity of picture sizes and proportions with grid systems of 4, 9 and 16 fields and with superimposition of several grid systems.

Die Darstellung der systematischen Entwicklung der Rastersysteme legt die Gesetzmässigkeiten offen, denen Rasterkonzepte unterliegen (Abb. 11, Seiten 180–185). Ausgehend von den Rastern mit vier (1a), neun (2b), sechzehn (4d) und fünfundzwanzig (8h) quadratischen Feldern sind in einer Matrix die grundlegenden Rastersysteme (ohne die spiegelbildlichen Varianten) aufgeführt. Wie oben schon erläutert, sind nicht alle brauchbar; hier geht es jedoch um die Systematik, nicht um Beispiele guter Rasterkonzepte.

Rastersysteme determinieren durch die Anzahl der Felder nicht nur die Abbildungsgrössen, sondern auch deren Proportionen. Fein gegliederte Raster oder die Überlagerung von zwei oder mehr Rastersystemen ermöglichen differenziertere Abbildungsgrössen und -proportionen. Mit systematischen Untersuchungen soll dieser Sachverhalt erhellt werden: Der 4er-Raster (damit ist ein Konzept mit vier Rasterfeldern gemeint) ergibt vier Abbildungsgrössen[11] sowie die Pro-

sizes and proportions. This fact can be clarified by systematic investigation. The 4× grid provides for four picture sizes[11] and the proportions 1:1 and 1:2 (Fig. 6), while the 9× grid provides nine sizes and the proportions 1:1, 1:2, 1:3 and 2:3 (Fig. 7). By combining the two grid systems one obtains no fewer than 25 picture sizes and seven different proportions (Fig. 8). Certain extremely narrow formats, past the borderline of about 1:3, are seldom if ever used, since there are hardly any photos which can be cropped to fit into such extremely long formats without doing violence to them. The 16× grid allows for 16 picture sizes and the proportions 1:1, 1:2, 1:3, 1:4, 2:3 and 3:4 (Fig. 9). When the 9× and the 16× grids are combined, the number of picture sizes rises to 64 and the variety of proportions is almost too great to summarize. Here the smallest possible grid field produced by the difference between the two grid systems is already eliminated. Here too, some of the extremely narrow formats are unsuitable for use (Fig. 10). – To take

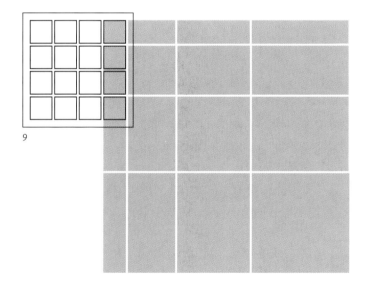

9

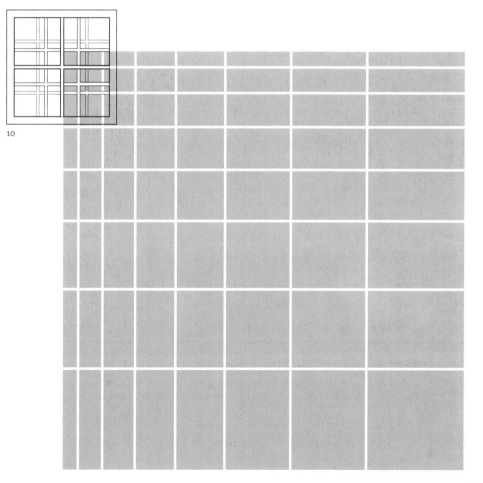

10

portionen 1:1 und 1:2 (Abb. 6), der 9er-Raster ergibt neun Abbildungsgrössen und die Proportionen 1:1, 1:2, 1:3 und 2:3 (Abb. 7). Kombiniert man die beiden Rastersysteme, ergeben sich nicht weniger als 25 Abbildungsgrössen und sieben verschiedene Proportionen (Abb. 8). Einige extrem schmale Formate – die Grenze wird etwa bei der Proportion 1:3 liegen – werden jedoch nicht oder nur selten Anwendung finden, da kaum eine Fotografie ohne gewaltsamen Eingriff in die Bildstruktur auf so extreme Längsformate zugeschnitten werden kann. Der 16er-Raster lässt 16 Abbildungsgrössen sowie die Proportionen 1:1, 1:2, 1:3, 1:4, 2:3 und 3:4 zu (Abb. 9). Beim Kombinieren des 9er- und des 16er-Rasters steigt die Anzahl der Abbildungen auf 64, und die Anzahl der Proportionen ist kaum noch überblickbar. Dabei ist das kleinste mögliche Rasterfeld, das sich aus der Differenz der beiden Rastersysteme ergibt, bereits eliminiert. Auch hiervon sind wieder einige extrem schmale Formate ungeeignet (Abb. 10). – Betrachten wir dies einmal nüchtern: Eine solche Fülle an Abbildungsgrössen und -proportionen, wie sie durch das Kombinieren von Rastern entsteht, lässt sich in einem noch so umfangreichen Werk kaum anwenden. Wir stossen hier schlicht an die Grenzen der gestalterischen Differenzierung, aber auch, auf der Ebene der Rezeption durch den Leser, an die Grenzen der Unterscheidungsfähigkeit.[12]

a realistic look at the matter: the huge number of picture sizes and proportions which can be obained by a combination of grid systems is hardly usable even in the biggest of publications. Here we quite simply reach the limits of differentiation in design and also, from the reader's point of view, the limits of perception of differences.[12]

Abb. 11 (siehe Seiten 180–185) Systematische Entwicklung der einfachen Rastersysteme.
Abb. 12 Der auf den piccardischen Baumeisters Villard de Honnecourt zurückgehenden Teilungskanonaus dem frühen 13. Jahrhundert, mit dem eine Strecke oder eine Fläche ohne Massstab fortlaufend in Zweitel, Drittel, Viertel und so fort geteilt werden kann.

Fig. 11 (see pp.180–185) Systematic development of simple grid systems.
Fig. 12 The canon of division developed by the Picard architect Villard de Honnecourt in the early 13th century, whereby a line or an area can be divided into two, three, four and so on, without the use of a ruler.

1 Das Zeilenregister ist zu fein strukturiert, als dass es sich im Sinne eines Rasters auf die Gestaltung mit Abbildungen auswirken könnte.

2 Raúl M. Rosarivo hat das hier dargestellte Modulsystem in: *Divina proportio typographica,* 1961, als Kanon der Frühdrucker Gutenberg und Schöffer nachgewiesen. Siehe Jan Tschichold: ‹Die Maßverhältnisse›, in: *Ausgewählte Aufsätze,* 1975, S. 55. – Die Konstruktion in Abb. 2d geht vom Teilungskanon des piccardischen Baumeisters Villard de Honnecourt (frühes 13. Jahrhundert) aus, mit dem eine Strecke oder Fläche ohne Massstab fortlaufend in Zweitel, Drittel, Viertel und so fort geteilt werden kann (siehe Abbildung links, vergleiche auch Abb. 1, S. 93).

3 Lupton, Ellen, und J. Abbott Miller (Hg.): *Dreieck, Quadrat und Kreis. Bauhaus und Design-Theorie heute,* 1994, S. 9. Amerikanische Originalausgabe 1991.

4 Spiegelsymmetrie erkennen wir im allgemeinen nur bei senkrechten Achsen. Figuren mit horizontalen und diagonalen Achsen nehmen wir – wenigstens auf unser Thema bezogen – asymmetrisch wahr. Deshalb verwende ich hier den Ausdruck ‹bedingte Symmetrie›.

5 Vergleiche in diesem Buch S. 138–145 *(Das Atelierhaus Max Bill).*

6 Max Bill sprach einmal von der «gestalterei», die nur noch Spielerei sei und vor allem der Verkaufsförderung diene. Siehe Max Bill: ‹die funktion der gestalteten objekte›, in: *Zeitschrift für Schweizerische Archäologie und Kunstgeschichte,* Heft 1, 1988, S. 50.

7 Siehe Hans Rudolf Bosshard: ‹Der Typograf als Entfesselungskünstler›, in: *Typografische Monatsblätter,* Heft 4, 1992.

8 Siehe Hans Rudolf Bosshard: ‹Abbilden von Vorlagen›, in: *Mathematische Grundlagen zur Satzherstellung,* 1985, S. 78–99; sowie ‹Gestaltung in der Fotografie›, in: *Typografische Monatsblätter,* Hefte 3, 4, 5, 1983, und Heft 2, 1984.

9 Vergleiche in diesem Buch S. 49, Abb. 7 *(Technische Grundlagen zur Satzherstellung).*

10 Vergleiche in diesem Buch S. 124–129 *(Ornament und Farbe).*

11 Bei den Abbildungs*grössen* sind Hoch- und Querformat der gleichen Grösse je einmal gezählt, da hoch- und querformatige Bilder von ihrer Struktur (von der Bildgestaltung und der Bildaussage) her grundsätzlich verschieden sind. Hoch- und Querformat der gleichen *Proportion* sind hingegen nur einmal gezählt.

12 Ein Beispiel für die Anwendung von vier verschiedenen Rastersystemen, jedoch *nacheinander,* nicht miteinander, siehe in diesem Buch S. 26–31 *(Form und Farbe).*

1 The interline spacing is too finely structured to be effective in the same way as a grid for page design with pictures.

2 Raúl M. Rosarivo laid down the module system shown here in: *Divina Proportio Typographica,* 1961, as the canon of the early printers Gutenberg and Schöffer. See Jan Tschichold: 'Die Maßverhältnisse' (Proportions of measurment), in: *Ausgewählte Aufsätze,* 1975, p. 55. – The construction in Fig. 2d is based on the canon of division of the Picard architect Villard de Honnecourt (early 13th century), whereby a line or an area can be progressively divided by two, three, four and so on without the use of a ruler (see illustration at left, also cf. Fig. 1, p. 93).

3 Lupton, Ellen and J. Abbott Miller (ed.): *Dreieck, Quadrat und Kreis. Bauhaus und Design-Theorie heute,* 1994, p. 9. (American edition 1991.)

4 Generally speaking, we recognize mirror symmetry only where the axis is vertical, while (at least so far as our subject is concerned) we perceive figures with horizontal and diagonal axes as asymmetrical. That is the reason for the use of the expression 'conditional symmetry' in the present context.

5 Compare in this book pp. 138–145 *(The Max Bill Studio House).*

6 Max Bill spoke of 'gestalterei', meaning 'frivolous design' as a kind of game with only sales promotion in view. See Max Bill: 'die funktion der gestalteten objekte' (The Function of Designed Objects), in: *Zeitschrift für Schweizerische Archäologie und Kunstgeschichte,* vol. 1, 1988, p. 50.

7 See Hans Rudolf Bosshard: 'Der Typograf als Entfesselungskünstler' (The Typographer as Escapologist), in: *Typografische Monatsblätter,* vol. 4, 1992.

8 See Hans Rudolf Bosshard: 'Abbilden von Vorlagen' (Reproduction of originals), in: *Mathematische Grundlagen zur Satzherstellung,* 1985, pp. 78–99, and 'Gestaltung in der Fotografie' (Design in Photography), in: Typografische Monatsblätter, vols 3, 4, 5, 1983 and vol. 2, 1984.

9 Compare in this book p. 49, Fig. 7 *(Technical Bases of Typesetting).*

10 Compare in this book pp. 124–129 *(Ornament and Colour).*

11 For picture sizes the upright and landscape formats of the same sizes are counted once each, since the two kinds of format have fundamentally different design and expression. Upright and landscape formats of the same *proportion,* on the other hand, are counted only once together.

12 An example of the use of four different grid systems, but *consecutively* not together, is on pp. 26–31 of this book *(Form and Colour).*

1/6
1/5
1/4
1/3
1/2

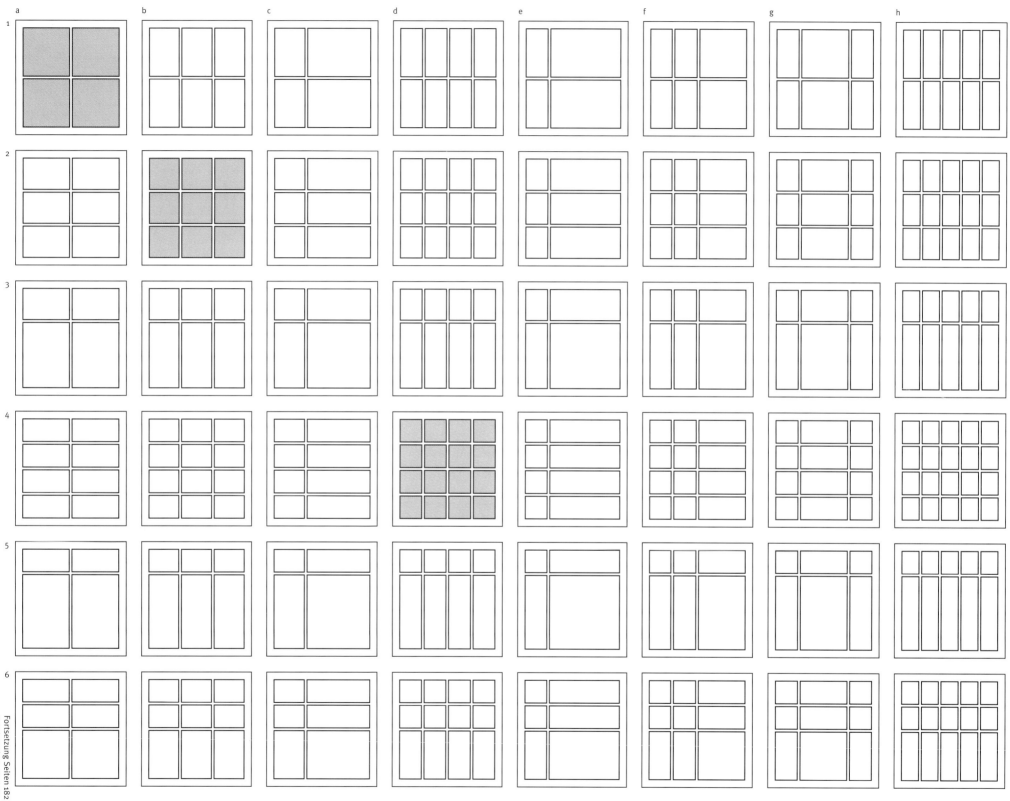

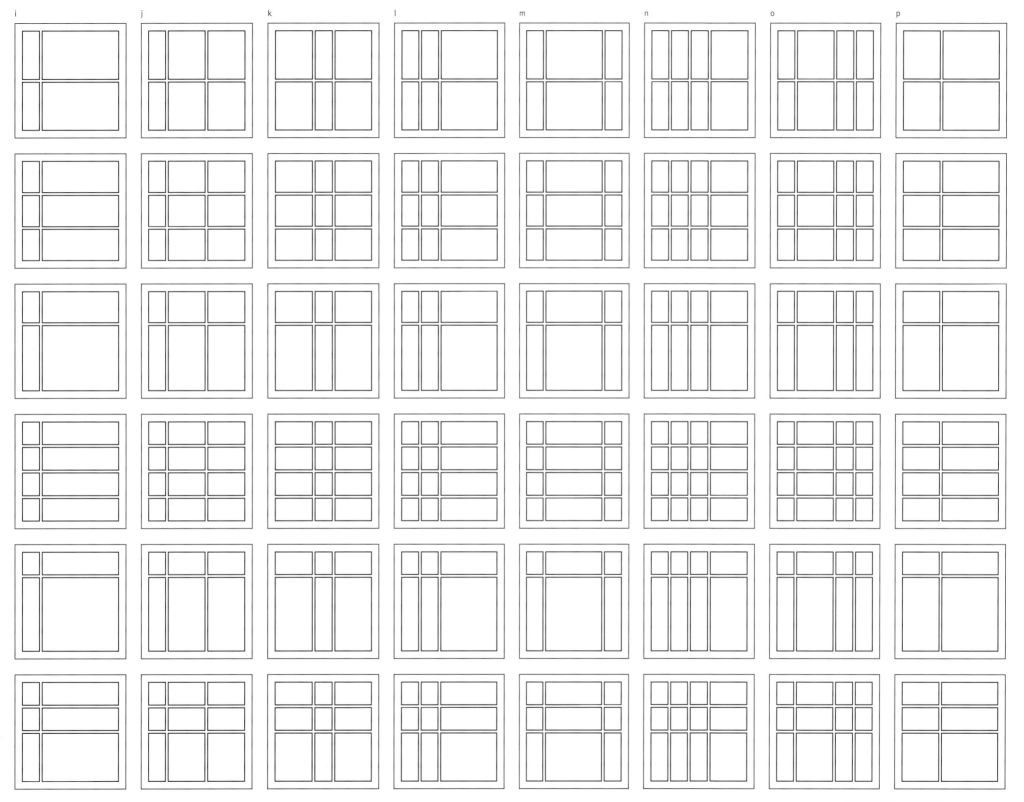

Rastersysteme   Grid systems

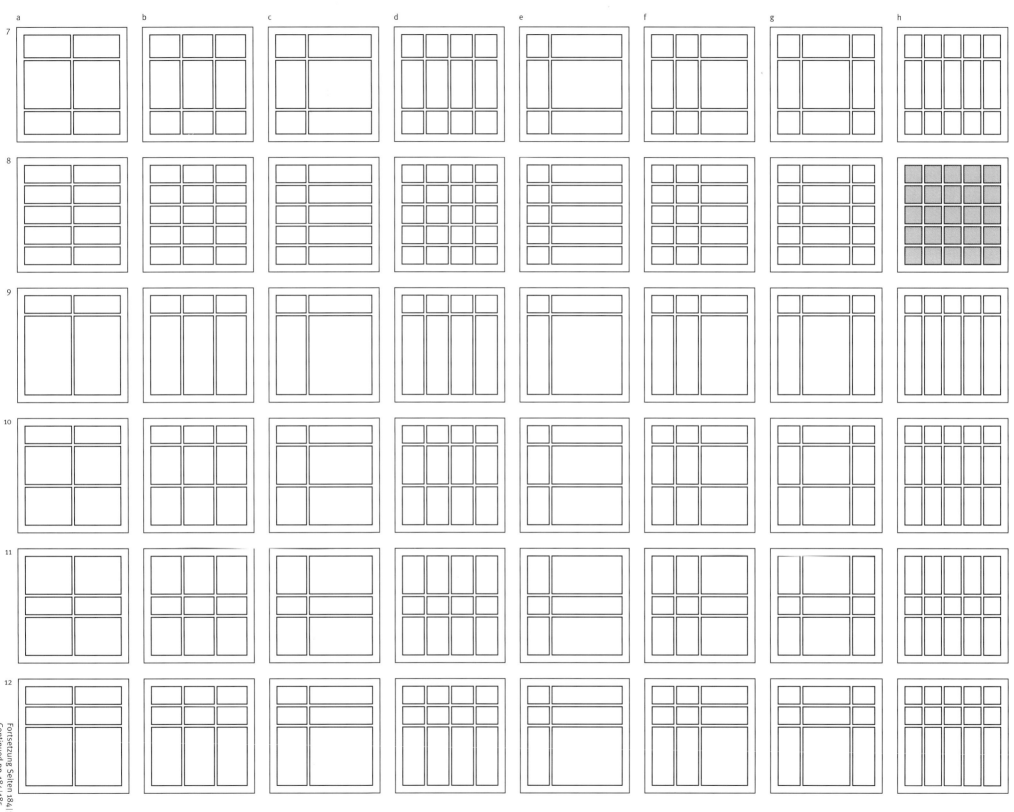

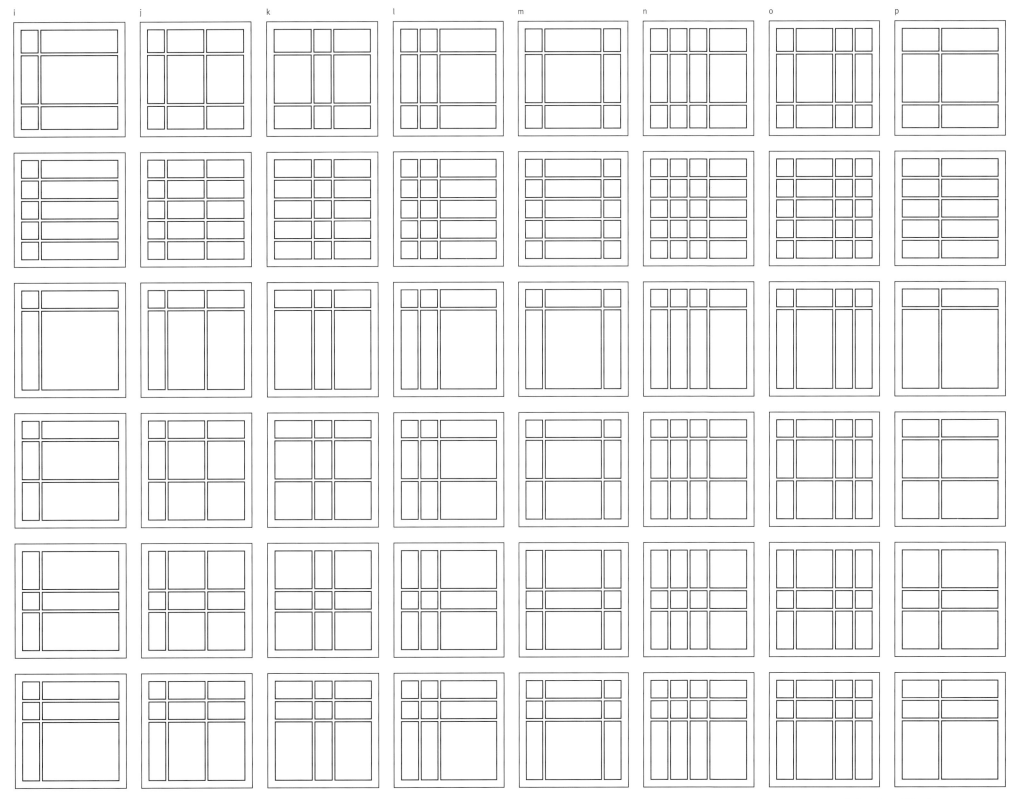

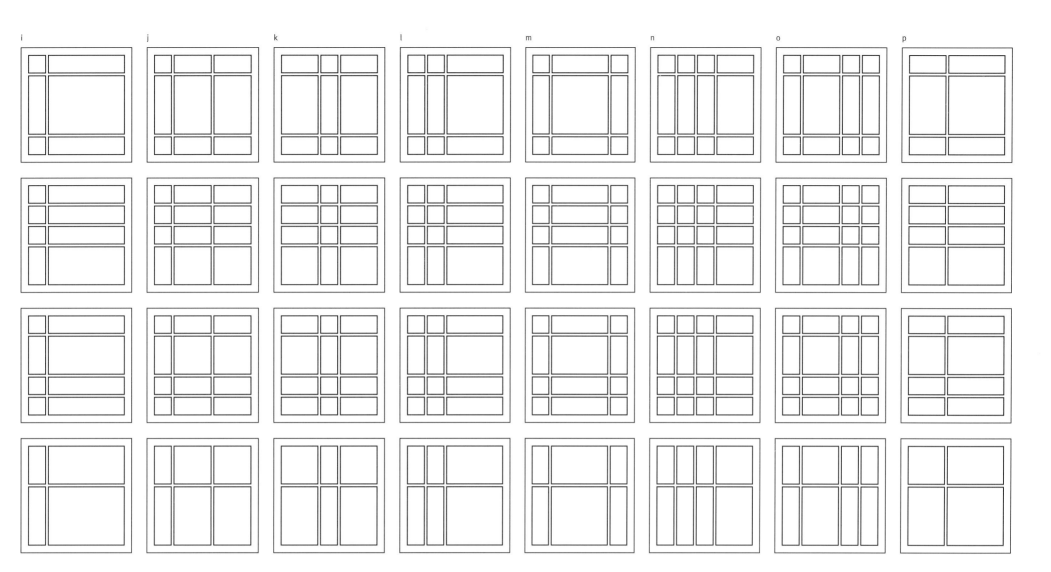

i j k l m n o p

1a

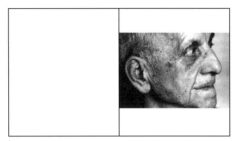

b

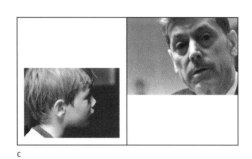

c

d

Abb. 1 (a–l) Beeinflussung der Gestaltung durch die Bildstruktur: Auf Faktoren wie Blickrichtung, Bewegung, Vogel- oder Froschperspektive, Symmetrie, Asymmetrie, Bildausschnitt, Komposition, Bilddiagonalen, Perspektive (Raumtiefe), Gewicht (Hell und Dunkel, Klein und Gross) sollte gestalterisch nach Möglichkeit reagiert werden.

Fig. 1 (a–l) Influence of design on the structure of pictures: the designer can react to the possibilities available from factors such as direction of view, movement, bird's eye or worm's eye view, symmetry, asymmetry, cropping, composition, picture diagonals, perspectives (spatial depth) or weight (light and dark, small and large).

Bildstruktur

Der Raster – als ein proportionales Regulativ – soll den Gestaltungsprozess vereinfachen, ohne dass die gestalterische Beweglichkeit wesentlich eingeschränkt wird. Ein optimales Rasterkonzept lässt hinreichend viele Bildformate und Bildanordnungen zu. Fotografien als Bildvorlagen sollten in weitgehender Erhaltung ihrer Proportion, also ohne gravierende Beschnitte, in die Rasterfelder eingefügt werden können. Für Vorlagen, die gar nicht beschnitten werden dürfen, muss ein entsprechend offenes Rastersystem konzipiert werden.[1] Der Raster soll gerade so fein gegliedert sein, dass eine variable Seitengestaltung möglich ist und dass die gewöhnlich dominierende Senkrecht-Waagrecht-Ordnung aufgelöst oder wenigstens etwas gemildert wird.[2] Mit ergänzenden Vorgaben, die über das reine Rasterkonzept hinausgehen, können Abweichungen vom strengen Schema offengehalten werden. Je komplexer ein Rastersystem ist, um so weniger ‹scheint es durch›, ist es erkennbar. Für den Leser ist der Raster ohnehin irrelevant – für ihn gilt vorab, ob ein Werk adäquat gestaltet und optimal lesbar ist.

Bilder entwickeln durch Grösse, Proportion und innere Struktur (Komposition, Dynamik und Ausschnitt) ein mehr oder weniger intensives Eigenleben. Abbildungen nimmt man jedoch nicht einzeln wahr, sondern immer aufeinander,

Structure of pictures

As a regulator of proportions, the grid is meant to simplify the process of design but without placing any major limitations on the flexibility of design work. An optimal grid concept allows for a sufficient variety of picture formats and arrangements. It should always be possible to insert photograpic pictures into the fields of the grid while largely maintaining their proportions, i. e. without any drastic cropping. For originals which permit no cropping at all, a correspondingly open grid system must be designed.[1] The grid should be so finely subdivided that page design can be variable and the usual dominating vertical-horizontal arrangement dissolved or at least softened.[2] With supplementary instructions which go beyond the pure grid concept, departures from the strict schema can be accommodated. The more complex a grid system is, the less it 'shows through' or is recognized. For the reader the grid is in any case irrelevant and what matters is that a publication is suitably designed and optimally readable.

Pictures develop a more or less intensive life of their own through their size, proportions and inner structure (composition, dynamics and cropping). However, illustrations are not perceived individually but always in relation to one another, to the text and to the page area as a whole. The paper size is, so to

e f g h

auf den Text und auf die Grundfläche bezogen. Das Papierformat ist sozusagen der ‹Baugrund› für die typografische Architektur. Die Grundfläche definiert sich in symmetrischen Strukturen: durch ihren Mittelpunkt, durch die Kantenmitten (Bewegung in senkrechter und waagrechter Richtung) und durch die vier Ecken (Bewegung in diagonaler Richtung). Für die Wirkung eines Bildes – und letztlich auch für die Bildaussage – ist dessen Standort auf der Grundfläche von einiger Bedeutung. Ein paar Beispiele sollen aufzeigen, was mit Bildstruktur gemeint ist und wie sich diese auf die Gestaltung auswirkt.

Ein Porträt im Profil wirkt durch die parallel zur Bildebene verlaufende Blickrichtung. Die Fläche wird betont, ein illusionärer Bildraum oder perspektivische Wirkung ist nicht angestrebt. Steht eine Abbildung mit Blickrichtung nach rechts auf einer linken Buchseite (die klassische Gestaltung), geht der Blick über den Bund hinweg auf die rechte Seite, wo er aufgefangen wird (Abb. 1a). Steht eine solche Abbildung auf einer rechten Seite (die dynamischere Lösung), richtet sich der Blick über die Grundfläche hinaus und weist auf die folgenden Seiten hin (Abb. 1b). Die beiden Köpfe im Halbprofil, der eine in leichter Aufsicht, der andere in Untersicht, beziehen den Bildraum stärker ein. Zugleich ist die seitliche Bewegung auf der Bildebene etwas abgeschwächt. Die Anordnung der Abbildungen links unten beziehungsweise rechts oben repliziert die fotografische Sichtweise, die Bilddynamik wird betont. Die gegenläufigen Blickachsen bilden zudem eine Diagonale (Abb. 1c).

speak, the 'building site' for the architecture of typography. The page area is defined by symmetrical structures: its central point, the centres of its edges (vertical and horizontal movement) and its four corners (diagonal movement). For a picture's effect, and finally also its 'message', its position within the page area is of some importance. A few examples will show what is meant by the structure of a picture and what effect this has on the design as a whole.

A portrait in profile has its effect through the direction of the subject's glance parallel to the level of the image. The area is emphasized but there is no effort to achieve an illusory space or perspective effect. Where a subject looking to the right is placed on a left-hand page, as is normally the case, the glance passes over the inner margins to the right-hand page, where it is caught (Fig. 1a). If such an illustration is placed on a right-hand page (the more dynamic solution), the glance passes across and out of the page area, drawing attention to the succeeding pages (Fig. 1b). The two heads in half-profile, one watching and the other being watched, take in the image area more strongly. At the same time, the lateral movement on the image level is slightly weakened. The arrangement of the pictures at lower left or upper right replicates the photographer's viewpoint and the dynamic of the picture is emphasized. The contrary axes of the glance also form a diagonal (Fig. 1c).

Pictures showing a bird's eye view or a worm's eye view – camera looking down or up – practically demand to be placed at the foot or the top edge of

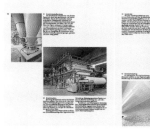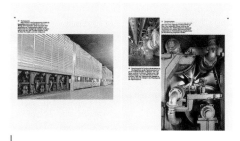

1i j k l

Bilder mit vogel- oder froschperspektivischer Sicht – mit hohem beziehungsweise tiefem Kamerastandpunkt – provozieren nachgerade die Platzierung am unteren beziehungsweise oberen Blattrand. Die Sichtweise des Lesers wird dadurch mit derjenigen des Fotografen identisch, was wiederum die Bildwirkung unterstützt. Die Bildebene (die Papierfläche) bekommt so eine fast schon räumliche Wirkung (Abb. 1d).

Bei perspektivischen Architekturaufnahmen wird durch konvergierende Linien sowie durch senkrechte oder (in eher seltenen Fällen) waagrechte Symmetrieachsen der illusionäre Bildraum aktiv (Abb. 1e). Symmetrie kann auch allein das Resultat des Standorts der Abbildungen auf der Grundfläche sein, ohne dass die Bildstruktur selber symmetrisch ist (Abb. 1f). Detail- und Gesamtaufnahmen wirken stärker, wenn die Gesamtaufnahme klein und die Detailaufnahme gross abgebildet sind. Die Gesamtaufnahme tritt zurück, wirkt fern (was sie auch vom fotografischen Standpunkt aus ist), die Detailaufnahme dagegen kommt auf den Betrachter zu, wirkt nah. Umgekehrt würde die mit Detailaufnahmen beabsichtigte Wirkung – das Hervorheben von Einzelheiten oder das präzise Abbilden von Oberflächenstrukturen – vergeben. Zudem wäre die Bildinformation einer gross abgebildeten Gesamtaufnahme keinesfalls besser (Abb. 1g). Kleine Abbildungen sind – eine gestaltpsychologische Erkenntnis – grösseren meist zugeordnet. Für diese Zuordnung ist nur die unterschiedliche Grösse massgebend, nicht etwa die Reihenfolge links–rechts (Leserichtung) oder oben–unten (Abb. 1h).

Bildstrukturen – Bewegungs- oder Blickrichtungen, Vogel- oder Froschperspektive, Diagonalen, Fluchtlinien, Symmetrieachsen und so weiter – beeinflussen also, sofern wir diese Betrachtungsweise in das Gestalten einbeziehen, die Anordnung der Abbildungen. Bildstrukturen greifen über das einzelne Bild hinaus und verbinden optisch durch Diagonalen (Abb. 1i), Winkel (Abb. 1j, k) und ähnliche Formen alle grafischen Elemente miteinander. Leichtigkeit und Schwere zeichnen manche Bilder aus, analog den Kategorien Hell und Dunkel, Ferne und Nähe, Vogel- und Froschperspektive. Dunkle, schwere Bilder wirken am unteren Papierrand schwerer – dies erst recht, wenn sie auch noch randabfallend platziert sind (Abb. 1l). Leichte Bilder – eine lichte Fernsicht oder ein Bild mit Froschperspektive – müssen am oberen Papierrand demnach leichter wirken.

Das Buch als «raumzeitliches Objekt» (El Lissitzky), mit einem «lebendigen Satzorganismus» (Bill) weist auffallende Parallelen mit dem Film auf. Der Wechsel von Text und Bild sowie die Abfolge von kleinen und grossen, hellen und dunkeln, leichten und schweren, proportional unterschiedlichen sowie hoch- und querformatigen Bildern wirken als eine Art Filmsequenz. Im Buch fehlt zwar wohl das bewegliche Bild, dafür kommt in der Abfolge der Seiten der zeitlich variable Rhythmus von Statik und Dynamik, von Ruhe und Unruhe sowie der Wechsel von Auf- und Abbewegung dazu. Die Bildsequenz aus dem Buch *Papiermachen einst und jetzt* zeigt eine starke rhythmische Bewegung, obwohl bei der schematischen

the page. In this way the reader's way of seeing becomes identical with that of the photographer, which once again strengthens the picture's effect. In this way the paper surface (image level) obtains an almost spatial effect (Fig. 1d).

In perspective architectural shots, the illusory space of the picture is activated by converging lines and vertical or (rather rarely) horizontal axes of symmetry (Fig. 1e). Symmetry can also be the consequence solely of the positioning of the pictures on the page area, without the structure of the picture itself being symmetrical (Fig. 1f). Detail shots and overall shots work better when the overall shot is shown small and the details large. The overall shot takes a step backwards, taking on a distancing effect which corresponds to the photographic standpoint, while the detail shot comes up close to the viewer. In the opposite case, the desired effect of detail shots, namely the bringing out of minutiae or the precise illustration of surface structures, would become lost. Moreover, there would be no improvement to the image information of an overall view if it were greatly enlarged (Fig. 1g). It is known from the study of Gestalt (holistic) psychology that small pictures are generally classified with larger ones. Underlying this classification is only the difference in size, not the left-to-right direction of reading or the vertical top-to-bottom dimension (Fig. 1h).

Picture structures, then – including directions of movement or glance, bird's eye or worm's eye views, diagonals, vanishing lines, axes of symmetry and so on – influence the arrangement of illustrations, in so far as we include this way of looking at things in the subject of design. Picture structures go beyond the individual picture and optically combine all graphic elements through diagonals (Fig. 1i), angles (Fig. 1j, k) and similar forms. Many pictures are characterized by lightness and heaviness, others by light and dark, distant and close-up, bird's eye and worm's eye views. Dark, heavy pictures look heavier at the foot of the page, especially if they are in a 'bleed' position (Fig. 1l). Light pictures, such as a light, distant view or a worm's eye view, accordingly look lighter at the head of the page.

The book as "an object related to space-time" (El Lissitzky) with a "living type organism" (Bill) shows striking parallels with film. The alternation of text and pictures and the succession of large and small, light and dark, light and heavy pictures, with different proportions and upright or landscape formats, gives something of the effect of a film sequence. Certainly the moving picture is lacking in the book, but on the other hand the sequence of pages brings in the temporally variable rhythm of statics and dynamics, rest and agitation and the alternation of upward and downward movements. The picture sequence from *Papermaking Then and Now* shows a strongly rhythmical movement, even though the pictures lack structure and liveliness owing to the schematic representation with grey areas (Fig. 2). Captions are also lacking, although they would have their own rhythmical line. If we follow the alternating movements, we may recognize

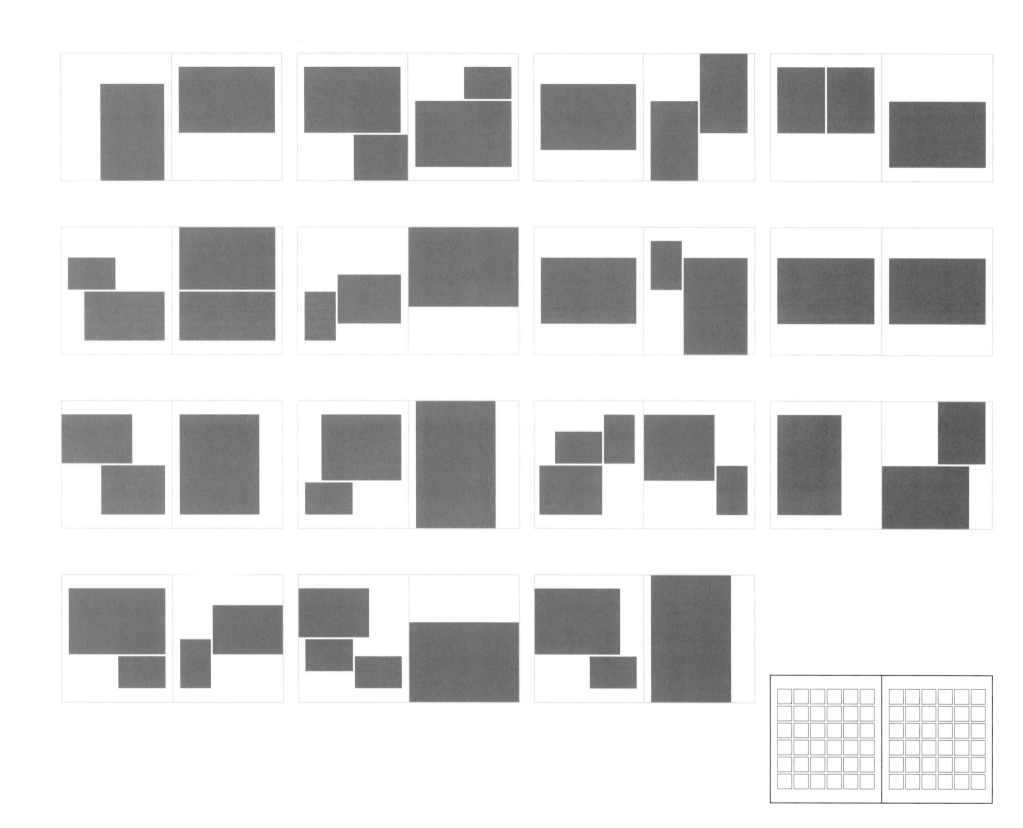

Abb. 2 Schematische Darstellung einer Bildsequenz mit ausgesprochen starker Betonung der rhythmischen Bewegung aus dem Buch *Papiermachen einst und jetzt* (vergleiche dazu Seiten 42–45 sowie 187, 188).

Fig. 2 Schematic representation of a sequence of pictures with extremely strong emphasis on rhythmical movement, from the book *Papermaking Then and Now* (cf. pp. 42–45 and 187, 188).

Darstellung mit Grauflächen die Bildstrukturen und somit die Lebendigkeit der Bilder fehlen (Abb. 2). Ebenso fehlen die Legenden, die eine eigene rhythmische Linie beschreiben. Folgt man den wechselnden Bewegungen, sind unterschiedliche Geschwindigkeiten der Bildabfolge, Ruhepunkte an bestimmten Stellen und Schwerpunkte bei ganz- oder doppelseitigen Abbildungen erkennbar.[3] Man kann auch feststellen, dass keine Bildkonstellation zweimal vorkommt, Wiederholungen bewusst vermieden wurden. Dabei kann bei der Gestaltung nie willkürlich verfahren werden: Die Wichtigkeit einzelner Abbildungen, das Zusammenfassen eines Arbeitsprozesses auf einer Doppelseite, das Nebeneinander von Gesamt- und Detailaufnahmen und nicht zuletzt die Leserichtung – dies alles greift entscheidend in die Bildregie und in die Gestaltung ein.

Wie Bilder durch den Wechsel ihres Standorts innerhalb der Doppelseite ihren Ausdruck verändern, kann mit einer einfachen, systematischen Manipulation gezeigt werden. Spiegelungen[4] erhalten die Konstellation einer Gruppe von Abbildungen, vertauschen jedoch Oben und Unten beziehungsweise Links und Rechts, die grundlegende Orientierung also. Eine Konstellation von Abbildungen (das Thema) kann durch Spiegeln (oder Wenden um eine Achse) variiert werden (Abb. 3). Wenden des Themas um eine horizontale Achse erzeugt das Spiegelbild, die kopfstehende Version. Durch Wenden um eine vertikale Achse erhält man den Krebsgang oder den Rückwärtslauf des Themas. Das Wenden um beide Achsen nacheinander ergibt die Krebsspiegelung, den kopfstehenden Rückwärtslauf des Themas.[5] Das Thema, die ursprüngliche Bildkonstellation, sowie die drei Variationen ergeben bei denselben Abbildungen und Abbildungsformaten jedesmal eine andere Reihenfolge und Gewichtung, eine andere Dynamik und Rhythmik. In der praktischen Anwendung könnte je nach den vorhandenen Bildern und ihrer Struktur die eine oder andere Variante gewählt werden. Diese Überlegungen zeigen, wie sich Wiederholungen des Seitenbildes vermeiden lassen.

different speeds of picture sequences, points of rest in certain places and centres of gravity in full-page or double-page pictures.[3] It may also be observed that no constellation of pictures occurs twice. Repetitions are deliberately avoided. This means that there can be no arbitrary design. The importance of individual pictures, the unity of a working process on a double page, the juxtaposition of overall and detail shots and above all the direction of reading – all these have a decisive effect on the arrangement of pictures and the design as a whole.

The way in which pictures can vary their effect within a double page by a change in their position can be shown by means of a simple and systematic manipulation. Mirrorings[4] go together with the constellation of a group of pictures but they exchange Above and Below or Left and Right, which is to say the basic orientation. A constellation of pictures (the subject) can be varied by mirroring, or turning on an axis (Fig. 3). Turning the subject around a horizontal axis produces the mirror image, the upside-down version. By turning around a vertical axis, the subject is made to retreat, crab-like. Turning around both axes in succession produces reverse mirroring, the upside-down retreating of the subject.[5] The original picture constellation and the three variants produce different sequences and weighting, different dynamics and rhythm, with the same pictures and picture formats. In practical applications, one variant or another may be chosen, depending on the available pictures and their structure. These comments show how repetitions of the page image can be avoided.

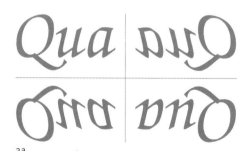

3a

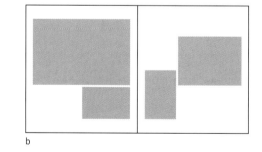

b

Abb. 3 (a–e) Symmetrie als Gestaltungshilfe. Eine bestimmte Konstellation von Abbildungen bildet das Thema (a, links oben, und b); durch Symmetrieoperationen sind daraus die Variationen Spiegelung (a, links unten, und c), Krebsgang (a, rechts oben, und d) sowie Krebsspiegelung (a, rechts unten, und e) abgeleitet.

Fig. 3 (a–e) Symmetry as an aid to design. The subject is formed by a constellation of pictures (a, top left, and b). The variations of mirroring (a, lower left, and c), retreating (a, upper right, and d) and mirrored retreating (a, lower right, and e) are derived from symmetry operations.

1 Kunstwerke und Fotos aus dem Kunstkontext dürfen nicht beschnitten werden, ausser es wird explizit ein Detail abgebildet und dies in der Legende vermerkt. Deshalb sind Rastersysteme, die die Abbildungsproportionen zwingend festlegen, in Kunstbüchern und Kunstkatalogen nicht anwendbar.

2 Die Gliederung des Blattformats mit sehr kleinen Rasterfeldern widerspricht eigentlich dem Prinzip des Rasters, da dies zu beliebigen Abbildungsgrössen führt, was schliesslich – konsequent zu Ende gedacht – genau so gut ohne Rastersystem möglich ist.

3 Diese Bildsequenz gibt den Abbildungsteil über die Papierfabrikation wieder (siehe auch Abb. 1e–l, S. 187f, und S. 42–45). Eine ebenso starke rhythmische Bewegung ist in der Broschüre *Stalaktiten Stalagmiten | Lichtorgel* erkennbar (siehe S. 52–57).

4 Siehe Einleitung, S. 18f.

5 Das systematische Spiegeln eines Themas stammt aus der Musik. Um 1919, noch vor Schönberg, hat sich Josef Matthias Hauer (1883–1959) theoretisch mit dem Komponieren «mit zwölf nur aufeinander bezogenen Tönen» (Wilhelm Sinkovicz: *Mehr als zwölf Töne. Arnold Schönberg,* 1998, S. 172) befasst und Zwölftonkompositionen geschaffen. Die Komponisten der ‹Neuen Wiener Schule› Arnold Schönberg (1874–1951) und dessen Schüler Alban Berg (1885–1935) und Anton Webern (1883–1945) haben diese Kompositionstechnik in vielen, aber durchaus nicht allen ihren Werken angewandt. Schönberg formulierte das sogenannte Wiederholungsverbot: «Kein Ton darf sich wiederholen, ehe nicht alle anderen elf Töne erklungen sind.» (Zitiert aus Sinkovicz, S. 175.) Wiederholung steht, wie auch die Bildung von Akkorden und Melodien, für traditionelle Harmonik. Das Vermeiden von Wiederholungen ist – im Zusammenhang mit der Typografie – auch unser Thema.

1 In the context of art itself, paintings and photos must not be cropped unless explicitly for the illustration of a detail and explained in the caption. For this reason, grid systems which force the illustrations into certain proportions are not suitable for use in art books or catalogues.

2 The subdivision of the page area into very small grid fields actually contradicts the spirit of the grid, since it leads to the use of any desired picture sizes, which is equally possible with no grid at all.

3 This picture sequence illustrates paper manufacture (see also Fig. 1e–l, pp. 187f, and pp. 42–45). An equally strong rhythmic movement can be seen in the booklet *Stalactites Stalagmites | Lighting Organ Console* (see pp. 52–57).

4 See Preface, pp. 18f.

5 The systematic mirroring of a theme is derived from music. Around 1919, before Schönberg, Josef Matthias Hauer (1883–1959) took to the theory of "composing with twelve tones related only to one another" (Wilhelm Sinkovich: *Mehr als zwölf Töne. Arnold Schönberg,* 1998, p. 172) and composed twelve-tone pieces. The composers of the 'New Viennese School', Arnold Schönberg (1874–1951) and his pupils Alban Berg (1885–1935) and Anton Webern (1883–1945) used this composing technique in many of their works, though by no means all of them. It was Schönberg who formulated the so-called 'prohibition of repetition': "No tone shall be repeated before all the other eleven have sounded." (Quoted from Sinkovich, p. 175.) Repetition, in common with the use of chords and melodies, stands for traditional harmony. The avoidance of repetition, this time in the typographical context, is also our subject.

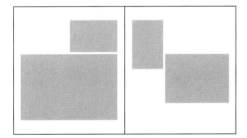

c

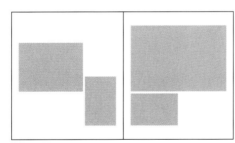

d

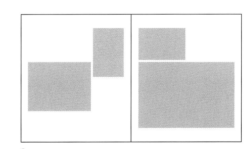

e

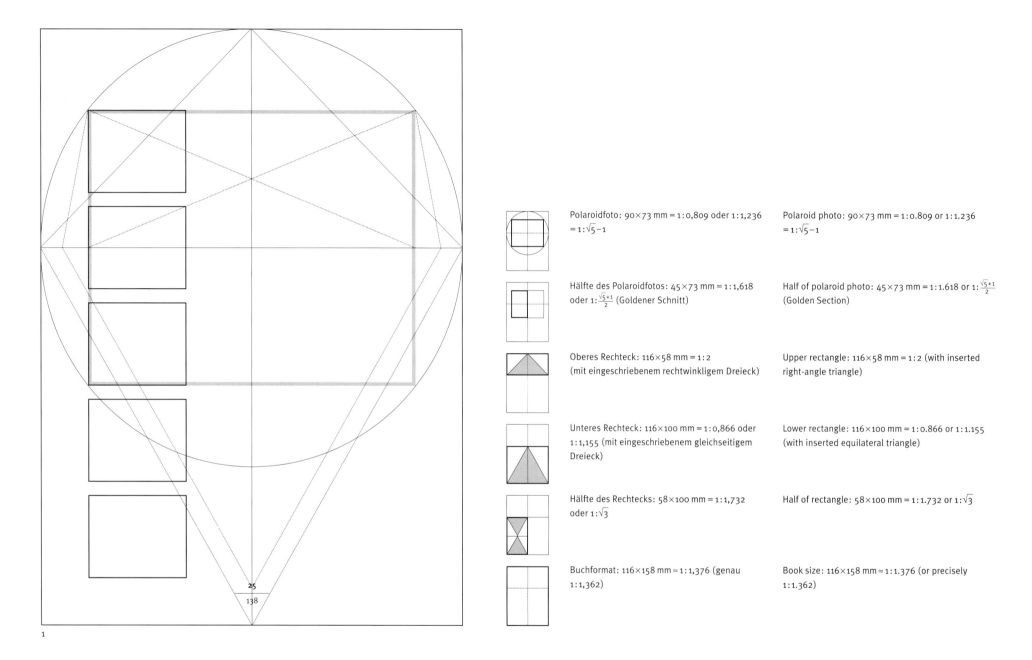

Polaroidfoto: 90×73 mm = 1:0,809 oder 1:1,236 = 1:$\sqrt{5}-1$

Polaroid photo: 90×73 mm = 1:0.809 or 1:1.236 = 1:$\sqrt{5}-1$

Hälfte des Polaroidfotos: 45×73 mm = 1:1,618 oder 1:$\frac{\sqrt{5}+1}{2}$ (Goldener Schnitt)

Half of polaroid photo: 45×73 mm = 1:1.618 or 1:$\frac{\sqrt{5}+1}{2}$ (Golden Section)

Oberes Rechteck: 116×58 mm = 1:2 (mit eingeschriebenem rechtwinkligem Dreieck)

Upper rectangle: 116×58 mm = 1:2 (with inserted right-angle triangle)

Unteres Rechteck: 116×100 mm = 1:0,866 oder 1:1,155 (mit eingeschriebenem gleichseitigem Dreieck)

Lower rectangle: 116×100 mm = 1:0.866 or 1:1.155 (with inserted equilateral triangle)

Hälfte des Rechtecks: 58×100 mm = 1:1,732 oder 1:$\sqrt{3}$

Half of rectangle: 58×100 mm = 1:1.732 or 1:$\sqrt{3}$

Buchformat: 116×158 mm ≈ 1:1,376 (genau 1:1,362)

Book size: 116×158 mm ≈ 1:1.376 (or precisely 1:1.362)

Abb. 1 Schema im Massstab 1:1 für das Buch *96 Polaroids. Zwei Durch-querungen von Paris 1993*. Mehrere Proportionen und geometrische Figuren spielen in dessen Grundgestalt hinein. Hier drückt offensichtlich die Freude am Konstruieren durch, die ein geschlossenes proportionales Regelwerk entstehen liess.

Fig. 1 Same-size diagram for the book *96 Polaroids. Zwei Durchquerungen von Paris 1993* (Two crossings of Paris 1993). Several proportions and geometrical figures play a part in this basic form. It is evident that the joy of construction comes through, producing a closed proportional framework.

Nachsatz

Systematische Arbeitsweise allgemein und Rastersysteme im besonderen sind für viele typografischen Gestalter wenig vertraute Gebiete. Sie meinen, ‹aus dem Bauch› gestalten zu müssen, glauben an Intuition oder Zufall, wenn nicht gar an Wunder der Inspiration. Kein Architekt (abgesehen von seltsamen Ausnahmen) kommt ohne – konstruktiv bedingten – Raumraster aus. Es gibt jedoch auch eine imaginäre Konstruktivität, eine optische Statik, und der typografische Gestalter bräuchte eigentlich (wie der Architekt schliesslich auch) einen Spezialisten für Statik, der der verwirrenden Schriftenvielfalt und den ineinanderverschachtelten oder übereinandergeschichteten Bildern optisch Halt gibt und ihnen den Zusammenhalt sichert. Die frühkubistischen Bildelementen gleich ineinandergesteckten schiefen Baukörper des amerikanischen Architekten Frank O. Gehry, die den Raster kaum mehr erkennen lassen, kragen bedrohlich über ihr Fundament aus, brechen jedoch nicht ein, sondern scheinen von einem unsichtbaren Magnet stabilisiert zu werden (wie beim American Center in Paris aus den neunziger Jahren). Demgegenüber strukturierte der Schweizer Bernard Tschumi den nicht mit einem Blick überschaubaren Parc de la Villette, der in den Jahren 1987 bis 1991 ebenfalls in Paris erstellt wurde, mit einem weitmaschigen quadratischen Raster, auf dessen Schnittpunkte er rote Stahlkonstruktionen setzte, die der Architekt selber als ‹Folies› (Narrheiten, auch Luftschlösser) bezeichnete, ‹nutzlose›, unbenützbare Architekturrudimente.

Der Planungsvorgang muss sich lustvoll gestalten, niemand setzt sich unbedacht und freiwillig restriktiven Einschränkungen aus. Der Raster muss Sinn ergeben, die Gestaltungsarbeit lenken und gleichzeitig erleichtern und nicht einfach, wie ein Korsett, gedankenlos über alles und jedes gestülpt werden. Die Konstruktion in Originalgrösse auf der nebenstehenden Seite (Abb. 1), Basis für die Gestaltung eines kleinen Buches, zeigt diese Lust am Konstruieren und am Erforschen von geometrischen Zusammenhängen. Die Aufgabe – das Reproduzieren von Polaroidfotos in Farbe und realer Grösse sowie die nochmalige, verkleinerte Reproduktion, schwarzweiss und mit Legenden ergänzt – ruft an sich noch nicht vordringlich nach konstruktiver Hilfe. Das Konstruieren ist nicht mehr und nicht weniger als eine Methode neben anderen, um aufgrund von Aufgabestellungen und inhaltlichen Voraussetzungen mögliche gestalterische Wege zu klären, auch wenn die Voraussetzungen, wie bei diesem konkreten Beispiel, vergleichsweise einfach sind (Abb. 2a–d).

Die Polaroidbilder im Format 90 × 73 mm weisen exakt die konstruktiv ermittelte Proportion 1:1,236 auf, die der doppelten Breite des Goldenen-Schnitt-Rechtecks entspricht – eine überraschende Feststellung. Dies bewusster Absicht

Addendum

For many typographic designers, methodical work in general and grid systems in particular are little-known territory. They prefer to rely on 'gut feeling' and believe in intuition or chance, if not miraculous inspiration. With very few exceptions, no architect can work without a constructively determined spatial grid. There is, however, also an imaginary constructivity, an optical kind of statics, and the typographic designer (just like the architect) needs a specialist in statics, in this case to bring optical stability to the bewildering variety of typefaces and the concentric or superimposed pictures and ensure their cohesion. The early Cubist picture elements which make the grid unrecognizable, like the slanted, fitted together building elements of the American architect Frank O. Gehry which jut out threateningly from their base, do not in fact break down but seem to be held in place by an invisible magnet, as is the case with the American Center of the Nineties in Paris. In contrast to this, the Swiss Bernard Tschumi structured the complex Parc de la Villette (Paris, 1987–1991) with a widely meshed quadratic grid, setting red steel constructions at its points of intersection. These were described by the architect himself as 'follies', useless rudiments of architecture.

The planning procedure must be worked out with pleasure. Nobody voluntarily imposes restrictions on himself without thinking the matter over. The grid must make sense, steer and assist the design work, not simply be pulled over everything lik a corset. The construction in original size on the facing page (Fig. 1) is the basis for the design of a small book and it shows the delight in constructing and in the study of geometrical connections. The job in question – the reproduction of Polaroid photos in colour and in actual size, with subsequent repro in reduced size, this time in black-and-white and with captions supplied – does not exactly call out for constructive aid. Construction is neither more nor less than one method among others, used to clarify possible design styles on the basis of the commission concerned and its internal requirements, even when these requirements, as in the example shown, are comparatively simple (Fig. 2a–d).

The Polaroid pictures size 90 × 73 mm have exactly the constructively obtained proportion of 1 : 1.236 which correspond to the double width of the Golden Section rectangle – a surprising fact. To ascribe it to deliberate intention and not just to chance would be a bold step. On the other hand it is a deliberate step to take up the proportion and apply 'mathematical thinking', in the words of Max Bill, to the book format and its typography. The circle enclosing the Polaroid rectangle (and thereby its diagonal), at 116 mm, gives the width of the book page. Over the horizontal arm of the line cross lies the semi-square which results

und nicht nur dem Zufall zuzuschreiben, wäre wahrscheinlich verwegen. Dagegen ist es ein bewusster Schritt, die Proportion aufzunehmen und ‹mathematisches Denken› (Max Bill) auf das Buchformat und die Typografie anzuwenden. Der Umkreis des Polaroid-Rechtecks (und damit dessen Diagonale) ergibt mit 116 mm die Breite des Buchformats. Über dem waagrechten Arm des Linienkreuzes liegt das mit dem Umkreis entstehende Halbquadrat, dessen Höhe 58 mm beträgt und dem ein gleichschenklig-rechtwinkliges Dreieck eingeschrieben ist. Darunter ist ein Rechteck mit eingeschriebenem gleichseitigem Dreieck angefügt, dessen Proportion 1:0,866 bei 116 mm Basis die Höhe 100 mm ergibt. Die beiden Rechtecke zusammen bilden das Buchformat 116×158 mm, das bis auf die geringe Differenz von 1,6 mm annähernd der Proportion 1:1,376 entspricht.

Ich überlasse es dem Leser, weitere geometrische Zusammenhänge aus dieser Konstruktion (wie selbstverständlich auch aus allen anderen Konstruktionen in diesem Buch) herauszulesen und so sich vielleicht von der Angst vor der zeichnerischen Präzision und der Zahlen zu befreien. Geometrie hat ihre eigenen Gesetze – und geometrische Zeichnungen ihre eigene Schönheit, die sich nur aufdecken lässt, wenn man selber mit Zirkel und Massstab kreativ umgeht und dabei eigene Wege sucht.

from the encircling of the half-square, whose height is 58 mm and into which a right-angled triangle is drawn. Below that is a rectangle enclosing a triangle, whose proportion of 0.866 give a height of 100 mm where the base measures 116 mm. The two rectangles together produce the book size of 116 × 158 mm, which approximates to the proportion of 1 : 1.376, apart from the slight difference of 1.6 mm.

I leave it to the reader to recognize further geometrical connections in this construction and the rest of the constructions in this book, thereby perhaps freeing himself or herself from any fear of draughtsmanlike precision or figures as a whole. Geometry has its own laws and geometrical drawings their own beauty, which can be uncovered only by readers reacting creativly with compasses and ruler to find out ways of their own.

The condition of being tied down to the typographical material of the Gutenberg era, with its foreordained type sizes and the rhythm of the blank material (furniture) restricted to points, ciceros and picas, has been overcome by electronic typesetting and picture manipulation. Max Bill, in his famous essay of 1946, could still assert that "the proportions and the different sizes of letters and the various type sizes [are] firmly established" and that "if we consider this

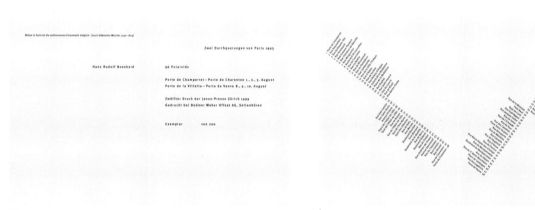
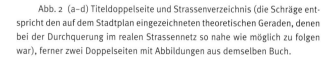
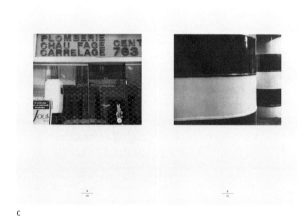

2a   b   c

Abb. 2 (a–d) Titeldoppelseite und Strassenverzeichnis (die Schräge entspricht den auf dem Stadtplan eingezeichneten theoretischen Geraden, denen bei der Durchquerung im realen Strassennetz so nahe wie möglich zu folgen war), ferner zwei Doppelseiten mit Abbildungen aus demselben Buch.

Fig. 2 (a–d) Title spread and street index, where the oblique lines indicate the theoretical straight lines on the town map, to be followed as closely as possible in the real street network when crossing the town. Also two double pages with illustrations from the same book.

Die Bindungen an das typografische Material der Gutenbergära – an die vorgegebenen Schriftgrade oder an den Punkt-, Cicero- und Konkordanzenrhythmus des Blindmaterials etwa – ist durch die elektronische Text- und Bildverarbeitung überwunden. Max Bill konnte (in seinem berühmten Aufsatz von 1946) noch schreiben, dass «die verhältnisse und größenunterschiede der buchstaben und der verschiedenen schriftgrade genau festgelegt» seien, und: «betrachten wir dieses grundmaterial genauer, dann können wir beobachten, daß es geeignet ist, einen genauen rhythmus zu entwickeln, der sich in berechenbaren proportionen ausdrückt.» In dieser Hinsicht gibt es nichts mehr, woran wir uns halten könnten. Dafür haben wir eine ungeahnte Freiheit erlangt, die jedoch nur, wenn wir damit auch umzugehen wissen, genutzt werden kann. Die Schriftgrössen (die, als letztes Überbleibsel einer vergangenen Technik, noch mit Punkt bezeichnet werden), die Zeilenabstände sowie die (in Millimetern gemessenen) Bildformate können ohne weiteres auf zwei Stellen nach dem Komma genau festgelegt werden – den Rhythmus und die Proportionen müssen wir allerdings selber finden.

basic material more closely we can see that it is suitable for the development of an exact rhythm, expressed in calculable proportions". In this respect there is nothing more that we can hold onto. In return, we have gained an unexpected freedom, but one which needs to be properly used by those who understand its character. Type sizes, still identified by points as a last relic of a superannuated technique, interline spacing and picture sizes measured in millimetres can easily be exactly established to two decimal places – but we ourselves have to find the right rhythm and proportions of typography.

d

Besprochene Bücher, Broschüren und Ausstellungsdrucksachen
References to books, brochures and exhibition prints

Bosshard, Hans Rudolf: *Form und Farbe*, Zürich, Kunstgewerbeschule, 1968.
– *Felsritzungen im Val Camonica, Italien*, Wegleitung 278, Kunstgewerbe-
museum Zürich, 1970.
– *Gestaltgesetze*, Zürich, Schul- und Büromaterialverwaltung, 1971.
– *Technische Grundlagen zur Satzherstellung*, Bern, Bildungsverband
Schweizerischer Typografen, 1980. ISBN 3-85584-010-5.
– *Mathematische Grundlagen zur Satzherstellung*, Bern, Bildungsverband
Schweizerischer Typografen, 1985. ISBN 3-85584-011-3.
– *Typografie Schrift Lesbarkeit. Sechs Essays*, Sulgen, Niggli, 1996.
ISBN 3-7212-0163-9.
– *96 Polaroids. Zwei Durchquerungen von Paris 1993*, Zürich, Janus-Presse,
2000.
Bürkle, J. Christoph (Hg.): *Junge Schweizer Architekten / Young Swiss Archi-
tects*, Sulgen, Niggli, 1997. ISBN 3-7212-0303-8.
Fleischmann, Gerd, Hans Rudolf Bosshard und Christoph Bignens:
*max bill: typografie reklame buchgestaltung / typography advertising
book design*, Sulgen, Niggli, 1999. ISBN 3-7212-0341-0.
Gauch, René: *Stalaktiten Stalagmiten / Lichtorgel*, Zürich, Privatdruck, 1986.
Krieger, Jan: *Das kleine Haus – eine Typologie / The Little House – a Typology*,
Sulgen, Niggli, 1995. ISBN 3-7212-0280-5.
Küng, Josef: *Albert Manser, Bauernmaler. Eine Monografie / Peasant Painter.
A Monograph / Peintre de la vie paysanne. Une monographie*, Sulgen,
Niggli, 1995. ISBN 3-7212-0291-0.
Papierfabrik Biberist (Hg.): *Papiermachen einst und jetzt*, Biberist, Papier-
fabrik Biberist, 1977.
Rüegg, Arthur (Hg.): *Das Atelierhaus Max Bill 1932/33*, Sulgen, Niggli, 1997.
ISBN 3-7212-0306-2.
Schilder Bär, Lotte, und Christoph Bignens (Hg.): *Hüllen füllen, Verpackungs-
design zwischen Bedarf und Verführung*, Katalog Museum für Gestaltung
Zürich, Sulgen, Niggli, 1994. ISBN 3-7212-0293-7.
Wagner, Erhard, und Christoph Schubert-Weller: *Erd- und Höhlenhäuser von
Peter Vetsch / Earth and Cave Architecture*, Sulgen, Niggli, 1994.
ISBN 3-7212-0282-1.
Wettstein, Stefanie: *Ornament und Farbe. Zur Geschichte der Dekorations-
malerei in Sakralräumen der Schweiz um 1890*, Sulgen, Niggli, 1996.
ISBN 3-7212-0300-3.

Katalog Günther Wizemann, Kunstmuseum des Kantons Thurgau, 1989.
Katalog Günther Wizemann, Stiftung für konkrete Kunst, Reutlingen, 1990.
Katalog Cécile Wick, Fotoarbeiten, Kunstmuseum des Kantons Thurgau, 1990.
Katalog Alfred Leuzinger, «Ich passe gut auf», Zeichnungen, Kunstmuseum
des Kantons Thurgau, 1990.
Katalog Markus Dulk, Bilder und Zeichnungen, Kunstmuseum des Kantons
Thurgau, 1991.
Katalog Gisela Kleinlein, Skulpturen, Kunstmuseum des Kantons Thurgau,
1991.
Katalog Thomas Müllenbach, «Querläufer», Zeichnungen und Installationen,
Kunstmuseum des Kantons Thurgau, 1992.
Einladungskarten, Kunstmuseum des Kantons Thurgau, 1990.
Plakat Man Ray, Bazaar Years, Kunstmuseum des Kantons Thurgau, 1992.

Alberti, Leon Battista: *Zehn Bücher über die Baukunst. Sechstes Buch: Über den Schmuck,* Darmstadt, Wissenschaftliche Buchgesellschaft, 1975.

Bill, Max: ‹über typografie›, in: *Schweizer Graphische Mitteilungen,* Heft 4, 1946, S. 193–200; ferner in: *Typografische Monatsblätter,* Heft 4, 1997, S. 29–33, und in: Fleischmann, Gerd, Hans Rudolf Bosshard und Christoph Bignens: *max bill: typografie reklame buchgestaltung / typography advertising book design,* Sulgen, Niggli, 1999, S. 160–166.

– ‹Die mathematische Denkweise in der Kunst unserer Zeit›, in: *Werk,* Heft 3, 1949, S. 86–90.

– ‹Schönheit aus Funktion und als Funktion›, Vortrag, abgedruckt in: *Werk,* Heft 8, 1949, S. 272–281.

– ‹die funktion der gestalteten objekte›, in: *Zeitschrift für Schweizerische Archäologie und Kunstgeschichte,* Heft 1, 1988, S. 50.

Bosshard, Hans Rudolf: ‹Wege zur Gestaltung›, in: *Polygraph Jahrbuch,* Frankfurt am Main, Polygraph Verlag, 1965, S. 69–80.

– ‹Über die Gestaltung des Taschenbuches›, in: *Polygraph Jahrbuch,* Frankfurt am Main, Polygraph Verlag, 1966, S. 61–80.

– ‹Dimension und Proportion›, in: *Polygraph Jahrbuch,* Frankfurt am Main, Polygraph Verlag, 1967, S. 37–60.

– ‹Proportion›, in: *Form und Farbe,* Zürich, Kunstgewerbeschule, 1968.

– ‹Der Modulor›, in: *Schülerzeitung,* Zürich, Kunstgewerbeschule, 1968.

– *Einführung zur Formenlehre,* Zürich, Schul- und Büromaterialverwaltung, 1971.

– *Gestaltgesetze,* Zürich, Schul- und Büromaterialverwaltung, 1971.

– *Proportion,* Zürich, Kunstgewerbeschule, 1973.

– *Technische Grundlagen zur Satzherstellung,* Bern, Bildungsverband Schweizerischer Typografen, 1980.

– ‹Gestaltung in der Fotografie›, in: *Typografische Monatsblätter,* Hefte 3, 4, 5, 1983, und 2, 1984.

– *Mathematische Grundlagen zur Satzherstellung,* Bern, Bildungsverband Schweizerischer Typografen, 1985.

– ‹Typografie und das kulturelle Umfeld oder: Typografie – Geschichte als Gegenwart› / ‹Typography and the Cultural Environment or: Typography – the Past in the Present› / ‹Typographie et environnement culturel ou: typographie – histoire du temps›; Vortrag, gehalten am Tag der Typografie, organisiert von der Gewerkschaft Druck und Papier, Lausanne 1990, und, in veränderter Fassung, vor der Typografischen Gesellschaft München, 1990; vollständig umgearbeitet abgedruckt in: *Typografische Monatsblätter,* Heft 5, 1991.

– ‹Die Bildeinordnung in das typografische Konzept oder: Der Typograf als Entfesselungskünstler›; Vortrag, gehalten am Internationalen Symposium ‹Buch und Bild› anlässlich der Internationalen Buchkunstausstellung, Leipzig 1989; umgearbeitet abgedruckt in: *Typografische Monatsblätter,* Heft 4, 1992.

– ‹Gestaltung mit Rastersystemen›, in: *Typografische Monatsblätter,* Heft 6, 1992.

– *Reflexionen ohne Titel oder: Die Demontage der Regel,* Zürich, Allgemeine Berufsschule, 1994.

– *Typografie Schrift Lesbarkeit. Sechs Essays,* Sulgen, Niggli, 1996.

– ‹Konkrete Kunst und Typografie› / ‹Concrete Art and Typography›, in: Fleischmann, Gerd, Hans Rudolf Bosshard und Christoph Bignens:

max bill: typografie reklame buchgestaltung / typography advertising book design, Sulgen, Niggli, 1999, S. 54–107.

Caflisch, Max: *Kleines Spiel mit Ornamenten,* Bern, Vierter Angelus-Druck, 1965.

Doesburg, Theo van: ‹Das Buch und seine Gestaltung›, in: *Theo van Doesburg 1883–1931,* Katalog Kunsthallen Nürnberg und Basel, 1969, S. 62f.

Gerstner, Karl: *Programme entwerfen,* Teufen, Arthur Niggli, 1963.

Hagenmaier, Otto: *Der Goldene Schnitt. Ein Harmoniegesetz und seine Anwendung,* Heidelberg, Heinz Moos, 1963.

Hostettler, Rudolf: ‹Zu dieser Nummer›, in: *Typografische Monatsblätter,* Heft 2, 1972, S. 1.

Le Corbusier (Charles-Edouard Jeanneret): *Der Modulor, Darstellung eines in Architektur und Technik allgemein anwendbaren harmonischen Maszes im menschlichen Maszstab,* Stuttgart, Deutsche Verlagsanstalt, 1953. (Französische Originalausgabe 1948.)

– *Modulor 2 (Das Wort haben die Benützer) Fortsetzung von «Der Modulor» 1948,* Stuttgart, Deutsche Verlagsanstalt, 1955. (Französische Originalausgabe 1955.)

Lissitzky, El: *Von zwei Quadraten,* Berlin, Skythen, 1922. Reprint: Berlin, Gerhardt Verlag, 1969.

– ‹Unser Buch›, in: *Gutenberg-Jahrbuch,* Mainz, Gutenberg-Gesellschaft, 1926/27, S. 172–178, und in: Sophie Lissitzky-Küppers: *El Lissitzky, Maler, Architekt, Typograf, Fotograf,* Dresden, VEB Verlag der Kunst, 1967, S. 357–360, sowie in: Richard von Sichowsky und Hermann Tiemann (Hg.): *Typographie und Bibliophilie. Aufsätze und Vorträge über die Kunst des Buchdrucks aus zwei Jahrhunderten,* Hamburg, Maximilian-Gesellschaft, 1971, S. 183–188.

LMNV (Abkürzung für die Herausgeber / Redaktoren Richard Paul Lohse, Josef Müller-Brockmann, Hans Neuburg und Carlo L. Vivarelli): ‹Gestaltung eines Warenkataloges› / ‹Designing a Commercial Catalogue›, in: *Neue Grafik / New Graphic Design,* Heft 8, 1960, S. 22–25.

Loos, Adolf: ‹Ornament und Verbrechen› (1908), in: *Sämtliche Schriften I,* Wien und München, Herold, 1962, S. 276–288.

Lupton, Ellen, und J. Abbott Miller (Hg.): *Dreieck, Quadrat und Kreis. Bauhaus und Design-Theorie heute,* Basel, Birkhäuser, 1994. (Amerikanische Originalausgabe 1991.)

Majakowski, Wladimir: *Dlja Gólossa,* für den Russischen Staatsverlag in Berlin gedruckt, 1923; Reprint: Köln, Gebr. König, 1973, sowie ein russischer Reprint, Leningrad, 1987.

Mallarmé, Stéphane: *Un coup de dés jamais n'abolira le hasard,* Paris, Gallimard, 1914, Reprint: Paris, Gallimard, 1993.

Marinetti, Francesco Tommaso: ‹Die Revolution des Buchdrucks› (1913), in: *Wir setzen den Betrachter mitten ins Bild. Futurismus 1909–1917,* Katalog Städtische Kunsthalle Düsseldorf, 1974 (unpaginiert).

Metzger, Wolfgang: *Gesetze des Sehens. Die Lehre vom Sehen der Formen und Dinge, des Raumes und der Bewegung,* Frankfurt am Main, Krauer, 1975.

Müller, Lars (Hg.): *Josef Müller-Brockmann. Gestalter,* Baden, Lars Müller, 1994.

Müller-Brockmann, Josef: *The Graphic Designer and his Design Problems / Gestaltungsprobleme des Grafikers,* Niederteufen, Arthur Niggli, 1961.

– *A History of Visual Communication / Geschichte der visuellen Kommunikation,* Teufen, Arthur Niggli, 1971.

– *Grid systems in Graphic Design / Rastersysteme für die visuelle Gestaltung,* Niederteufen, Arthur Niggli, 1981.

Rosarivo, Raúl M.: *Divina proportio typographica,* Krefeld, Scherpe, 1961.

Renner, Paul: *mechanisierte grafik. Schrift Typo Foto Film Farbe,* Berlin, Hermann Reckendorf, 1931.

Ruder, Emil: *Typographie. Ein Gestaltungslehrbuch / Typography. A Manual of Design / Typographie. Un Manuel de Création,* Teufen, Arthur Niggli, 1967.

Schwitters, Kurt: ‹Thesen über Typographie›, in: *Merz 11. Typoreklame. Pelikannummer,* Hannover, 1924 (herausgegeben von Kurt Schwitters).

Sinkovicz, Wilhelm: *Mehr als zwölf Töne. Arnold Schönberg,* Wien, Szolnay, 1998.

Tschichold, Jan: *Die neue Typographie. Ein Handbuch für zeitgemäß Schaffende,* Berlin, Verlag des Bildungsverbandes der deutschen Buchdrucker, 1928; Reprint: Berlin, Brinkmann & Bose, 1987.

– *Eine Stunde Druckgestaltung. Grundbegriffe der Neuen Typografie in Bildbeispielen für Drucksachenhersteller und -verbraucher,* Stuttgart, Akademischer Verlag Dr. Fritz Wedekind, 1930.

– *Typographische Gestaltung,* Basel, Benno Schwabe, 1935.

– ‹Die Maßverhältnisse der Buchseite, der Schriftfläche und der Ränder›, in: *Schweizer Graphische Mitteilungen,* August 1946, und in: *Ausgewählte Aufsätze über Fragen der Gestalt des Buches und der Typographie,* Basel, Birkhäuser, 1975, S. 45–75.

– ‹Die Proportion des Buches›, in: *Der Druckspiegel,* Heft 1–3, 1955.

– ‹Willkürfreie Maßverhältnisse der Buchseiten und des Satzspiegels›, in: *Typografische Monatsblätter,* Heft 2, 1964, S. 92–97.

Wersin, Wolfgang von: *Das elementare Ornament und seine Gesetzlichkeit,* Ravensburg, Otto Maier, 1940.

– *Das Buch vom Rechteck. Gesetz und Gestik des Räumlichen,* Ravensburg, Otto Maier, 1956.